本书初版曾入选普通高等教育"十一五"国家级规划教材
"十二五"江苏省高等学校重点教材

にほんご
日语泛读

总主编 成春有 张胜芳

4

主　编　游衣明
副主编　万　枫　高艳丽　汪春成
参　编　严　桢　卢冬丽　胡志强　郑　岚

内 容 简 介

本套教材初版曾入选普通高等教育"十一五"国家级规划教材,此次改版后又荣获"十二五"江苏省高等学校重点教材、"十二五"江苏省精品教材等荣誉。本书共有16课内容,每一课均由数篇主读课文、单词解析、译文注释、课后练习以及阅读技巧等部分组成,所选内容涵盖日本的人文常识、礼仪文化、经济形势、科技知识等各个方面。每一课的最后还增设了日本语言文化栏目,旨在通过浅显的语言与事例介绍日本的语言文化,加深学生对日本语言文化风俗的理解,从而全面提高学生的日语阅读理解能力。本书可供日语专业三年级学生或与其相当水平的自学者使用,可助其达到日语专业八级考试阅读理解水平。

图书在版编目(CIP)数据

日语泛读.4/成春有,张胜芳总主编;游衣明主编.—2版.—合肥:中国科学技术大学出版社,2016.6
ISBN 978-7-312-03954-6

Ⅰ.日… Ⅱ.①成… ②张… ③游… Ⅲ.日语—阅读教学—高等学校—教材 Ⅳ.H369.4

中国版本图书馆 CIP 数据核字(2016)第 160734 号

出版	中国科学技术大学出版社
	安徽省合肥市金寨路 96 号,230026
	http://press.ustc.edu.cn
印刷	合肥市宏基印刷有限公司
发行	中国科学技术大学出版社
经销	全国新华书店
开本	787mm×1092mm 1/16
印张	15.5
字数	321 千
版次	2011 年 2 月第 1 版 2016 年 6 月第 2 版
印次	2016 年 6 月第 1 次印刷
定价	30.00 元

前　言

《日语泛读》是普通高等教育"十一五"国家级规划教材,是"十二五"江苏省高等学校重点教材,曾获江苏省高等学校精品教材称号。

《日语泛读》是为高等院校日语专业学生或有志于自学日语者编写的教材,迄今已使用了7年。根据各院校师生在使用过程中的反馈意见,该教材较好地体现了《高等院校日语专业基础阶段教学大纲》和《高等院校日语专业高级阶段教学大纲》的基本精神,在提高学生阅读能力的同时着重培养了学生综合运用日语的能力。然而,随着普通高校日语专业学生水平的不断提高以及使用本教材学校类型的增多,有必要在保持原有亮点的基础上对教材的整体结构和内容进行完善和提高。

第2版教材保留了第1版中关于日本文化、日语学习策略等方面的内容,注重选用适合国际日语能力考试和高等院校日语专业四级或八级考试阅读理解的日文材料。新选材料涉及日本历史文化、经济评论、动漫、礼仪、创新性思维等方面。另外,依据21世纪日语专业四、八级考试和国际日语能力考试的新题型,对原教材中的练习进行了相应修订,练习的题型和内容都紧扣日语专业四、八级考试和国际日语能力考试。

本教材一套4册,每册16课,每课围绕一个主题,由一篇长篇文章及数篇短文组成,生词采用边注形式,有助于学生排除阅读障碍;文后附有注释、难句译文以及3种练习题型。第1、2册注重基础阶段阅读练习,构筑学生阅读理解的基本知识结构,使其达到国际日语能力考试N2级和日语专业四级考试要求的阅读理解要求,主题性文章后的练习题型为主观题(汉字写假名、假名注汉字、

造句）和多项选择题（主要考查对文章和词句的理解）。第 3、4 册注重培养学生高级阶段的阅读理解能力，使其掌握较高层次的阅读技巧，达到国际日语能力考试 N1 级和日语专业八级考试的阅读理解要求。

为了培养学生的阅读理解能力，本教材设置了"阅读技巧"栏目，分析各类文章的特点、所需掌握的重点、重要词汇的查找和与其相关联词句的搭配关系。重点培养学生在阅读日语文章时紧紧抓住指示代词的关键作用，掌握它的指代内容。为了开阔学生的知识面，拓展学生的视野，帮助学生更好地理解文章，本教材还设置了"语言文化"栏目，让学生了解和掌握语言文化知识。第 1、第 2 册"语言文化"栏目原文引用了森田六朗先生的《读懂关键词　看懂日本人的内心》（商务印书馆出版）10 篇文章。引用文章得到森田六朗先生以及商务印书馆、日本アスク出版方面的同意。

本套教材由南京农业大学、南京林业大学、南京工业职业技术学院、南京邮电大学、南京航天航空大学、安徽外语学院、盐城工学院和铜陵学院共同编写和修订。我们希望第 2 版不仅能帮助学生扩大知识面和词汇量，适应大学日语专业四、八级考试和国际日语能力考试的新题型，增强日语阅读理解能力，而且能帮助学生提高运用日语学习策略和跨文化交际能力，养成独立阅读的习惯，进一步提高日语运用能力。

《日语泛读》编委会

2016 年 4 月

目　次

前　言 …………………………………………………………………… I
第一課 …………………………………………………………………… 001
第二課 …………………………………………………………………… 011
第三課 …………………………………………………………………… 022
第四課 …………………………………………………………………… 033
第五課 …………………………………………………………………… 047
第六課 …………………………………………………………………… 058
第七課 …………………………………………………………………… 070
第八課 …………………………………………………………………… 080
中間テスト ……………………………………………………………… 091
第九課 …………………………………………………………………… 096
第十課 …………………………………………………………………… 105
第十一課 ………………………………………………………………… 116
第十二課 ………………………………………………………………… 128

第十三課 …………………………………………………………… 136

第十四課 …………………………………………………………… 146

第十五課 …………………………………………………………… 155

第十六課 …………………………………………………………… 165

期末テスト ………………………………………………………… 176

附录一　课文译文 ………………………………………………… 181

附录二　语言文化广场译文 ……………………………………… 217

附录三　练习参考答案 …………………………………………… 230

第一課

（一）科学者と芸術家との追求

　芸術家にして科学を理解し愛好する人もないではない。また科学者で芸術を鑑賞し享楽する者も随分ある。しかし芸術家の中には科学に対して無頓着であるか、あるいは場合によっては一種の反感を抱くものさえあるように見える。また多くの科学者の中には芸術に対して冷淡であるが、あるいはむしろ嫌忌の念を抱いているかのように見える人もある。場合によっては芸術を愛することが科学者としての堕落であり、また恥辱であるように考えている人もあり、あるいは文芸という言葉から直ぐに不道徳を連想する潔癖家さえまれにはあるように思われる。

　科学者の天地と芸術家の世界とはそれほど相容れぬものであろうか、これは自分の年来の疑問である。

　夏目漱石先生がかつて科学者と芸術家とは、その職業と嗜好を完全に一致させ得るという点において共通なものであるという意味の講演をされたことがあると記憶している。もちろん芸術家も時として衣食のせいに働けねばならぬと同様に、科学者もまた時として同様な目的のために自分の嗜好に反した仕事に骨を折らなければならぬことがある。しかしそのような場合にでも、その仕事の中に自分の天与の嗜好に逢着して、いつのまにかそれが仕事であることを忘れ、無我の境に入り得る機会の少なくないようである。況や衣食に窮せず、仕事に追われぬ芸術家と科学者が、それぞれの制作と研究とに没頭しているときの特殊な心的状態は、その間に何等かの区別をも見出しがたいように思われる。しかしそれだけのことならば、あるいは芸術家と科学者のみに限らぬかもしれない。天性の猟師が獲物を狙っている瞬間に経験する機微な享楽も、樵夫が大木を倒すときに味わう一種の本能満足も、これと類似の点がないとはいわれない。

　しかし科学者と芸術家の生命とするところは創作である。他人の芸術の模倣は自分の芸術でないと同様に、他人の研究を繰り返すのみでは科学者の研究ではない。勿論両者の取り扱う対象の内容には、それは比較にならぬほどの差別はあるが、そこにまたかなり共有な点がないでもない。科学者の研究の目的物は自然現象であってその中に何らかの未知の事実を発見し、未発の新見解を見出そうとす

るのである。芸術家の使命は多様であろうが、その中には広い意味における天然の事象に対する見方とその表現の方法において、何らかの新しいものを求めようとするのは疑いもないことである。また科学者がこのような新しい事実に逢着した場合に、その事実の実用的価値には全然無頓着に、その事実の奥底に徹底するまでこれを突き止めようとすると同様に、少なくとも純真なる芸術家がひとつの新しい観察創見に出逢うた場合には、その実用的な価値などには顧慮することなしに、その深刻なる描写表現を試みるであろう。古来多くの科学者がこのために迫害や愚弄の焦点となったと同様に、芸術家がそのために悲惨な境界に沈淪せぬまでも、①世間の反感を買うた例は少なくあるまい。このような科学者と芸術家とが相逢うて②肝胆相照らすべき機会があったら、二人はおそらく会心の握手を交わすに躊躇しないであろう。二人の目差すところは同一な真の半面である。

（二） 話し手側の視点から見る

　日常何気なく使っている言葉と言うものをさて文法規則で解釈しようと、なかなか思うようには行かないものである。

　たとえば、朝出かけようとして、時計を見て「あ、もう時間だ」と叫んだとしよう。一体この「もう時間だ！」は文の構成から見て、どのように説明したらよいのだろうか。

　主語は何か？「あ、もう（今は）時間だ」と解釈したら、「今」が「時間」と言う言葉になって意味を成さない、かといって「何が…」に当たる言葉をあれこれと考えても、ぴったり当てはまる適当な語が見当足らない。

　ここでいう「時間」は、「時間と空間」とか「時間が経つ」という抽象的な「時の流れ」を言うのではなく、あくまで当人にとっての「出発の時刻」を意味してるに過ぎない。これは司会者が講師に「先生、お時間です」と告げ、講師が話しが終わりに「ちょうど時間になりました。」と述べる、あの「時間」の使い方と同じで具体的な話の場面の中で、話者にとって特別の意味を持った「時点」を指示する働きであると言ってもよい。この点が「時間」と「時」の違いであるが、面白いことに、これらの文がいずれも特定の主語を想定することの難しい「無主語」文であるということで、これ小は話者がそのとき、心に感じた、ただそれだけの事柄として、「ああ、時間だ」と端的に述べた文だからであろう。

そのために、使用語彙も談話の場面と連動して、はなはだ具体的な個別的な意味となり、決して辞書にあるような無味乾燥な抽象的の意味内容とはなっていかないのである。私たちが使う日本語、特に話し言葉 にはこのような、その折々に心に感じ、目に映った事柄を、「外の世界に対する私側の視点」で表す言い方が極めて多い。

「鍵がかかっている！」「雨が降ったら涼しくなった。」「合格できて嬉しい！」と臨場感に溢れる表現ができるのも様態的な事象として解説する態度ではなく、その事象から受ける自己側の主観として把握する表現姿勢ゆえであろう。「鍵がかかっている」のような現象文による表現、「涼しくなった」と自己側の確実的態度をを表す「た」の使用、「うれしい」と感情形容詞を用いて素直に自己の心を表明し、決して、「合格を喜ぶ」のような、動詞による第三者側の状態としてことを解説的に示すような態度はとらないのである。

以上の例からも分かるように、日本語は話し手が事項を取り巻く周囲の対象や場面に対峙して、そこから受ける状況として文を作り、語義を定めていく性格が極めて強い。外の世界を受け止める「話し手側の視点」を中心とした発想と言い換えてもよい。

従って、日本語の表現や文法・語彙・意味の特徴を考えるときにはこの点を心に入れて観察していく必要があるし、文法は文法、意味は意味として切り離して考えず、表現も文法も語彙も意味も互いに関係しあう「同じ幹から生まれた枝」として同時に眺めていく態度に徹することが肝心なのである。

（「話し手側の視点から見る」による）

単　語

（一）

無頓着（むとんちゃく）	（名・形動）	不经心、不在意
嫌忌（けんき）	（名・他サ）	讨厌，忌讳
潔癖家（けっぺきか）	（名）	洁癖者
相容れぬ（あいいれぬ）	（慣用）	不相容
嗜好（しこう）	（名・他サ）	嗜好
況や（いわんや）	（副）	更何况
窮する（きゅうする）	（自サ）	窘困

猟師（りょうし）	（名）	猎人
機微（きび）	（名）	微妙、些微之处
享楽（きょうらく）	（名・他サ）	享受
樵夫（しょうふ）	（名）	樵夫
逢着（ほうちゃく）	（名・自サ）	碰到、遇到
突き止める（つきとめる）	（他下一）	追究、探究
目差す（めざす）	（他五）	以……为目标

（二）

何気無い（なにげない）	（形）	不形于色，假装没事，泰然自若
無味乾燥（むみかんそう）	（名）	枯燥无味、无趣
臨場感（りんじょうかん）	（名）	临场之感
対峙（たいじ）	（名・自サ）	对峙、对抗

文 法

1. その職業と嗜好を完全に<u>一致させ得る</u>という点において共通なものであるいつのまにかそれが仕事であることを忘れ、無我の境に<u>入り得る</u>機会の少なくないようである。

　　这两句中都用到了"～得る"，"得る"接在动词的第一连用形后面，可以读作"うる"也可以读作"える"，但发生活用时都采用"える"的活用，表示"可能……"，常用的有"あり得る""ありえない"，属于文言性书面语。例如：
○ 普通では起こりえないことが起こった。
　（普通情况下不可能发生的事情发生了。）
○ あんな誠実な人が人を騙すなんて、ありえないことだ。
　（那么诚实的人会骗人，是不可能的。）
○ その曲の素晴らしさはとても言葉で表し得るものではない。
　（那首曲子的精彩根本无法用语言来表达。）

2. 科学者もまた時として同様な目的のために自分の嗜好に反した仕事に<u>骨を折らなければならぬ</u>ことがある。

　　这句话中的"骨を折らなければならぬ"的原形为"骨を折る"，除了表示"骨折"的意思之外，还可以作为惯用句表示"拼命……，尽力……，不辞辛苦"。例如：

○ 友人の再就職に骨を折る。

（为朋友的再就业尽一把力。）

○ 資金集めに骨を折る。

（不辞辛劳地筹集资金。）

3. 勿論両者の取り扱う対象の内容には、それは比較にならぬほどの差別はあるが、そこにまたかなり共有な点がないでもない。

句中的"比較にならぬ"类似于"比べ物にならない"，表示两者之间差距很大、不适合用来作比较，差距大得都没法用来作比较了。例如：

○ 京都と北海道の寒さは比較にならない。

（京都和北海道的寒冷无法相比。）

○ 日本語の学習や日本研究のための機会も30年前に比べれば比較にならぬほど増えた。

（学习日语或进行日本研究的机会跟30年前相比是不可同日而语了。）

4. 面白いことに、これらの文がいずれも特定の主語を想定することの難しい"無主語"文である。

本句中的"～ことに"接在动词的过去时"た"、形容词和形容动词连体形后面，用来表示对后续事物的一种评价，前面往往用表示情感的词，动词常用"驚いた""困った""ほっとした"等，形容词、形容动词常用"嬉しい""憎たらしい""残念な""不思議な"等，可以翻译为"……的是……"。例如：

○ 火事になったが、幸いなことに火がすぐ消し止められた。

（发生了火灾，但幸运的是火很快就被扑灭了。）

○ 驚いたことに、私の祖父と彼女のおじいさんは小学校時代の友達だったそうだ。

（让人惊讶的是，我爷爷和我女朋友的爷爷是小学时代的朋友。）

○ 不思議なことに、会社を辞めてから、食欲が良くなった。

（不可思议的是，辞去公司工作之后，我的食欲变好了。）

另外句中的"いずれも"类似于"どれも""どちらも"，表示（无论哪一个）都、全。例如：

○ 三者いずれも完全ではない。

（三者都不完美。）

○ 料理の名称は不明ですが、いずれも美味です。

（菜的名称虽然不知道，但是每道都很美味。）

練習

一、次の漢字に適当な読み方をつけなさい。

鑑賞（　　　）　享楽（　　　）　類似（　　　）
冷淡（　　　）　堕落（　　　）　恥辱（　　　）
嫌忌（　　　）　潔癖（　　　）　嗜好（　　　）
逢着（　　　）　無我（　　　）　猟師（　　　）
対峙（　　　）　沈淪（　　　）　臨場感（　　　）

二、次の片仮名を適当な漢字に変えなさい。

1. キビな享楽（　　　）　　2. 一種のホンノウ満足（　　　）
3. 事実をハッケンする（　　　）　4. チュウチョしない（　　　）
5. シンコクなる描写（　　　）　6. カンタン相照らす（　　　）
7. カイシンの握手を交わす（　　　）　8. ヒサンな境界（　　　）
9. セケンの反感を買った（　　　）　10. ジュンシンなる芸術家（　　　）

三、次の言葉を使って、短文を作りなさい。

1. ～得る
2. 骨を折る
3. ～ことに
4. いずれも
5. 比較にならない

四、文章（一）を読んで次の問いに答えなさい。

問一　①［世間の反感を買う］の［買う］の意味として、次の中からひとつ選びなさい。

① 品物や金とひきかえに、自分の望みの品物を得る。
② 悪い結果を招く。
③ 進んで身に引き受ける。
④ 価値を認める。尊重する。

問二　②［肝胆相照らす］とはどういう意味か。

①　簡単に相互の罪を告白しあって和合する。
②　邯鄲の夢を同時に見て互いに照合し意見が一致する。
③　感嘆の声を発して互いに顔を照らしあい意気投合する。
④　肝臓と胆嚢とが照らしあうように心に隠すところなく交わる。
問三　本文の内容に合致しないものを次の中からひとつ選びなさい。
①　芸術家なのに科学を理解し愛好する人がいないではない。
②　研究に没頭している科学家の心理状態は樵夫が大樹を倒す時に味わう一種の本能満足と類似の点がある。
③　作品の創造に没頭している芸術家の心理状態は天性の猟師が獲物をねらっている瞬間に経験する機微な享楽と類似の点がある。
④　科学家の天地と芸術家の世界とはぜんぜん相容れぬものである。

五、文章（二）を読んで次の問いに答えなさい。
問一　次の中から「時間」の意味がほかの三つと違うものを選びなさい。
①　授業の時間に遅れないように目覚し時計を使っている。
②　どの国でも時間を守ることは社会人としての基本だ。
③　忙しく食事をする時間もない。
④　約束の時間に必ず来てくれ。
問二　文章の中に出た例文を正しく理解していないのは次のどれですか。
①　「先生、お時間です」とは講師が発言する番が来たという意味です。
②　「ちょうど時間になりました」とは講師が話しを終わる予定の時間になったと言う意味です。
③　「雨が降ったら涼しくなった」とは雨が降れば涼しくなると言う意味です。
④　「合格できて嬉しいです」話し手が合格できて嬉しく感じたと言う意味です。
問三　文章の内容とあっているのはどれですか。
①　「あ、もう時間だ！」のような普段よく使う言葉はじつは意味が曖昧で、なかなか理解しにくいのです。

②　「あ、もう時間だ！」のような文が理解しにくいのは主語が欠けているからです。

③　「鍵がかかっている！」「雨が降ったら涼しくなった」のような臨場感に溢れる表現ができたのは「話して側の視点」を中心とした発想があるからです。

④　日本語の表現や文法・語彙・意味の特徴を考えるときには、「話して側の視点」を中心とした発想を心に入れて別々に観察するべきです。

読解技法

日语专业八级考试是国家教育部为贯彻《高等院校日语专业高年级阶段教学大纲》而举办的一项高水平日语考试，主要面向全国高校日语专业的学生，它是迄今为止日语学科最具权威性的一项考试。由于日语专业八级考试比日本财团法人日本国际教育协会、日本国际交流基金主办的日语能力一级考试更能客观公正地评定中国学生的日语实际水平，因此受到了考生和各用人单位的广泛关注。

阅读理解能力是日语专业学生的基本功之一。日语专业八级考试的阅读理解只有一篇长文，主要来自日本高中升大学的考试题或辅导题，所选文章题材广泛，与日语专业四级考试中的文章相比文字表达更具书面语化，内容更为抽象，难度有了很大提高。日语专业八级考试阅读理解考察的不仅仅是考生的日语语言水平，更重要的是其分析、逻辑推理能力。可以说加强日语和母语的综合知识与素养对提高日语专业八级考试阅读水平至关重要。这就要求广大考生在平时的学习中就要广泛涉猎，博览群书，不仅要专和精，也要广而杂。古人云："汝果欲学诗，工夫在诗外"，可谓一语中的。

一篇文章没看懂，很大程度上是没看懂一些句子。句子是表达语义的基本单位，是阅读的关键。针对日语专业八级考试文章句子结构复杂、内容抽象难懂的基本特点，学会对日语句子的结构进行分析就显得尤为重要。因此我们应该学会从句法的角度对日语的各种句子结构进行分析，准确地理解每个句子的意思。但光这样难免"只见树木，不见森林"，学会从篇章法的角度对句群、段落和文章的逻辑关系和层次结构进行分析也是非常必要的。只有从小至句子的微观和大到文章的宏观两个方面对文章进行把握，才能既见树木又见森林，从根本上提高日语阅读水平。

日语单句的分析

日语区别于汉语和英语的一个最大特点是句子以谓语为中心，主语并非句子的必要成分，一个具有成分关系的日语句子里可以没有主语，但却不能没有谓语。因此我们可以从句子是否具有谓语为依据，首先把日语句子分为谓语句和非谓语句，谓语句又可分为单句和复句，复句包括包孕句、主从句和并列句。非谓语句由一个或多个单词构成，结构非常简单，因此我们主要分析日语的谓语句，即单句和复句。首先对单句进行分析。

单句是指只有一层成分关系的句子。日语最大的特点是谓语在句子的最后，句子以谓语为中心。我们对单句的分析可以先从谓语着手，先从句子后面找到谓语部分，然后以谓语为中心分别找到与之有主谓关系、补充说明关系、连用修饰关系和动宾关系的主语、补语、状语和宾语。由于定语总是包含在其它句子成分之中，所以最后可在以上成分中分析定语。

我们先分析一个非常典型的单句：日本に来たばかりのスミスさんはゆうべ東京大学の図書館で山田さんに日本語を教えてもらいました。

分析步骤如下：

(1)先从句子后面找出句子的谓语"教えてもらいました"。

(2)以谓语为中心找出与之有主谓关系的主语"日本に来たばかりのスミスさんは"，有补充说明关系的补语"東京大学の図書館で""山田さんに"，有连用修饰关系的状语"ゆうべ"，有动宾关系的宾语"日本語を"。

(3)分析包含在以上句子成分之中的定语。主语中的定语"日本に来たばかりの"，补语中的定语"東京大学の"。

本书分析句子成分的记号为：

主语_____　谓语_____　宾语～～～　补语～～～

状语[　]　定语(　)　独立语‥‥‥‥

例句成分关系用符号标记如下：

(日本に来たばかりの)スミスさんは[ゆうべ](東京大学の)図書館で山田さんに日本語を教えてもらいました。

下面我们用以上分析单句的方法来分析第十七课中两个较难的单句。

○何よりも(人間の)(自然としての)「立つ」ことは、(常に一切の哀歓を収めた世界に対する)(ひとつの)抵抗である。

○(人間を取り囲む)(もろの)対象は、人間より[はるかに][安らかに]、地の上に横たわっている。

　　日语句子中谓语是必不可少的，其他成分则未必齐全，因此面对一个难句首先应该从谓语着手，顺藤摸瓜找出与之搭配的其他成分。结构复杂且长的定语是导致日语句子费解的重要因素之一，搞清定语与被修饰体言之间的层次关系也很重要。

言語文化コラム

節　分

　　節分とは文字通り「季節の分かれ目」を意味するが、旧暦ではこの日が冬の終わりで、立春の前日になる。現行歴では２月３日もしくは４日にあたる。大晦日、１月６日、１月14日とともに年越しの日とされ、これらとの混交も見られるが、現在の節分の行事は全国的に炒り豆をまく追儺の行事と門口にヤイカガシ（ヤキカガシ）を掲げる習慣をいう。

　　追儺とは悪鬼を払い疫病のもとを除いて、新年を迎える儀式で、宮廷年中行事のひとつである。大晦日の大祓えについで行われた大儺、鬼やらいとも呼ばれた。日本には文武天皇の頃、中国から伝わった。大晦日の夜、大舎人寮の舎人が鬼の役をつとめ、群臣が桃の弓、葦の矢、桃の枝をもって鬼を追う。宮廷行事としては中世にすたれたが、近世になり、諸国の神社で節分に追儺祭が行われるようになった。

　　寺社や民間で行われる豆まきの唱え文句は地域によって異なっているが、「鬼は外、福は内」が一般的で、宮廷行事の鬼はらいに由来すると考えられる。豆まきも豆の呪力に頼るものだが、豆で身体を撫でてからその豆を捨てる風習もあり、これは災厄の祓いと言える。その年の健康を祈るために豆を自分の年の数だけ食べるという習慣もある。豆まきは子供を交えての遊びの感覚があり、都会の家庭でもよく行われていたが、狭い室内に各種電気製品や家具が増えた今日では後の掃除が面倒ですたれてきた。

　　ヤイカガシは、焼いた鰯の頭など臭気の強いものを鋭い葉をもつ柊などの枝に刺して家の入り口に掲げるもので、鬼の目突き、鬼おどしなどとも呼ばれ、邪霊防御の目的をもつ。

　　節分は追儺の要素が濃いが、節分の夜には霊が訪れると考えられて、ヤイカガシはそのための物忌をしているしるしであり、豆は神へ供物であるという説もある。

第二課

（一）携帯電話

　携帯電話をかけている人の姿を見ると、いじらしい気がしてならない。マナーの悪い傍若無人な連中もいないわけではないが、何かしら必死になって①世界とつながろうとしている様子がうかがえるからだ。携帯電話は目の前の空間を変容させる。ごく平凡な日常の空間に奇妙な隙間ができ、異種の会話空間がするりと紛れ込んでくる。そこに織り上げられていくのは、あくまで個々の通話者の生活に固有な、とても繊細な私的領域なのである。

　常識にしたがえば、携帯電話は私的な領域を広げるものではない。むしろ、公的な領域を拡大し、世界を覆ってしまうものだというのが普通の見方だろう。もはや外回りの営業マンも、のびのび喫茶店で一服というわけにはいかない。どこにいても上司から電話がかかってくる。下手をするとトイレの中まで仕事が追いかけてくる。携帯電話のユーザー数が急速に伸びているのも、社会の効率化、加速化の現れだ。この常識論に従えば、携帯電話はまさに②近代特有の均質空間化を推し進めるもの、ということになる。世界全体を管理されたノッペラボーの空間にしてしまうツール、ということになる。

　しかしよく考えると、近代は空間をすべて均質化したわけではない。公的なオフィスと私的なマンションの区分は厳然としてある。正確に言うと、空間の"意味付け"を人間が行える、というのが近代思想なのである。たとえば、昔は③怨霊がただよっていた不吉な沼沢地も、近代になると埋め立て工事で便利なオフィス街や住宅地に生まれ変わる。かつて超自然的な神が宿っていた空間を、人間が意味付け操作できるのが近代なのだ。

　問題は、この空間の意味付けを誰がやるか、ということである。これまでの中央集権型の工業化社会では、それは政府や大資本など権力者の役目だった。都市計画などは個々の庶民の手の届く仕事ではない。小さな会社の中でさえ、娯楽室と作業場の区分は、一般従業員ではなく経営者や管理者にゆだねられてきた。

　だが、パソコンやインターネットの普及は、誰もが時間空間の壁をこえて高度な情報処理を行う、分権型の情報化社会の到来を予感させる（もちろん、まだそのために解決すべき課題は山積しているが）。サテライト・オフィスや在宅勤務・

在宅学習などは、みんな④そういう脈絡でとらえなくてはならない。近未来の情報化社会では、一般の個人が、それぞれ自主的に情報を処理し、時間と空間を意味付けていくのだ。

けれども、こういう自由度の増大は、つねにプラスの側面ばかりを持っているわけではない。携帯電話やパソコン通信を駆使して「いつでも、どこでも、だれとでも連絡でき、仕事ができる」ということは、逆にいえば、もはや権力者が上から決定してくれる空間の区分は存在しないということにもなる。つまり情報化社会では、個々人が自分の創意にもとづいて刻々と私的領域を紡ぎだし続ける努力が必要となるのだ。

若者たちはこういう変化を本能的に感じ取っているようだ。電車の中でヘッドホンカセットに聞き入る彼らは、本来は公的的なはずの空間内で自分だけの私的な領域をつくって、そこにスッポリはまり込む。そして携帯電話の形成する領域はその延長上に位置するのである。

「いつでもどこでも仕事の連絡ができる」「いつでもどこでも仲間とおしゃべりできる」「いつでもどこでも恋人の声が聞ける」——携帯電話が保証するのはそういうことだ。だがそれこそは、自分の知らないところで高速の情報流が渦巻いており、下手をすると自分がのけものにさわるという、根深い疎外の恐怖の裏返しではないだろうか。

情報化社会においては、会社や市町村や家族といった従来の共同体が徐々に明確な輪郭を失っていく。言いようのない孤独感が鋭く人々の胸を刺すことになるだろう。自分の小さな私的領域を何とかして確保し、そこに聞き慣れた会話の声を呼び込むことで、⑤自分のおぼつかない足元を支えたいという切望が生まれるとしても、いっこうに不思議ではない。その切望とともに、人々は携帯電話を護符のように抱え歩くことになる。

使い方のモードは様様だろう。営業マンは、自宅でも絶えず携帯電話をかけ、すすんで公的領域を自分の全生活まで押しひろげることで、逆に⑥会社とつながった私的領域そのものを構築しようとする。若者たちは、携帯電話を持ち歩きさえすれば仲間はずれにならないと信じこむ。そして恋人たちは、携帯電話こそが、自分と相手との揺れ動く距離を示すかけがえのない計測器のように思うのではないか…

携帯電話が騒がしい。だがその騒がしさは、つねに⑦一種の寂寥感を帯びている。

――――（二）旅に出る日――――

　旅に出て未知の風景に接し、感動する前に、「ああ、絵はがきとそっくり。」というセリフを口にする人をよく見かける。また、最近のように飛行機利用の旅が盛んになると、若い女性が下界を見ながら、「まあ、地図とそっくりね。」と言う歓声をあげる。しかし、考えてみれば、①絵はがきも地図も、すべて旅という行為よりずっとあとになってできたものだ。絵はがきや地図の普及が人間の思考を逆行させてしまったこの事実。旅は昔から行われていたはずだ。地図や絵はがきは、今世紀に入って一般に普及したものだ。現代人が②こういう錯覚に気づかない限り、人間本来のもつ素朴な感動をもつことはできない。現在の旅は③功罪が半ばしている。われわれはその功罪に気づくことがまず大切である。例えば、人間は飛行機を発明してから百年とは経過していないのに、今や、驚異的な速さのジェット機を考え出し、それが人間を苦しめようと疲労させようとおかまいなしにますますスピードを速めようとつとめている。一昔前は船でインド洋を横断して、はるばると欧州を目指したのに、それが、現在はどうだ。あっという間に目的地に着いてしまう。思うに、人々は旅というものへの導入部を持つことが少ない。この導入部が実は旅だったのだが、いまでは、目的の地へ着くことだけが旅のように思われてしまった。そして、④それが旅だと思い込んでしまう現代人は気の毒だ。乗り物は極めて速くなり、時間の節約といちはやく目的地へ着くことは実現されたが、旅情はそれに比例するとはいえないからだ。

（岡田喜秋　「旅に出る日」より）

 単　語

いじらしい	（形）	惹人怜惜（怜愛）
傍若無人（ぼうじゃくぶじん）	（慣用）	旁若无人
何かしら	（副）	不知为什么、不知何故
するり	（副）	滑溜溜
変容（へんよう）	（名・自他サ）	改变面貌
紛れ込む（まぎれこむ）	（自五）	混入，误入
のっぺらぼう	（形動）	平淡，单调无味，平滑

怨霊（おんりょう）	（名）	冤魂、幽灵
沼沢地（しょうたくち）	（名）	沼泽地
委ねる（ゆだねる）	（他一）	委托、交给，献身
脈絡（みゃくらく）	（名）	脉络
サテライト・オフィス	（名）	与总公司通讯网络密布的卫星式小型办公室
紡ぐ（つむぐ）	（他五）	纺，描绘
疎外（そがい）	（名・他サ）	疏远，孤独，（哲）异化
聞き入る（ききいる）	（自五）	倾听、专心地听
ヘッドホン（headphones）	（名）	耳机
渦巻く（うずまく）	（自五）	打旋儿、卷起漩涡
のけもの（除け者）	（名）	被排挤出去的人
おぼつかない（覚束無い）	（形）	靠不住，没把握，没希望
切望（せつぼう）	（名・他サ）	渴望、盼望
掛け替えのない（かけがえのない）	（慣用）	宝贵的、珍贵的，无法代替的
寂寥感（せきりょうかん）	（名）	寂寥之感
半ば（なかば）	（名・副）	一半，部分
御構い無し（おかまいなし）	（慣用）	招待不周，不在乎，不介意
一昔（ひとむかし）	（名）	往昔、过去
導入部（どうにゅうぶ）	（名）	（音乐）序曲、前奏、引子，（小说）楔子

文　法

1. 携帯電話をかけている人の姿を見ると、いじらしい気がしてならない。

　　本句中的"～がする"前面一般接表示感觉的词，表示听觉、嗅觉、味觉等器官所得到的感觉或主观心理感受和印象。"気がする"是其中一种常见的表达方式，意思是"觉得……""有……的感觉"。例如：

○ この部屋には誰かいるような気がする。

　　（觉得这个房间里好像有什么人在。）

○ 私は時々寂しい気がする。

　　（我时常感到寂寞。）

○ 病気でちっとも勉強する気がしない。

（生着病一点都不想学习。）

而句中的"気がしてならない"中的"～てならない"接在用言的连用形后面，表示程度之高，意思为"……得不得了""非常……"。例如：

○ 大学の時もっと勉強しておけばよかったと悔やんでならない。

（要是大学时多学点就好了，现在后悔得不得了。）

○ 世界中を旅行して回れるなんて、うらやましくてならない。

（可以环游世界，真让人羡慕。）

2. もはや外回りの営業マンも、のびのび喫茶店で一服というわけにはいかない。

"わけにはいかない"接在动词原形后面，表示否定，通常是出于道德、人情、义务、责任等不能去做某事。例如：

○ 明日はほかの仕事をしなければならないのだから、こと仕事をやりかけのまま、帰るわけにはいかない。

（明天还有别的工作要做，所以这件事不能没做完就回家。）

○ 絶対にほかの人に言わないと約束したので、話すわけにはいかない。

（因为答应别人不说出去的，所以不能告诉你。）

另外也经常会用"ないわけにはいかない"这样双重否定的形式，接在动词未然形的后面，表示"必须……"。例如：

○ 明日試験があるから、勉強しないわけにはいかない。

（明天还有考试，所以必须学习。）

○ 家族がいるから、働かないわけにはいかない。

（因为还有家人，所以必须工作。）

3. 小さな会社の中でさえ、娯楽室と作業場の区分は、一般従業員ではなく経営者や管理者にゆだねられてきた。

"でさえ"接在体言的后面，当后面的谓语为肯定句时，表示"就连一般的、平常人都有能力做的事情，那么其他水平较高的人自然就不在话下了"，即很容易办到。当谓语是否定句时，表示"就连水平较高的人都办不到，那么相比之下水平较低的人则更办不到了"。例如：

○ この機械は軽いので、女性でさえ簡単に持ち運ぶことができる。もちろん、男のあなたには絶対問題ない。

（这个器械很轻，就连一半的女性都能轻而易举地搬动，所以对你这个爷们儿来说绝对没问题。）

○　この機械は重いので、力士のあなたでさえ持ち運ぶことができないなら、女性は無理だ。

　　（这个器械很重，就连你这个大力士都搬不动，更何况女性呢。）

○　不景気が続いているため、長年、会社に貢献してきた人でさえ、会社を辞めさせられている。だから、平社員が辞めさせられても無理もないことだ。

　　（由于连续的经济不景气，连那些常年为公司做出贡献的职工都被解雇了，所以像我们这些普通职工被迫下岗也是情理之中的事。）

4．言いようのない孤独感が鋭く人々の胸を刺すことになるだろう。

　　"～ようがない"也可用"～ようもない"的形式，接在动词的第一连用形后面，而サ变动词则是"词干部分＋の＋しようがない"。表示由于前项不利的原因，或如果出现前项的情况，想做后项也找不到办法，所以办不成，可译为"没法……""无法……"。

○　病気がこんなに重くなって、もう、どうしようもない。

　　（已经病入膏肓，没法治疗了。）

○　ゴミがこれほど散らかっていたら、一人では全部集めようがない。

　　（这垃圾散落成这样，我一个人是没法清理的。）

○　運転免許がないので、車を運転したくても運転のしようがない／運転しようがない。

　　（因为没有驾照，所以想开车也没法开。）

練　習

一、次の漢字に適当な読み方をつけなさい。

携帯（　　　　）　　連中（　　　　）　　怨霊（　　　　）

平凡（　　　　）　　奇妙（　　　　）　　隙間（　　　　）

異種（　　　　）　　繊細（　　　　）　　領域（　　　　）

喫茶店（　　　　）　　一服（　　　　）　　上司（　　　　）

下界（　　　　）　　驚異（　　　　）　　錯覚（　　　　）

二、次の片仮名を適当な漢字に変えなさい。

1．私的リョウイキ（　　　　）　　2．ボウジャクブジン（　　　　）

3．不吉なショウタクチ（　　　　）　　4．チュウオウ集権型（　　　　）

5. ザイタク勤務（　　　　　）　6. ジョウホウカ社会（　　　　　）
7. 情報流がウズマク（　　　　　）　8. セツボウが生まれる（　　　　　）
9. 一種のセキリョウカン（　　　　　）10. 太平洋をオウダンして（　　　　　）

三、次の言葉を使って、短文を作りなさい。
1. 気がする
2. ～てならない
3. わけにはいかない
4. ないわけにはいかない
5. ～ようがない
6. でさえ

四、文章（一）を読んで次の問いに答えなさい。
　問一　①「世界」とあるが、具体的に何のことか。最も適切なものを次の中からひとつ選びなさい。
　　① インターネットのネットワークで構成された空間。
　　② 誰でもいいから、今そこに居合わせない誰かと会話する空間。
　　③ 携帯電話のネットワークで構成される空間。
　　④ 親しい人と心を許して会話できる空間。
　問二　②「近代特有の均質空間」とあるが、その説明として、最も適当なものを、次の中からひとつ選びなさい。
　　① 個性的領域が保てなくなる社会。
　　② 全体が効率化、加速化した管理社会。
　　③ 誰もが大量の情報と接触せざるを得ない社会。
　　④ 誰もが均質の情報を持てるようになった社会。
　問三　③「怨霊がただよっていた不吉な沼沢地」とあるが、どのような場所か、最も適切なものを、次の中からひとつ選びなさい。
　　① 物の怪のたたりを恐れる原始的宗教観に満ちた場所。
　　② 今もなお怨霊伝説が言い伝えられる場所。
　　③ 人間の力を超えた自然に対する畏怖に満ちた場所。
　　④ 不幸な事件の記憶がいつまでも生々しい場所。
　問四　④「そういう」とあるが、何をさすか、最も適切なものを次の中からひ

とつ選びなさい。

① 分権型の情報化社会は必ず到来するという。
② 解決すべき課題は山積しているという。
③ パソコンやインターネットは必ず普及するという。
④ サテライト・オフィスなどが必ず普及するという。

問五 ⑤「自分のおぼつかない足元を支えたいという切望」とあるが、その説明として、最も適当なものを、次の中からひとつ選びなさい。

① 自分ひとりでいることの孤独感から、少しでも救われたいという切望。
② 情報に遅れをとることによって、仲間から疎外されたくないという切望。
③ いつでも助力が得られるよう、連絡の方法を確保しておきたいという切望。
④ 共同体から孤立しないよう、自分の居場所を確保しておきたいという切望。

問六 ⑥「会社とつながった私的領域そのもの」とあるが、その説明として、最も適当なものを次の中からひとつ選びなさい。

① 自分の世界とはいいながら、結局は公的領域を盲信している自己の私的領域。
② 自分の世界とはいいながら、全生活が会社の公的領域と一致している自己の私的領域。
③ 会社というバックアップがあってはじめて確保できる自己のアイデンティティ。
④ 会社に忠誠を尽くすことによってはじめて確認できる自己のアイデンティティ。

問七 ⑦「一種の寂寥感」とあるが、その説明として、最も適切なものを次の中からひとつ選びなさい。

① 携帯電話とつながった自分の会社だけを心の支えとする以外に方法がないいじらしさ。
② 疎外されることを恐れるがために、携帯電話をつねに手ばなすことができないいじらしさ。
③ 携帯電話があるために仕事はよくできるが、私的生活を犠牲にしなくてはならないいじらしさ。
④ 携帯電話を疎外感から逃れる唯一の救いとしなければならぬ情報化社会

のいじらしさ。

五、文章（二）を読んで次の問いに答えなさい。

問一　①「絵はがきも地図も」とあるが、この二つの普及が、人間にもたらしたのは、どのようなことか。次の中から選びなさい
　　①　人間本来のもつ素朴な感動をもてなくなったこと。
　　②　現在の旅は功罪が半ばしていること。
　　③　人間の思考を逆行させてしまったこと。

問二　②「こういう錯覚」とは、どういうことを述べたものか、適切なものを次から選びなさい。
　　①　絵はがきや地図は旅という行為以前にできていたと思うこと。
　　②　飛行機利用の旅は盛んになり便利になったと思うこと。
　　③　旅が盛んになり絵葉書や地図が普及したと思うこと。

問三　③「功罪」は、役に立つ点と害になる点という意味であるが、このことを具体的に述べている一文を抜き出し、その一文のはじめの4字を次から選びなさい。
　　①　思うに　　②この導入　　③そして　　④乗り物は

問四　④「それ」の指す内容を次から選びなさい。
　　①　目的の地へつくこと。
　　②　時間の節約。
　　③　驚異的な速さのジェット機を考え出すこと。

問五　この文章で筆者が考えている旅とはどのようなものか。適切なものを次から選びなさい。
　　①　旅先での風物を詳しく見ること。
　　②　旅というものへの導入部を持つこと。
　　③　旅が心に残したものを大切にすること。

読解技法

日语包孕句的分析

　　谓语句中除单句外，就是复句。所谓复句，顾名思义就是句子的复合，在一个复句中有两层或两层以上的成分组合关系。包孕句是复句的一种，这种句

子中有一个或几个成分本身就是一个句子，这些小句子可以充当大句子的主语、谓语、状语、补语、宾语以及修饰体言的定语等句子成分。我们可以分别把它们命名为主语从句、谓语从句、状语从句、补语从句、宾语从句以及定语从句。

包孕句的句法结构和其他语法现象均比单句要复杂。分析包孕句实质上就是理清此类句子中语法结构的条理、层次和脉络，为阅读理解扫清语法上的障碍。

分析包孕句必须要学会"大处着眼，小处着墨"，否则就会"一叶障目，不见森林"。所谓"大处着眼"就是首先从宏观上把握整个句子，用分析单句的方法找出句子外层的各个成分。所谓"小处着墨"就是对句子外层的各个成分进行具体而细致的分析，句子某个成分本身是一个句子的，可以参照单句的分析方法再分析此从句的各个成分；句子成分是一个包含有定语从句的连体修饰结构时，可以先划分出定语从句和被修饰的体言，然后对定语从句进行句子成分的划分。例如：

倫子は秋がいつも冬と一緒に来ると聞いて始めてパリの秋の短いことを知った。

分析步骤：

（1）按照单句的分析方法先找出句子外层的各个成分。此句外层的谓语为"知った"，与之有搭配关系的主语"倫子は"，状语"秋がいつも冬と一緒に来ると聞いて""始めて"，宾语"パリの秋の短いことを"。

（2）对句子外层的各个成分进行具体而细致地分析。第一个状语包孕有一个补语从句"秋がいつも冬と一緒に来る"，这个补语从句的谓语为"来る"，主语为"秋が"，状语为"いつも"，补语为"冬と""一緒に"。句子外层的宾语也是一个从句，即宾语从句，这个宾语从句的谓语为"短い"，主语为"パリの秋"。由此可知：这是一个包孕了补语从句和宾语从句的包孕句。

言語文化コラム

落語・相声

落語とは、話の終わりの言葉、あるいは話の結びを「落語」というところからきている。京都に始まった上方落語の中心はその後大阪に移り、江戸落語と芸風の違いが生まれた。現在の大きな違いは、「真打」の有無だろう。江戸落語を引きつぐ東京の落語界には、前座、二ツ目、真打の3階級があって、昇進してゆく。しかし上方落語には昇進の制度はない。

第二課

　落語家は表情や声色、動作によって何人もの役や情景をも演じるが、使われる小道具はわずかに手ぬぐいと扇子のふたつだけである。１本の扇子で箸、キセル、刀、徳利、金槌を表現し、１枚の手ぬぐいを煙草入れ、財布、巾着、手紙、帳面であるかのように扱ってその気にさせる。

　落語に並ぶ２大寄席芸の一つである漫才の歴史は落語に比べると随分新しい。ひとりで演じる落語と違い、ふたりの芸人が滑稽なしぐさや、おかしなやりとりで笑わせる。昭和７年に大阪の吉本興業の宣伝担当が漫談から着想して名つけたのが「漫才」の名の始まりだ。

　大阪では漫才に人気が集まり落語が凋落していたが、古典的な上方落語を発掘した名手・桂米朝が出て復活を果たしている。漫才界には戦後ダイマル・ラケット、やすし、きよしなどの名コンビが出て、大阪は漫才の中心地となった。しかし最近ではテレビタレントへの転身が多く、話術を武器にバラエティー番組などの司会者として東京のテレビ局で活躍するものが増え、いま漫才には全盛期の昭和30－40年代のような活気はない。

第三課

（一）苦労からの恨み

　自分が苦労していると、大方の人間がのんきに生きているように見えることがある。世の中誰古語も避けられないはずの難儀が、自分ひとりとはいわないけれど、自分のような少数の者たちにだけ皺寄せされている、と思われる。その印象があたっていることもあれば、はずれることもある。苦労の点でも、他人は見かけに寄らぬものだ。また、苦労は順繰りという考え方もある。

　それにしても、自分はこんなに苦しいのに、世の中は明るく、お天気もよろしい、ということがどうにも我慢がならない。是非もないことだ。身から出たさびの場合でも、あまりきつくなると、平気でいる人も世を恨む。まして、恨むすじあいでもあれば、ひたすらそこにかかって恨む。人間は恨むようにできている動物らしい。

　長きにわたると、苦労そのものよりも、この恨みのほうが心身を侵食することがある。疲れきっているのに、ようやく寝床に就いて休もうとすると、頭の芯が憤懣のためにカアンと冴えかえる。いつまでもそんなことで腐っていてもどうにもならないので、もう考えまい、と気を取り直した頃になって、どうかしていきなり、一段と烈しい怒りの発作が襲っている。

　人に話を聞いてもらって、心の結びをほぐしたいと思う。しかしまた、他人にそうたやすくほぐしにかかられては、腹が立つ。そんな時、愛だの献身だの、そんな言葉を安直に口にする人間たちがいるものだ。いい加減な人間なら論外なのだが、まじめな人が、何も知らないくせに無限の犠牲を求めるに等しい説教をしてくるのが、かえって始末が悪い。限りのある条件の中で、限りのある体力と忍耐力でもってやっているのだ、ということさえわからない人間が少なくないから、おそろしい。

　それにまた、恨みも心の張り合いのひとつである。この張り合いをひとすじ抜かれたら、疲労の重みの下でくずおれて、一歩も立ち行かない、ということだってある。そう簡単に奪われるわけにいかないものなのだ。何から何まで、心の底のものまでも、①通り相場の言葉で引っかけて奪ってしまおうとする世の中だ。

ユーモアを説く人たちもいるけれど、よくよく聞いていると、ユーモア、ユーモアというだけで、言葉にも声にも、心遣いにもユーモアなどまるでなくて、ただ押し付けがましいばかりのがある。

　自身を公明正大、一点の理不尽もないと思いこんでいる人間には、ユーモアはあり得ない。恨むすじあいでないと自分で思うことまでも、つくづくと恨む、恨んで恨んでやまない自分の心にほとほと自分で手を焼く。これが②ユーモアの最たるものだ。

　しかし恨み心にも、限りはある。それを湛える力にも、量的にまた時間的に、限界がある。たとえば、苦労しつつある人間は、当然、いささか物が見える。いささか人も見えてくる。難しく言えば認識というやつだ。その認識力が、安穏に暮らしている人間よりも、豊かだとまではいわないが、少なくとも、張っている。この意識が、痩せ我慢をしてでも、苦労の甲斐と感じられる。せめてもの慰め、せめてもの代償である。ところが――。

　こんなことに突き当たる。つまり、苦労していればこそ見える物事もあるかわりに、苦労の中にとらえられていると見えにくくなる物事もあるのだ、ということに、ものを見る目に自信を持ち出した頃になって、単純なはずのことにたいしてあんがいな誤解をしている自分に気づかされる機会が多くなる。これは人としてあたりまえのことであり、自分の痛い思い違いに気づくということは目がさらに肥えたしるしだと、他人からは言えることだが、当人にとっては、そんな自分が口惜しい。これだけの苦労をしてきた甲斐もないように感じられる。これもまた是非もないことだが、ここまでくると、恨み心も限界域に踏みこみかけている。

　ここで自身のことを苦笑できるかどうか――もしもここで自分の正しさを突っ張り抜こうとするとやがてみずから、愛だの献身だの、そんなことを他人に求めはじめる。心からのつもりでも、③目がとがっていれば、それまでだ。

（二）文化が人間の資質を作る

　文化は人間性から生まれるものであるから、その形態は生物学的特質と自然の法則の両者によって制約を受ける。しかし、また文化が吐いたり、泣いたり、気を失ったり、くしゃみをしたり、毎日ものを食べたり排泄したりと言ったさまざまな生理的作用を方向づけるのも事実である。人間がものを食べるのは内部的な

衝動に反応しているのである。つまり、血糖の低下に伴って収縮し空腹を感ずるから、ものを食べるのである。こういう内部的刺激に人間がどう反映するかは生理的の知識だけでははっきり予測できない。健康な大人が一日に何回空腹を覚えるか、何時間たつとまた空腹になるかなどは文化の問題である。

食べ物の種類が入手できるかどうか制約を受けるのはもちろんだが同時に、文化による規制される面もある。ある種の植物の果実が有毒であるのは生理学の事実であるが、数世代前まで、たいていのアメリカ人はトマトには毒があると言って食べようとしなかった。①こちらは文化的事実である。

環境を選択し区別するのは極めて文化的な働きである。もっと広い意味で考えでも食事は文化によって規制を受けるものである。生きるために食うか、食うために生きるか、それとも、ただ食べて生きているかと言うことは個人だけで決まる問題ではない。文化が②これを作用しているからである。

情緒は生理的な現象である。特定の状況に置かれるとどんな背景に持つ人間でも同じように恐怖に駆けられる。しかし、文化的きっかけが引き起こす喜び、怒り、性欲のような感覚については社会が違えば同じ反応を示すとは限らない。

新生児や生まれつきはっきりした障害を持っている人間は別として生来の資源と思われているものも、実は文化の力によって作り上げられた姿である。ニューメキシコのある病院ではインデアンのズーニー族ナヴァホ族白人の赤ん坊が生まれる。その新生児は「極めて活動的」「普通」「大人しい」に分類することができる。「極めて活動的」の部類に入るのは白人に多く見られるが、とにかく、どの人種の子供も必ず三つのカテゴリーに分かれる。しかし、生まれたときには「極めて活動的」の部類に入っていたナヴァホ、ズーニー、白人の子供を二年たってまた監察してみるとズーニーの子供は同じ年の同族の子供に比べれば活動的であっても、白人の子供と比べると、もう活動的とは言えなくなっているだろう。ナヴァホの子供のほうは普通のナヴァホの子供よりは活動的であるが白人の子供ほど活動的ではなく、ズーニーと白人の子の中間に位することになろう。

戦争中、日本人集容所で研究した人たちの報告によると、アメリカで生まれアメリカで育った日本人は一世の両親よりも、周りの白人に似た行動をする。ことに日本人居留地から離れたところで育った人には、この傾向が著しい、と言われる。

（「文化人類学の世界」による）

単　語

大方（おおかた）	（名・副）	大部分、多半
難儀（なんぎ）	（形動）	困难，痛苦，麻烦
呑気（のんき）	（名・形動）	安闲，无忧无虑
皺寄せ（しわよせ）	（名）	影响、波及、秧及
順繰り（じゅんぐり）	（名）	轮班、轮流
身から出たさび（みからでたさび）	（慣用）	咎由自取、自食其果
冴え返る（さえかえる）	（自一）	天气转冷，清澈，鲜明
解す（ほぐす）	（他五）	解开，缓解，放松
筋合い（すじあい）	（名）	理由、道理
いきなり	（副）	突然、冷不防
安直（あんちょく）	（形動）	省钱，不费事
論外（ろんがい）	（名・形動）	题外，不值一提
頽れる（くずおれる）	（自一）	瘫倒
通り相場（とおりそうば）	（名）	公认的行市，一般评价，世俗
よくよく	（副）	仔细地，充分地，万不得已
理不尽（りふじん）	（名・形動）	不讲理，没道理
つくづく	（副）	仔细，由衷，从心理
ほとほと	（副）	实在，非常
手を焼く（てをやく）	（慣用）	棘手
最たる（さいたる）	（連体）	最甚、最具有代表性
湛える（たたえる）	（他一）	充满、洋溢、装满
痩せ我慢（やせがまん）	（慣用）	打肿脸充胖子
目が肥える（めがこえる）	（慣用）	鉴赏力提高，见识广
目が尖る（めがとがる）	（慣用）	视野狭窄，钻牛角尖
ニューメキシコ［New Mexico］	（名）	（美国）新墨西哥州
インディアン［Indian］	（名）	印地安人
ズーニー族［Zuni］	（名）	印地安的祖尼（音）族
ナヴァホ族［Navajo］	（名）	印地安的纳瓦霍（音）族
カテゴリー［Kategorie］	（名）	范畴

文 法

1. 世の中誰しも避けられないはずの難儀が、自分ひとりとはいわないけれど、自分のような少数の者たちにだけ皺寄せされている、と思われる。

　　本句中的"誰しも"是代名词"だれ"加上连语"しも"，在古典日语中也写作"たれしも"，是比"誰も"语气更为强烈的说法，类似于"誰でも""誰だって"，可以翻译为"谁都，不管是谁"。例如：
○ 誰しも幸せを願う。
　　（谁都渴望幸福。）

　　"はず"是形式体言，接在用言的连体形或体言＋の的后面，表示说话人认为一件事情出现某种结果是符合道理的、理所当然的。说话人依据确定的根据对事情作出强有力的推断，相当于"当然……""应该……""按理说"。例如：
○ 一時間前に出発したから、そろそろ着いているはずだ。
　　（一小时前就出发了，所以应该已经到了。）

　　另外，"はずだった"表示该实现而没有实现的事情。例如：
○ 昨日大阪へ行くはずだったが、病気で行けなかった。
　　（昨天应该去大阪的，但因为生病没能去。）

　　"はずがない"表示强烈否定所推断的事情，相当于"绝不可能"。例如：
○ 彼はそのことを知らないはずがない。
　　（他不可能不知道那件事情。）

2. いつまでもそんなことで腐っていてもどうにもならないので、もう考えまい。

　　本句中的"どうにもならない"是个惯用型，意思是"无可奈何，无论怎样也办不到"，例如"人間の力ではどうにもならない"的意思是"靠人的力量无论如何也办不到"。

　　句中"考えまい"的"～まい"接在动词的辞书形后面，一段动词和カ变动词也可以用"ない形"进行接续，"する"也可以用"すまい"的形式。可以表示：

　（1）否定的推测，翻译为"没有吧"。例如：
○ あの民族紛争は容易に解決するまいと思うが、平和的解決への努力が必要だ。
　　（我想虽然民族纠纷是不容易解决的，但也有必要争取和平解决。）
○ 彼はベテランの登山家だから、あんな低い山で遭難することはあるまい。
　　（他是位老练的登山家，不会在那么矮的山上遇难的。）

　（2）否定的意志。翻译为"绝对不会做……"。例如：

○ こんなまずいレストランは二度と来るまい。
　　（这么难吃的餐厅绝对不会来第二次了。）
○ ケーキは買うまいと思っても、見るとつい買ってしまった。
　　（虽然决定不买蛋糕，但看到后最终还是买了。）
○ 彼は何も言うまいと思っているらしい。
　　（他好像决定什么也不说。）
　　注意：表示意志的时候，主语是第一人称。第三人称时要用"～まいと思っているらしい""～まいと思っているようだ"等句型。

3. そんな時、愛だの献身だの、そんな言葉を安直に口にする人間たちがいるものだ。

"だの"是接续助词，可以接在体言和用言的连体形后，表示从同类事物中列出若干事例加以叙述，言外之意还包含着其他同类事物。"…だの…だの"可以翻译为"……啦，……啦"。例如：
○ そばだのうどんだの、めん類なら何でも好きだ。
　　（荞麦面啦，小麦面啦，凡是面条都喜欢。）
○ 腹がすいただの疲れただのと言わないで、少しは仕事をしなさい。
　　（别说什么肚子饿了、累了之类的话，做点工作吧。）
○ 彼はなんだのかんだのと理屈ばかりこねている。
　　（他不管什么事都喜欢强词夺理。）

4. たとえば、苦労しつつある人間は、当然、いささか物が見える。

本句中的"～つつある"接在动词的连用形后面，表示某个状态正在朝着某个方向持续发展，意思为"正在……之中"。例如：
○ 環境問題への関心が高まり、車ではなく電車の利用する人が増えつつある。
　　（人们对环境问题的关心日益高涨，越来越多的人放弃开车，选择坐电车上班。）
○ 新しい日本の文化が現在作られつつあるし、これからも作られていくだろう。
　　（新的日本文化正在不断形成，今后也会不断发展下去。）
　　另外需要注意的是，"つつある"不能与"行く""泣く""話す"等表示具体动作的词一起使用。

5. つまり、苦労していればこそ見える物事もあるかわりに、苦労の中にとらえられていると見えにくくなる物事もあるのだ、

本句中"かわりに"接在体言＋の或用言的连体形后面，表示后项的人物代替前项的人物故事，或表示做后项的事情以取代前项，可以翻译为"代替""反过

来""不……而……"等，作为接续词，也可以用"そのかわりに"的形式。例如：
○ 映画を見るかわりに、うちで新しいDVDを見ることにした。
　　（我决定不去电影院看电影，而是在家看电影。）
○ 先日おごってもらった代わりに、今日は僕がおごるよ。
　　（上次是你请我的，今天换我请你。）
○ 21世紀にはこれまでの先進諸国のかわりに、アジア諸国が世界をリードするようになるのではないだろうか。
　　（21世纪的亚洲各国可能会取代目前的发达国家，成为世界的领头羊。）
○ この村は赤字JRが廃止されて、その代わりにバスが通うことになった。
　　（在这个村，由于JR的运行出现了赤字而被废止了，现在代替JR的是公交大巴。）

練習

一、次の漢字に適当な読み方をつけなさい。

苦労（　　　　）　　大方（　　　　）　　難儀（　　　　）
少数（　　　　）　　我慢（　　　　）　　是非（　　　　）
憤懣（　　　　）　　発作（　　　　）　　献身（　　　　）
安直（　　　　）　　犠牲（　　　　）　　説教（　　　　）
特質（　　　　）　　排泄（　　　　）　　恐怖（　　　　）

二、次の片仮名を適当な漢字に変えなさい。

1. ガマンがならない（　　　　）　　2. シマツが悪い（　　　　）
3. 世をウラム（　　　　）　　4. シンシンを侵食する（　　　　）
5. イイカゲンな人間（　　　　）　　6. コウメイセイダイ（　　　　）
7. リフジンもない（　　　　）　　8. 手をヤク（　　　　）
9. アンオンに暮らす（　　　　）　　10. 痛い思いチガイ（　　　　）

三、次の言葉を使って、短文を作りなさい。

1. かわりに
2. ～だの～だの
3. ～つつある
4. ～まい

5. はず

四、文章（一）を読んで次の問いに答えなさい。

問一 ①「通り相場の言葉で引っ掛けてしまおうとする世の中」とあるが、その説明として、最も適当なものを、次の①②③④の中からひとつ選びなさい。

① ことがらの特殊性を認めず、すべてを一般的な概念の中に包括してしまおうとする硬直化した世の中。

② 個人の独自なものや固有のものに深く関わりをもとうとせず、ありきたりの考え方によって処理してしまおうとする世の中。

③ とりたてて関心を示さずに、はじめからその存在すら無視してしまおうとする世の中。

④ すべてのことがらを金銭を得るための対象とみなし、金銭を得るために利用しつくしてしまおうとする拝金主義の世の中。

問二 ②「ユーモアの最たるもの」とあるが、その説明として、最も適当なものを、次の①②③④の中からひとつ選びなさい。

① みぬいた末に、自分自身を制御できない自分の姿を相対化して眺めること。

② 恨みを忘れてしまえるほど、他人を恨み、自分を恨みぬいてしまうこと。

③ 恨みという感情におぼれることのない次元にまで自分を高めること。

④ うらみぬいて、なぜ人を恨んでいるのか、しっかり認識できるようになること。

問三 ③「目がとがっていれば、それまでだ」とあるが、その説明として、最も適当なものを、次の①②③④の中からひとつ選びなさい。

① 真剣になり集中して顔つきが変わるようになっていては、よい結果は得られないということ。

② 苦労のあまり、思考力が衰えて、ことの当否を見誤るようになってしまってはいけないということ。

③ 他人の立場を考えあぐねて、自分と他人との立場の相違を見失ってはいけないということ。

④ 苦労した結果、視野が狭くなり、他人の立場を察することができなくなってしまってはいけないということ。

問四 ④次の①②③④のなかには、文の趣旨に合致するものはどれか。

① 苦労している人は、自分の苦労を他人に理解してもらいたいと思いながら、自分の苦労が他人にはわかるはずはないと思い込み、他人を恨むようになる。

② 自分だけが苦労していると考えるのは誤りで、他人が苦労しているか否かは外見から判断することはできない。

③ 物事を解決しようとする時に、人には、他人に頼りたがる側面と、自力を頼もうとする側面がある。

④ 苦労をしていない人間は、苦労を重ねている人間に比べて、余計なことを考えないですんで、他人を恨むことが少ない。

五、文章（二）を読んで次の問いに答えなさい。

問一　①「こちら」は具体的に何をさしているのですか。
　① 食べ物の種類が入手できるかどうか制約を受ける事実。
　② 食べ物の種類が文化によって制約を受ける事実。
　③ ある種の植物の果実が有毒であるのは生理学的事実であること。
　④ 数世代前まで、たいていのアメリカ人はトマトには毒があると言って食べようとしなかった。

問二　②「これ」は具体的に何をさしているのですか。
　① 生きるために食うという考え方。
　② 食うために生きるという考え方。
　③ ただ食べて生きている。
　④ 生きることと食うこととの関係についての考え方。

問三　文章の内容と合っているものは次のどれですか。
　① 人間がどのように吐き、どのように泣き、どのようにくしゃみをし、どのように食べるかは単なる生理的な問題ではなく、文化的要素も絡んでいる。
　② 情緒は生理的な現象であり、どんな文化を背景に持つ人間でも同じ状況に置いては同じような反応を示す。
　③ ニューメキシコの病院で生まれた赤ちゃんに関する観察で人間の種族の大きくかかわり、生まれつきのものであることが分かります。
　④ 日本人はたとえアメリカで生まれ、アメリカで育っても、その行動は到底周りの白人とは違うものです。

読解技法

日语多层次包孕句的分析

　　句子由单句发展成为包孕句堪称一个大的发展过程，但就包孕句本身而言，由包孕一个从句到包孕从句的从句本身又包孕从句，亦可谓一个大的发展演进过程，这种包孕有两层或两层以上的包孕句称为多层次包孕句。

　　分析多层次包孕句和分析包孕句的方法一样，只是步骤更多。总的原则是：由外入内，层层推进。例如：

　　その間に、妙子は自分が母親が昔したことを繰返しているのだと以前から感じていたことがいよいよ実感を以って身に迫るのを覚えた。

　　分析步骤：

　　（1）先分析句子外层的各个成分。谓语为"覚えた"，主语为"妙子は"，补语为"その間に"，宾语为"自分が母親が昔したことを繰返しているのだと以前から感じていたことがいよいよ実感を以って身に迫るのを"。

　　（2）宾语本身是一个句子，即宾语从句，其谓语为"迫る"，主语为"自分が母親が昔したことを繰返しているのだと以前から感じていたことが"，补语为"身に"，状语为"いよいよ""実感を以って"。

　　（3）宾语从句中的主语本身又是一个句子，即主语从句。其谓语为"感じていた"，补语为"自分が母親が昔したことを繰返しているのだと""以前から"，主语承前省略，补上应为"妙子が"。

　　（4）主语从句中的第一个补语为一个句子，即补语从句，其谓语为"繰り返しているのだ"，主语为"自分が"，宾语为"母親が昔したことを"。

　　（5）补语从句中的宾语为一个从句，即宾语从句，其谓语为"した"，主语为"母親が"，状语为"昔"。

　　这个多层次包孕句至此就全部分析完了，由以上分析可知，这是一个包孕有两个宾语从句、一个主语从句和一个补语从句的层层相套，结构复杂的多层次包孕句。

言語文化コラム

七五三

　3歳、5歳、7歳の子供の成長を祝い、その後の安全無事を願って神社に参る行事であるが、それほど古くから行われているわけではなく、江戸時代に始まった。中国では奇数を陽の数として尊ぶ思想があり、それに基づいて元服の時期が決まっていたことから影響を受けたものらしい。男女3歳を髪置、男児5歳を袴着、女児7歳を帯解と称して祝う習慣が江戸時代に広まり、今日の七五三の行事の原形が出来上がった。

　武家を中心に行われるようになった行事であるためか、京都ではあまり見られなかった。京都では、13歳になった男児女児が陰暦の3月13日日に虚空蔵菩薩にお参りし、厄落とし、開運、特に知恵授けを願う「十三参り」の行事が主流だった。安永2年（1773）に始まったといわれ、日本最初の虚空蔵菩薩を祀る嵐山の法輪寺がにぎわった。

　七五三は全国的に見ると地方色が多様で、3歳と7歳だけとか、7歳だけを祝う地域もある。「7歳までは神のうち」とか「7歳までは神の子」といわれ、7歳までに死んだ子は本葬を行わない地域が多かった。つまり7歳まで育つことは人間にとって大変重要だと思われているらしく、男女ともに7歳は幼児期から少年少女期に入る転換期と見なされていた。子供は7歳の宮参りによって正式に氏子入りすることになり、神からも地域共同体からも一人前の人格として扱われるようになる。つまり社会の一員として認められ、子供組などの組織に迎え入れられた。

　七五三の宮参りが11月15日に固定されるようになったのは、徳川5代将軍・綱吉の子、徳松の岩井をこの日に行ったからという説や、陰陽道で一陽来復といって11月の吉日である鬼宿の日がこの日であるという説、古来より霜月（11月）の15日は家々の生業に関係深い神々を祭る日であったという説などがある。

第四課

──（一）　夢と気づけばコントロールできる──

　自分の好きな夢を見られる機械なんてありっこないと思っていたが、それが実在したのには驚いた、夢を自在にコントロールできるというのである。
　「ドリームボイジャー」というその装置を開発したのは、米国スタンフォード大学睡眠研究センターのステファン・フバージュという学者。この人、「夢は自覚できる。自覚できればコントロールも可能だ」という説の持ち主で、持論を商品化したのがドリームボイジャーというわけ。①何でも、アイマスクの中に薄い機械が入ったような装置とか。調べてみると、日本でも七～八年前まで売られていた。本当に謳い文句通りなら、どんな娯楽よりも魅力的ではないか。少なくとも人生の三分の一が思い通りになるのだ。そこで早速、扱っていた東京・八王子のMMサイトに聞いてみた……
　「話題になりましたが、②売れ行きはパッとしませんでした。それでも、計二〇〇台くらいは売れたかな。値段は三万円前後。肝心の成果の方なんですが、実際に夢をコントロールできた人は非常に少なかったようです」
　さもありなん。さて、このドリームボイジャーなる装置、一体どんなメカニズムで人間の無意識の世界に侵入するのかと興味津々だったが、フタを開けてみると意外と単純なもの。好きな夢に導いていくのはあくまでも人間で、装置自体は「もしもし、これは夢なんですよ！」と眠っている本人にサインを送るだけ。例えて言えば、うなされて苦しんでいる時に肩を揺すってくれる女房のような役割である。ただ、夢をみている時③どうしてわかるのかがミソで、そこには睡眠の科学が生かされていた。
　よく知られているように、睡眠状態には「レム睡眠」と「ノンレム睡眠」がある。レム睡眠は、身体は休息しているが脳は完全に眠りついていない状態。これに対してノンレム睡眠は、脳も身体も完全に緊張を解いて休んでいる状態をいう。夢を見るのはレム睡眠時だ。成人は一晩に一～二時間ほどレム睡眠に入るのだが、この間、瞼の下で眼球がせわしなく動くという特徴がある。ドリームボイジャーはこれを利用した。
　具体的には、装置に組み込まれた赤外線センサーが目玉の動きを感知すると、

マスク内側で赤色発光ダイオードが点滅する。と、レム睡眠中は脳がぼんやり起きているので、視界に赤い点滅光を感じた睡眠中の人は、「あっ、これは夢なんだな」と気づく。もちろん④そう気づくまでにはかなりの熟練を要するという。そうと気づけばしめたものだ。そこからは映画の脚本家か監督になったつもりで、自分が見たい方向に夢のストーリーを運んでいくことで、夢をセルフコントロールできるというのである。

例えば何者かに追われ、断崖絶壁から突き落とされる夢を見ていたとしても、夢と分かればもう怖いものなしだ。鼻唄でも口ずさみつつ、逆さ宙返りでダイブしてやろう。退屈極まりない夢を見ていたら、途中から美女にもてまくる夢に勝手に変えてやることも可能だ。

世の中には特別な装置を使わなくても、夢を自在にコントロールできる人がいる。私自身、年に何度か自覚夢（夢と気づく夢）を見る。あまりに荒唐無稽な話だったり、場面転換がはやすぎると、「あっ、これは夢だな」と気づくのである。（　⑤　）、そこから先を組み立てていくのは至難の業だ。たいていは夢と気づいた時点で目が覚めてしまうようだ。

いつの日か、見たい夢を自由に見られる時代がきたら楽しいと思う。夢用のストーリーが記録されたICチップを、寝る前にこめかみあたりの張る。ドリームセンサーが夢の始まりを察知すると、チップに記録されたストーリーが電気信号として脳に伝わり、その先の夢を誘導していくのである。こんな装置が開発されたら、夜が楽しくなることうけあいだ。夢のソフトはエンターテインメント用のほか、コンプレックスやストレスの解消に効果を示す医療用も当然出てくるだろう。いわく、フロイトもびっくりの夢療法。脳の研究がさらに進めばあながち夢物語ではなくなると思う。

（平尾俊郎の文章による）

——（二）　考える機械——

人間らしさとは何か、人間らしく生きるにはどうすればよいかといった問題は、（　①　）人類の歴史を通じて常に人々にこころをなやませてきたに違いない。しかし、この科学技術の発達した現代に至っても、その問いに対する答え方にはほとんど進歩が見られないように思われる。いやむしろ、最先端の科学技術の成

果を目の前にして、我々の心はますます②混迷を深めていると言えるのかもしれない。

　かつて「鉄腕アトム」が登場した頃、我々はあのような「人間らしい」ロボットというものに対して何らか疑問を抱くことはなかった。当時はまだ、機械が自分で考えてしゃべるなどということはほとんど夢に等しかったように思う。現実に存在しないものを創造し、いろいろな夢を託すことは楽しい。例え十万馬力でも足からジェットを吹き出しても、アトムは確かに人間らしくふるまい、人間らしい心をわれわれに見せて感動を与えてくれたのである。現実の生活から離れた自由な想像の世界の中では、「人間らしさ」は生き生きとはばたくように（　③　）みえる。

　（　④　）いまやコンピューターの進歩のおかげで、みずから考えるロボットが現実のものとなりつつある。ロボットに限らず、さまざまな「考える機械」が出現して日常生活とかかわりをもつ時代を迎えようとしている。そのような機械が、人間に幸福をもたらすものでなければならないことは当然であろう。人間らしい生き方を妨げるようなものであってはならない。（　⑤　）、あらためて「人間らしさ」とは何なのかという問い直しが必要とされるようになった。ただし、科学技術が相手である。答えは明確でなければならない。

　われわれはしばしば現実の問題に直面した時に、「人間らしさ」がいかにつかみどころのないものであるかを知らされる。病気に悩む人、障害のある人、寝たきりの老人などを目に前にして、人間らしい生き方を論ずることは非常に難しい。遠くからは生き生き見えていたはずなのに、近づいて手に取ろうとすると［　⑥　］逃れのように⑦去ってしまう、科学技術の進歩を目の前にした今、われわれは人間の心にかかわる基本的な問いに対して、明確な答えが見いだせないことをあらためて知らされたのである。

　認知科学は、⑧このような「人間らしさ」の問いに「人間の知」という側面から答えようと試みる。いうまでもなく、人間らしさは「知」のみにあるわけではない。「知情意」といわれるように、感情や意志も無視するわけにはいかないのは当然である。しかし、⑨それらは「知」と密接に結びついているはずであり、「知」を知ることによりおのずから明らかになってくるものと期待される。⑩このような試みが成功するか否かは今後の発展を見なければわからないが、少なくとも現代科学の新しい挑戦であるということはできよう。

単　語

（一）

ドリームボイジャー	（名）	梦旅人
持論（じろん）	（名）	一贯的主张
アイマスク	（名）	眼罩
謳い文句（うたいもんく）	（名）	吸引人的语句，响亮的口号
さもありなん		很可能是那样，理所当然
メカニズム	（名）	机械装置，机制，途径
津々（しんしん）	（副）	津津
フタを開ける	（慣用）	揭晓
ミソ	（名）	得意之处，独到之处
せわしい	（形）	忙碌、忙
ダイオード	（名）	二极管
しめた	（感）	好极了、太好了
断崖絶壁（だんがいぜっぺき）	（名）	悬崖峭壁
鼻唄（はなうた）	（名）	哼唱，哼着唱的歌
宙返り（ちゅうがえり）	（名・自サ）	翻筋斗，翻跟头
ダイブ	（名・自サ）	跳水，潜水，俯冲
荒唐無稽（こうとうむけい）	（名）	荒诞无稽、荒谬
業（わざ）	（名）	事情，事业，工作，行为
こめかみ	（名）	太阳穴
うけあい	（名）	保证，保管，一定
あながち	（副）	未必，不一定，不见得

（二）

人間（にんげん）	（名）	人，人类
悩ます（なやます）	（他五）	使烦恼，困扰
混迷（こんめい）	（名・自サ）	混乱，纷乱
等しい（ひとしい）	（形）	相等，相同，等于
託す（たくす）	（他五）	托付、委托，寄托

馬力（ばりき）	（名）	马力，精力，干劲
振る舞う（ふるまう）	（名）	喷气，喷射，喷气式飞机
振る舞う（ふるまう）	（他五）	行动、动作
妨げる（さまたげる）	（他一）	妨碍、阻碍、阻挡
つかみどころ	（名）	要领
障害（しょうがい）	（名）	障碍，妨碍，残疾，缺陷，损害
無視（むし）	（名・他サ）	无视，不顾，忽视
試み（こころみ）	（名）	尝试、试试看

文 法

（一）

1. 自分の好きな夢を見られる機械<u>なんて</u>ありっ<u>こない</u>と思っていたが。

本句中的"なんて"接在体言、用言基本型、格助词的后面，表示轻蔑、不以为然、惊讶等语气，意思是"……之类"，翻译成汉语时可以灵活处理。例如：

○ こんな天気のいい日に勉強なんてしたくない。

（这么好的天气，我可不想学习。）

○ 彼の言うことなんて少しもあてにならない。

（他说的话一点也不靠谱。）

○ こんなところで出会うなんて偶然だね。

（在这样的地方碰面真是巧合啊。）

○ あんな変な人となんて話したくない。

（我不想和那样的怪人说话。）

另外，句中的"～っこない"接在动词的第一连用形后面，用来加强语气，表示表示前述事项成立的可能性几乎不存在，可以翻译为"不会……""不可能……"等。例如：

○ プロには勝てっこない。

（不可能战胜职业选手。）

○ 私にあなたの気持ちなんか分かりっこない。

（我不可能知道你的心情。）

○ 恋なんてできっこない。

（不可能恋爱。）

2. さもありなん。

这是一个惯用句，意思是"很可能是那样""理所当然"等，也写作"然もありなん"，表示"那样的事也是可能的"。例如：

○「遅い・まずい・汚い」ということであれば、外食産業の不振も、さもありなん、というところであろう。

（如果是"慢、难吃、脏"的话，餐饮业的经营不良也是不难想象的吧。）

○ 彼女、上役と大喧嘩して退社したと聞いたが、気性の激しい彼女ならさもありなんという感じだね。

（听说她跟上司大吵了一架而辞职了，但是如果是脾气暴躁的她，也是有可能的。）

3. 退屈極まりない夢を見ていたら、途中から美女にもてまくる夢に勝手に変えてやることも可能だ。

本句中的"～極まりない"接在形容动词词干或形容词连体形＋こと的后面，表示达到了极限，是较郑重的书面语。"～極まる"表达相同意思，但是只能接在形容动词之后，可以翻译为"极其……""非常……"例如：

○ お客に対する口のききかたを知らない店員は本当に失礼極まりない。

（不知道怎样对顾客说话的店员真是极为失礼。）

○ あそこの景色は美しいこと極まりないものだった。

（那里的景色真是美极了。）

另外本句中的"もてまくる"中的"～捲くる"作为接尾词接在动词的第一连用形后面，表示持续某个动词，可以翻译为"拼命地……""激烈地……"等。例如：

○ 休暇を取りまくる若い社員に対して、どうしたらいいか。

（对于总是请假的年轻职员怎么办好呢？）

○ 彼はネットで稼ぎまくる成功者の一人である。

（他是网络上拼命赚钱的成功者之一。）

○ あの子は犬に追いかけられて必死に逃げまくった。

（那个孩子被狗追地拼命地跑。）

（二）

4. 人類の歴史を通じて常に人々にこころをなやませてきたに違いない。

本句中的"に違いない"接在名词、形容动词词干或形容词及动词的简体形后面，表示有把握的推测和有依据的判断，可以翻译为"肯定……""无疑……"。例如：

○ あそこにかかっている絵は素晴らしい。値段も高いに違いない。

（那边挂着的画很出色，价格一定很高。）
○ それはよい方法に違いないが、実行が困難だ。
　　（那的确是个好办法，但是实行起来有困难。）
○ 彼はきっと成功するに違いない。
　　（他一定能成功。）
○ 今日は祝日だから、商店街は賑やかに違いない。
　　（今天是节假日，所以商业街上肯定很热闹。）

5. いまやコンピューターの進歩のおかげで、みずから考えるロボットが現実のものとなりつつある。

　　本句中"なりつつある"用到了句型"～つつある"。其接在动词的第一连用形的后面，表示动作正在进行或变化正在发生。类似于"～ている"的用法，但属于书面语。例如：
○ この川の水は、年々汚くなりつつある。
　　（这条河的水一年比一年脏。）
○ 病気はまだ完全になおっていませんが、回復しつつある。
　　（病虽未完全好，但正在恢复当中。）
○ 最近は、円安のため業績が好転しつつある企業もある。
　　（最近，由于日元汇率下降，有些企业的业绩正不断好转。）

6. ロボットに限らず、さまざまな「考える機械」が出現して日常生活とかかわりをもつ時代を迎えようとしている。

　　本句中的"～に限らず"接在名词的后面，表示"不只限于……"，可以翻译为"不仅……也……"，和"～だけでなく"的意思非常接近，所不同的是"～にかぎらず"只能接在名词的后面，而"～だけでなく"并没有这样的限制，可以接在各类词的后面。例如：
○ ディズニーランドは子供に限らず、大人にも人気がある。
　　（迪斯尼乐园不仅孩子喜爱，也很受大人欢迎。）
○ 就職難の今、女性に限らず男性の就職も難しい。
　　（在就业难的今天，不只是女性，男性就业也很困难。）
○ この講座は学生に限らず、社会人も聴講できる。
　　（这个讲座不限于学生，就算是社会上的人也可以听讲。）

練習

一、次の漢字に適当な読み方をつけなさい。

悩ます（　　　）　　断崖絶壁（　　　）　　持論（　　　）
振る舞う（　　　）　　託す（　　　）　　荒唐無稽（　　　）
業（　　　）　　妨げる（　　　）　　試み（　　　）
謳い文句（　　　）

二、次の片仮名を適当な漢字に変えなさい。

1. しんしん（　　　）　　2. にんげん（　　　）
3. こんめい（　　　）　　4. ちゅうがえり（　　　）
5. はなうた（　　　）　　6. しょうがい（　　　）
7. ばりき（　　　）　　8. ひとしい（　　　）
9. むし（　　　）　　10. さいせんたん（　　　）

三、次の言葉を使って、短文を作りなさい。

1. ～こない
2. なんて
3. 極まりない
4. ～つつある
5. ～に違いない

四、文章（一）を読んで、次の質問に答えなさい。

問一　①「何でも」とあるが、最も近い意味はどれか。
　① どんなことでも
　② どうやら
　③ どうしても
　④ なんといっても

問二　②「売れ行きはパッとしませんでした」とあるが、どういう意味か。
　① 売れ行きは合格だ。
　② 売れ行きは正常だ。

③ 売れ行きは好調だ。
④ 売れ行きは低調だ。

問三　③「どうしてわかるのか」とあるが、その主語はどれか。
① 夢を見ている本人
② 肩を揺すってくれる女房
③ ドリームボイジャー
④ 睡眠研究の科学者

問四　④「そう気づく」とあるが、何に気づくのか。
① 「あっ、これは夢なんだな」ということ
② 赤い点滅光
③ 目玉の動き
④ 赤外線センサー

問五　（　⑤　）に入る言葉として、最も適当なものはどれか。
① ところが
② つまり
③ しかし
④ それで

問六　この文章と合わないものはどれか。
① レム睡眠は、身体は休息しているが脳は完全に眠りついていない状態である。
② ノンレム睡眠は、脳も身体も完全に緊張を解いて休んでいる状態である
③ 夢を見たり、勃起したりするのはレム睡眠時だ。
④ 成人は一晩にレム睡眠はノンレム睡眠より長い。

五、文章（二）を読んで、次の質問に答えなさい。
問一　（　①　）に当てはまる最も適当な言葉を次から一つ選びなさい。
① おそらく
② かならず
③ どれほど
④ たとえ

問二　②「混迷を深めている」とあるが、何が混迷を深めているのか。
① 人間らしさとは何かという問いに対する答え。

② どう人間らしい機械を作るかの問いに対する答え。
③ どう答えるロボットを作るかの問いに対する答え。
④ どうやって人間に幸福をもたらすかの問いに対する答え。

問三　（　③　）に当てはまる最も適当な言葉を次から一つ選びなさい。
① こそ
② さえ
③ だけ
④ しか

問四　（　④　）に当てはまる最も適当な言葉を次から一つ選びなさい。
① そのうえ
② したがって
③ ところが
④ すなわち

問五　（　⑤　）に当てはまる最も適当な言葉を次から一つ選びなさい。
① それに
② そのうえ
③ そして
④ そこで

問六　（　⑥　）に当てはまる最も適当な言葉を次から一つ選びなさい。
① まったく
② まるで
③ まして
④ まさか

問七　⑦「去ってしまう」のはだれか、または何か。
① 病気に悩む人たち
② 人間らしさの答え
③ 科学技術
④ 現実の問題

問八　⑧「このような『人間らしさ』」とあるが、それが指す内容として最も適当なものはどれか。
① 幸福をもたらすような人間らしさ。
② 生き生きとしている人間らしさ。

③　感動を与えてくれる人間らしさ。
　　④　実体が把握しにくい人間らし。
問九　⑨「それら」とあるが、それが指す内容として最も適当なものはどれか。
　　①　認知科学
　　②　感情や意志
　　③　人間の知
　　④　人間らしさ
問十　⑩「このような試み」とは何か。
　　①　自分で答えるロボットを作る試み。
　　②　幸福をもたらすロボットを作る試み。
　　③　人間らしい生き方を論ずる試み。
　　④　人間らしさを「知」の側面から考える試み。
問十一　筆者は人間らしさを知識で説明できると考えているか。
　　①　知の側面を考えることで説明できるかもしれないと考えている。
　　②　知の側面だけを考えても説明できないと考えている。
　　③　知の側面を考えても説明できないかもしれないと考えている。
　　④　知の側面を考えることで説明できると考えている。
問十二　上の文章に題をつけるとすれば、次のどれが最も適当か。
　　①　消えてしまった人間らしさ
　　②　「考える機械」と「人間らしい機械」
　　③　現代科学
　　④　認知科学がめざすもの

読解技法

日语主从句的分析

　　主从句是复句的又一种类型，它有两层或两层以上的成分关系，且可以明显地分为两部分，其中前一部分是从句，后一部分是主句，从句往往从条件、原因、让步、目的、比喻、程度等方面修饰限定整个主句，主句则表示在从句的修饰限定下所出现的结果或所做出的推论等等。

　　从句与主句间常用接续助词、某些修饰惯用型以及助动词予以关联。根据

从句和主句之间关联词语的语法意义，我们可以把从句分成以下七种：

1. 条件从句。从句表示条件，主句表示在这一条件下所产生的结果或所做出的推论。可细分为：

（1）假设条件从句。从句提出一种虚拟的条件，主句表示在这种条件下所产生的结果。常用的关联词语有ば、と、たら、なら、とすれば、としたら、とすると、として等。例如：

もし鳥の胃の中に小石がなけれ<u>ば</u>、餌に含まれる栄養分の約25％は摂取されずに排泄されてしまうだろう。

（2）既定条件从句。这种条件不是假设的，而是确实存在的，一般表示两个动作或情况的先后发生，后项的发生以前项为条件。常用的关联词语有と、たら、以上、からには、からは等。例如：

電車が止まる<u>と</u>、乗っていた人がおり始めた。

（3）恒定条件从句。表示只要具备某一条件就必然会出现后项所叙述的结果或结论。经常表示有规律性的或反复性的现象。常用关联词语有ば、と、たら、かぎり。例如：

容器に水を入れて静かにしておく<u>と</u>、水面はまったく平らになる。

（4）无条件从句。无论从句出现何种条件，主句都会产生某种结果或进行某种行为。常用的关联方法是通过一些表示不定意义的词（如：どれ、どこ、どの、いくら、どんな、どんなに、なに、どれ等）同"ても、とも、だって"等相呼应。例如：

どんな機械で仕上げよう<u>とも</u>、必要な精度だけ求めなければならない。

2. 转折从句。从句和主句表示的是两个相反或对立的情况。常用的关联词语有ながら、ながらも、が、のに、けれども、ものの、に反して等。例如：

お互いの家は五十メートルと離れていない<u>のに</u>、うまく出会うことはとても少なかった。

3. 让步从句。即在从句表示退让一步的前提下，仍然会出现主句所述的情况。常用关联词语有ても、とも、といっても、とはいえ、といえども、ところで等。例如：

電子が電気を運んでいる<u>とはいえ</u>、これらの原子がもっている全部の電子が電気を運ぶわけではありません。

4. 原因从句。既从句和主句所述的情况具有某种因果关系。常用关联词语有から、ので、て、ために、によって、だけに等。例如：

圧力が大きくなったから、融点もそれに応じてのぼった。

5. 目的从句。表示从句的内容是主句所要达到的目的或目标。常用关联词语有には、のに、ように、ために等。例如：

一日も早く全快なさいますように、お祈りしております。

6. 比喻从句。即利用与主句相似的特征来描写、渲染主句。常用的关联词语是ように等。例如：

日没前の風景の中で、くっきり浮かび出た山頂の線や地平線のきらめきが強い光を放つように、美のエネルギーが彼のほうを目がけて放出した。

比喻从句的这种本来意义又常引申出另外三种用法。即表示例示、等同、方式。例如：

鉄が電気をよく導くというように、ほとんどすべての金属は電気の良導体である。(例示)

地球に月があるように、木星にも月がある。(等同)

上の実験でわかるように、広い水面はいつも鉛直線と直角になっている。(方式)

7. 程度从句。表示从句所述情况达到、接近或相当于主句所述情况的程度，或表示从句的程度随主句变化而变化。常用关联词语有ほど、くらい、だけ。例如：

屋根が飛ぶほど、強い風が吹いた。

温度が高かったら高いだけ、化合も速い。

言語文化コラム

地　蔵

　　地蔵は多くの人々に親しみを持たれている。地蔵は地蔵菩薩の略称であるが、お坊さんの姿である僧形や子供の姿である童形であらわされるため一層親しみが持たれ、観音信仰と並んで民間信仰の中心的存在である。

　　観音は大変慈悲深く、その名を歌えるだけで33種にも変身して日常的な苦しみや災難を救ってくれるといわれ、民衆の支持を集めた。観音信仰はすでにインドにあって、仏教が日本に渡来するとほぼ同時に入り、法華経の普及とともに広まった。現存する飛鳥時代の仏像でもっとも多いのが観音像である。観音三十三身説にもとづいて西国三十三所の観音巡礼がおこり、後には全国に観音霊場巡りが普及した。いまも年輩の女性たちのあい

だでこの習慣は支持されている。

　地蔵は地獄に堕ちる死者を救ってくれる菩薩である。平安時代中期から末期にかけて起こった末法思想、浄土信仰と結びついて貴族たちのあいだから広まっていった。六道のいずれにも現れるとされ、六地蔵信仰も生まれた。民間信仰のなかでは子供も守り仏として考えられるため、日本人の心情により訴えるところがあると考えられる。この世とあの世の境にいて、冥土にゆく者の苦難を救うとされたから、道中の安全を守る道祖神の信仰とも結びついた。道路の傍らや村境に地蔵像が多く立てられているのはそのためである。おいなりさんと親しまれる稲荷と同様、身近な信仰だ。

　死後に河原に集まる子供たちを守ってくれるという信仰から、地蔵像の前に小石を積んだり亡くなった子供の遺品や好物などを供える風習は各地で見られる。また京都を中心として京阪地方に盛んな地蔵盆が子供を喜ばせるための行事になっているのも地蔵の性格から出ている。地蔵は観音と並んで人を選ばず、わけへだてなく万人を救ってくれる点で庶民に広く支持されているのだろう。

第五課

──（一） 春の訪れ──

　春ほど待たれる季節はない。冬来たりなば春遠からじと、冬の初めから春は待ち遠しい。ことに冬の長かった雪国や山国に蘇ってくる春の目覚めは感動的である。春になると人の心も和む。「野に出れば人みなやさし桃の花」（素十）である。むずは温み、山河の姿も優しくなり、天地は色彩に満ち溢れる。だが日本の春は足早にはやってこない。春の歩みは遅々としている。<u>立春とは名ばかり</u>、春立ち返るのは暦の上のことで、立春の実感はまだ冬である。春隣、春寒、花冷えなどと春の到来は小刻みでもどかしい。正岡子規が母の言葉そのまま句になりてと前書きして、「毎年よ彼岸の入りに寒いのは」と詠んだとおり、春分になってもなお余寒が残るのだ。事実、東京の平均気温では、春の彼岸は8.5℃で、秋の彼岸の21.1℃より十三度も低いわけである。「花枝動かんと欲して春風寒し」とは中国の詩人王維の詩句だが、春とは思わせぶりなものなのだ。

　辛夷や白木蓮が陽気に誘われ咲き急いで一夜の霜にやられ、無残に傷み汚れることがよくある。地下に冬眠していたがまが春暖に騙されてのこのこはい出し、急の寒さに凍死したむくともよく見かける。春の陽気は一進一退の曲折を繰り返しながら、大潮も満ち来るように天下は春たけなわとなるのである。

　春の野に出ると、ものの芽が大地を割って顔を出している。土の表面を割り、土の塊一つを動かすほどの力で頭をもたげてくる。春の生命力である。虚子は「ものの芽のあらは出でし大事かな」といったが、小さな命の地上出現の姿は驚きである。土塊を頭にかぶり、疑問符の「？」みたいに首をかしげ、ここでもそこでも地上の様子をうかがっている。その一つ一つに春の神が宿っている。ふきのとうは去年よりだいぶん領土を広げている。浅緑のそれを一つ二つ取って持ち帰り、みじん切りにして、みそしる、スープ、湯豆腐に散らして、早春の息吹を食べる。早春第一番の風味である。木々にも新芽が萌え出る。昨日までの裸木に、今日は青い小さな灯がいっぱい灯っている。枝にも太い幹にも芽がふいている。大樹の幹に耳を当ててみる。もちろん何も聞こえない。植物は沈黙してものを言わない。獣のように吠えもせず、鳥のように、虫のように歌いも鳴きもしない。木は風に

そよいで鳴るだけだ。だが新芽の萌え出る時だけは、樹液の血がふつふつと騒いで、人間の聴覚には聞こえぬ周波数の声でささやき、語り、歓声をあげているような気がする。

啓蟄で地中の虫がはい出してくる。まずありが、初めは春光にまぶしそうにややとまどい、足元もいくらかおぼつかなげに、二、三匹が出会ってちょっと立ち話をし、すぐ勤勉なサラリーマンのように歩き出し、ルナール風に言えば「333333333…」とたちまち長いあり道を作って往来する。

初蝶といえば、紋白蝶、紋黄蝶が菜の花にといいたいが、近ごろは菜の花畑もげんげ田もあまり見かけなくなり、むしろ町中の人ごみにまぎれて初蝶をふとみる。すぐどこへやら幻の蝶と消え去るが…。花から花へ「二つ折りの恋文」が飛び交う蝶の風情は、公園のチューリップなどむしろ外来の花に見かけることが多い。村上鬼城は「川底に蝌蚪の大國ありにけり」といったが、春はいろいろな生物が至るところで誕生する。

春の雨は花の慈母、という。情緒豊かにしっとりと降る春雨は、土をうるおして草木の根の生命力をかき立て、発芽を促し、花のつぼみを綻ばせてくれる。ひと雨ごとに春色が調うのである。春泥という俳句の季語があったが、今は都会はすべて完全舗装で春泥のぬかるみはない。そのかわりせっかくの雨も地下に浸透せず、都会の大地には空気も水も酸素もなく、したがってミミズも微生物も住まなくなった。セメントでふたをされた都会の完全舗装からは春がすみや霧や水蒸気が立ち上がることもなく、天地の間の水の循環が途絶えようとしている。大正から昭和の初めころ、東京の戸山ヶ原など1メートル先も見えぬ濃霧に閉ざされたものだが、戦後の東京にはそのような濃霧は発生しない。

春の遅い雪国の山里に行くと、いわゆる桜桃梅李一時に発すで、梅も桜もりんごも、そして辛夷も木蓮も雪柳も連翹も、一緒くたに咲き乱れている。早春も晩春も新緑の初夏も混然と同居し、スモッグの都会と違って空気が清浄なので花の色もすがすがしく清らかである。雪どけの冷たい水が勢いよくな流れ、山すその野辺には湯気が立ち上りかすみがたなびき、大きな鳥が視野を斜めに横切って飛び、小鳥のささ鳴きが聞こえる。山里に一夜泊まって、春のあけぼの、春の宵のひとときを過ごすと、一瞬一瞬の過ぎ去っていくのがもったいない、惜しいという気がする。かつて湘南地方で庭のある家に住んでいた時、ある朝、友人が垣根越しに「今日は八十八夜だよ。このあいだあげた夕顔の種をまくんだよ」と大きな声をかけてくれたことを思い出す。

（二）別れ

　　僕は美しい別れがないとは思わない。別れは美しく、甘美なものである。
　　だが、それはある年月を経て、思い出した時の感情で、別れそのものの実態とは少し違うような気がする。
　　年月というものは、すべてのものを美しくする。それは魔術師のように巧妙で、鮮やかである。
　　…
　　それはまさしく、思い込むという言葉が当たっている。年月の風化が、美しいものの過去をすりかえた。だが、別れの実態はそんな美しいものではなかった。互いに傷つけあい、罵り合い、弱点をあばきあった。とことん、相手がぐうの音も出ないほど、いじめつけて、そして自分も傷ついた。
　　愛した人との別れは、美しいどころか、凄惨ででさえあった。しかし、それは言いかえると、そうしなければ別れられなかった、ということでもある。そこまで追い詰めなければ別れられないほど、二人は愛し、憎み合っていた。
　　僕は今でも、「君を愛しているから別れる」という台詞を信じられない。そういう論理は、女性にはあるかもしれないが、男性にはまずない。例えば、「君の幸せのために、僕が身を退く」ということを言う男がいる。また、「僕は君には価しない駄目な男だ。君は他のいい人がいるなら、その人のところに行っても仕方がない」という人もいる。
　　こういう台詞を、僕は愛している男の言葉としては信じない。もし男が、相手の女性をとことん愛していれば、男はその女性を最後まで持っている。もちろん、人によって、表現に少し違いがあろうが、そんな簡単にあきらめたりはしない。その女性を離すまいとする、かなりの犠牲を払っても、その女性を引き止めようとする。
　　恋とは、そんなにさっぱりと、ものわかりのいいものではない。いいどころか、むしろ独善的である。相手も、周りの人も、だれも傷つけない愛などというものはない。それは、傷つけていないと思うだけで、どこかの部分で、他人を傷つけている。
　　愛というのは所詮、利己的なものである。だから傷つけていい、という理屈はもちろん成り立たない。他人を傷つけるのはできる限り少なくしなければならない。だが、そのことから相手のために譲ってもよいという理屈にはならない。

単 語

（一）

山国（やまぐに）	（名）	山区，多山的国家，群山环绕的地区
和む（なごむ）	（自五）	缓和，平静
温む（ぬるむ）	（自五）	变暖，增添温暖
足早（あしばや）	（形動）	脚步快的
遅々（ちち）	（形動）	悠闲宁静，白天日长的状态，进展缓慢
名ばかり（なばかり）	（名）	徒有其名
暦（こよみ）	（名）	日历
春隣（はるとなり）	（名）	春天就要来临
春寒（しゅんかん）	（名）	春寒
花冷え（はなびえ）	（名）	花季天寒（一般指樱花开放时节出现的短暂的寒冷）
小刻み（こきざみ）	（副）	一点点地
もどかしい	（形）	令人焦急的，令人不耐烦的
正岡子規（まさおかしき）	（人名）	正冈子规（日本俳人、歌人）
余寒（よかん）	（名）	残寒，春寒，立春后的寒冷
思わせぶり（おもわせぶり）	（名・形動）	暗中示意，引诱，故作姿态
辛夷（こぶし）	（名）	日本辛夷
白木蓮（はくもくれん）	（名）	白玉兰
陽気（ようき）	（名・形動）	气候，时令，开朗，活跃
蝦蟇（がま）	（名）	中华蟾蜍，癞蛤蟆
のこのこ	（副）	扬长而去，毫不介意，若无其事
骸（むくろ）	（名）	遗骸、尸体
大潮（おおしお）	（名）	大潮
擡げる（もたげる）	（他一）	抬起，举起
虚子（きょし）	（人名）	高浜虚子（日本的俳人、小说家，正冈子规的弟子）
土塊（つちくれ）	（名）	土块
首を傾げる（くびをかしげる）	（慣用）	歪着脑袋，感到疑惑

蕗の薹（ふきのとう）	（名）	蜂头叶的花茎，带根茎的款冬花茎
微塵切り（みじんぎり）	（名）	切碎
風味（ふうみ）	（名）	风味，味道，风韵，风趣
息吹（いぶき）	（名）	气息，气氛，呼吸
萌え出る（もえでる）	（自一）	发芽、萌芽
裸木（はだかき）	（名）	裸树、光秃秃的树
芽を吹く（めをふく）	（慣用）	发芽、出芽
耳を当てる（みみをあてる）	（慣用）	把耳朵贴上
ものを言う（ものをいう）	（慣用）	说话，起作用
獣（けもの・けだもの）	（名）	野兽
吠える（ほえる）	（自一）	吼、叫
戦ぐ（そよぐ）	（自五）	(风吹树叶等)沙沙作响，微微摇动
ふつふつ	（形動）	沸腾，滚滚涌出，浮想联翩
囁く（ささやく）	（他五）	低声私语，耳语
啓蟄（けいちつ）	（名）	惊蛰（二十四节气之一）
眩しい（まぶしい）	（形）	刺眼的，耀眼的
戸惑う（とまどう）	（自五）	不知所措
ルナール（Jaen Renart）	（人名）	勒纳尔（诗人、作家）
げんげ	（名）	紫云英
紛れる（まぎれる）	（自一）	混杂，混淆
幻（まぼろし）	（名）	幻影，虚幻
二つ折り（ふたつおり）	（名）	对折，对开
恋文（こいぶみ）	（名）	情书
飛び交う（とびかう）	（自五）	互相交错乱飞，飞来飞去
村上鬼城（むらかみきじょう）	（人名）	村上鬼城（日本的俳人，正冈子规的弟子）
慈母（じぼ）	（名）	慈母
情緒（じょうちょ）	（名）	情绪，激情，情趣，风趣
潤す（うるおす）	（他五）	使湿润，使受惠
搔き立てる（かきたてる）	（他一）	挑起，激起，激发，搅拌
綻ぶ（ほころぶ）	（自五）	绽放，微笑，(花蕾)微开
季語（きご）	（名）	季语（表示季节的词语）

泥濘（ぬかるみ）	（名）	泥路、泥泞的地方
ミミズ（蚯蚓）	（名）	蚯蚓
蓋をする（ふたをする）	（慣用）	盖上盖子
墨（すみ）	（名）	墨，黑烟灰
立ち上がる（たちあがる）	（自五）	起立，向上升起来
途絶える（とだえる）	（自一）	来往中断
戸山が原（とやまがはら）	（地名）	户山原（位于东京新宿区中央）
山里（やまざと）	（名）	山中的村落，靠近山的村落
連翹（れんぎょう）	（名）	连翘，连翘的果实
一緒くた（いっしょくた）	（形動）	混一块儿，一块儿
混然（こんぜん）	（形動）	浑然
スモック（smock）	（名）	正面装饰刺绣针迹
清清しい（すがすがしい）	（形）	神清气爽的，清新舒畅的
雪解け（ゆきどけ）	（名）	雪融（期），天气转暖，冰雪融化
山裾（やますそ）	（名）	山麓、山脚
湯気（ゆげ）	（名）	热气、蒸汽
棚引く（たなびく）	（自五）	（云，霞等）飘忽，缭绕，拖长
勿体ない（もったいない）	（形）	可惜的，浪费的、糟蹋掉的
垣根（かきね）	（名）	围墙、篱笆
夕顔（ゆうがお）	（名）	葫芦花
種（たね）	（名）	种子，果核
播く（まく）	（他五）	播、种、播种

（二）

正しく（まさしく）	（副）	的确
思い込む（おもいこむ）	（他五）	深信、确信
すりかえる	（他一）	顶替、替换
とことん	（副）	彻底
追い詰める（おいつめる）	（他一）	穷追、追逼
身を退く（みをひく）	（慣用）	隐退，退一步
さっぱり	（副）	利落，坦率
独善的（どくぜんてき）	（形動）	自以为是的

文法

（一）

1. 冬来たりなば春遠からじと、冬の初めから春は待ち遠しい。

　　该句为古典日语的表达，用现代日语表示为"冬が来たら、春は遠くないだろう"，意思为"冬天来了，春天也就不远了"。

2. 野に出れば人みなやさし桃の花

　　这是一句俳句，用现代日语表达为"野に出ると人はみなやさしく感じる、桃の花にように"，意为"步入野外，人心温和，犹如桃花"。

3. 素十

　　指高野素十（1893～1976年），日本俳人，本名"与己"，出生于日本茨城县北相马郡，毕业于东京大学医学系，曾任新泻医大教授。受水原秋樱等的影响，并以高浜虚子为师创作俳句。以虚子吟花咏鸟为信条，始终描写视觉性的俳句。主要俳句集有《初鸦》《雪芹》等。有明治书院出版的《素十全集》共四卷。

4. 花枝動かんと欲して春風寒し

　　这是中国诗人王维的诗句。用现代日语表示为"花樹の枝の蕾は今にも咲きそうだが、早春の風はまだ寒いので、咲かない"，意为"花枝欲动春风寒"。

5. ものの芽のあらは出でし大事かな

　　这是一句俳句，用现在日语表示为「ものの芽があらわれ出たことは大事だなあ」，意为"发芽，这是多么可贵的事啊"的意思。

6. 初蝶といえば、紋白蝶、紋黄蝶が菜の花にといいたいが、～

　　"～といえば"接在名词后面，表示提出一个话题进行叙述。文章中的"初蝶といえば、紋白蝶、紋黄蝶が菜の花にといいたいが"，表示"要说初春的蝴蝶，我想说可以在油菜田看到白纹蝶、黄纹蝶。"其他例如：

○ 森町と言えば、昔から木材の産地だが、最近は温泉が噴き出して話題になっている。

　　（说起森町，从前是个盛产木材的地方，可是，最近因为涌出了温泉，成为大家讨论的话题。）

○ 赤門と言えば、東京大学にあるあの門のことです。

　　（提到"红门"，就是指东京大学的那座木门。）

7. 川底に蝌蚪の大國ありにけり

　　这是一句俳句，用现代日语表达为"川底に蝌蚪の大国があることよなあ"，意

思为"河底可是蝌蚪的王国啊"。

8. ひと雨ごとに

"～ごと"是结尾词，接在名词或动词连体形的后面，意为"每次，每回"，表示某现象很有规律地反复出现。多数可以和「～たびに」互换使用。文章中的「ひと雨ごとに」，表示"每下一次雨"。常有「ひと雨にごとに暖かくなる」的说法，意为"一阵春雨一阵暖"。其他例如：

○ 彼女はひと試合ごとに強くなる。

（她每参加一次比赛，实力都有提高。）

○ その歌手が1曲歌い終わるごとに、会場から大きな拍手が起こった。

（那位歌手每唱完一首歌，场内都会响起热烈的掌声。）

9. 湘南地方

湘南，指从日本神奈川县南部三浦半岛逗子附近到小田原为止的相模湾海岸一带。

10. 友人が垣根越しに「今日は八十八夜だよ。～」

本句中的"～越し"是结尾词，接在名词的后面，表示隔着某一物体。文章中的「垣根越しに」表示"隔着篱笆"，这句话的意思就是"朋友隔着篱笆说'今天可是立春后的第八十八天啊'"的意思。其他例如：

○ 先生は窓ガラス越しに学生たちの駆け足を見ている。

（老师隔着玻璃窗看着学生们在跑步。）

11. 八十八夜

八十八夜，指从立春后的第88天，在5月2日前后。从农历上讲从这天以后无霜，可以开始农田耕作和采茶等。为日本的杂令之一。

（二）

1. それはある年月を経て、思い出した時の感情で、別れそのものの実態とは少し違うような気がする。

"そのもの"是结尾词，接在名词或形容动词的词干后面，表示并非其他的东西而正是前面所指事物本身，用以加强语气。例如：

○ 機械そのものには問題はないが、ソフトに問題があるようだ。

（机器本身没有问题，好像是软件有问题。）

○ この本がつまらないんじゃない。読書そのものが好きになれないだ。

（并不是这本书没意思，而是我根本就不喜欢读书。）

2. 愛した人との別れは、美しいどころか、凄惨ででさえあった。

这句话的意思是：与相爱的人分手，非但不美好，甚至可以说是凄惨的。其中"どころか"是副助词，举出某个事项，通过否定该事项来强调后续的事项，可以译为"岂止……""哪里谈得上……""哪里是……"，例如：

○ 楽しいどころか、えらいめにあった。
　　（哪里谈得上高兴，净倒大霉。）
○ 暇どころか、仕事が多くていつ帰れるかも分らない。
　　（哪来的空闲时间呀，由于工作太多，什么时候能回家都不知道。）
○彼女の家に行ったが、声をかけてくれるどころか、姿も見せてくれなかった。
　　（我去了她家。别说跟我打声招呼了，连出来跟我打个照面都没有。）

練　習

一、次の漢字に適当な読み方をつけなさい。

春寒（　　　）　　山裾（　　　）　　泥濘（　　　）
垣根（　　　）　　土塊（　　　）　　春隣（　　　）
湯気（　　　）　　情緒（　　　）　　骸（　　　）
辛夷（　　　）

二、次の平仮名によって、漢字を書きなさい。

1. よかん（　　　）　　2. おおしお（　　　）
3. こんぜん（　　　）　　4. やまざと（　　　）
5. ゆきどけ（　　　）　　6. けいちつ（　　　）
7. ふうみ（　　　）　　8. どくぜんてき（　　　）
9. じぼ（　　　）　　10. いぶき（　　　）

三、次の言葉を使って、短文を作りなさい。

1. といえば
2. どことか
3. そのもの
4. ～ごと

四、文章（一）を読んで、次の質問に答えなさい。
1．文章の中に「立春とは名ばかり」とあるが、どうしてそう言いますか。
2．作者は都市に対してどんな気持ちを抱いていますか。
3．雪国の山里の春はほかのところに比べて、どんな異なった光景がありますか。
4．作者は春の光景を描くために、俳句をたくさん挙げたが、春を詠う中国の詩句をいくつか挙げてみてください。

五、文章（二）を読んで、次の質問に答えなさい。
1．本文では、「別れ」はどんなものだと言っていますか。
2．「恋人などの別れ」について、どう思いますか。自分の感想を書いてください。

読解技法

并列句的分析

并列句也是复句的一种，由两个或两个以上的分句复合而成，分句之间在内容上彼此独立，互不依从。分句之间既可通过前一分句谓语用连用形表示中顿的形式来并列，也可使用关联词语。如：し、て、が、けれども、とともに、同時に等。例如：

东京の駅のホームだけは幼稚園の運動場のようであり、そして乗客をさばく駅員たちは、その先生みたいにかゆいところまで手の届く親切ぶりです。

生産が高まる<u>とともに</u>、生活も豊かになった。

并列句中分句间除了上述这种并列关系外，还有比照关系、顺承关系、选择关系、递进关系等，现分述如下：

（1）比照关系。两分句间虽也彼此独立，但他们却有一种相互比较、对照的作用。如：

第一次産業革命は動力型の革命であった<u>のに対して</u>、電子計算機の出現による第二の技術革新は情報型の革命といってよいであろう。

（2）顺承关系。分句之间在行为、动作上有先后之别，通常是先发生某项行为的分句在前，后发生某项行为的分句在后。如：

もうもうたる煙が立ち上がっ<u>て</u>、天を突くほどの焔が高くのぼった。

（3）选择关系。并列句中的几个彼此独立而又联合的分句分别说出几件事，需要从中选择一件。它们的关系是或此或彼，非此即彼。例如：

君が来る<u>か</u>、<u>それとも</u>僕は行く。

（4）递进关系。并列句中几个彼此联合的分句里，后一分句在意义上比前一分句更进一层。例如：

山田が裁判を受けたのみ<u>にとどまらず</u>、外の人も裁判にかけられたのである。

言語文化コラム

和

7世紀のはじめに、聖徳太子が作ったと伝えられる十七条憲法の第一条が「和をもって貴しとなす」であることはよく知られている。

「和」は日本人が伝統的に抱いている集団原理であると説明されることが多かった。例えばスポーツチームや企業において目標を達成するためには、組織内集団内の一致団結をはかることが大事である、これが組織の和であり、集団の和であると説明されてきた。企業での仕事は勝敗をかけたスポーツのチームプレーと同じで、ひとつひとつの仕事は個々人が担うけれども目標であるより大きな仕事は全体で遂行するものである。ほかの人の職務を助けたり補ったりするのは当然であった。このように一団となって与えられた任務に当たるのを日本的集団主義と呼んだり、企業管理上の観点から日本的経営手法と呼ぶことが多かった。

こうしたやり方の根本に和の精神があり、和の効果が戦後日本経済の飛躍・発展をもたらしたとも言われてきた。しかし今、日本経済の低迷に直面して、日本的経営や日本的集団主義の効果が疑問視もされている。

しかし、和は経済・経営面での有効性だけで評価される必要はない。和の意味は①おだやかなこと　②仲良くすること　③うまくつりあっていること　④他人に合わせること　⑤数字を足した結果　などがある。用例として、調和・平和・総和のほか穏和・和気あいあい・和声・和音などがあり、「和」はとにかく良いもの、喜ばしいものを指している。和歌や和服などの「和」は、ただ日本的なものを意味すると解されているが、その奥にある真理はやはり良いもの・喜ばしいものであるという自負もあっただろう。中国から倭国と呼ばれたのを「倭」や「和」の字を当てて自称し、大きな和の国＝大和と記したのも背伸びした表現ではあるが、「和」が日本人にとって心地よい意味であったことを示している。

第六課

（一）　生態学

　昨今、社会問題として騒がれている「環境保護」の議論を見ても、そこで論じられている自然環境とは、要するに人類の技術的支配の対象だといえる。人間が総合的な意味で快適に暮らすことを目的として、そのため悪化した自然の状況をいくらか矯正しようということにすぎない。緑や魚を保護しようといっても、それは生物界の秩序のためではなく、あくまでもそれに囲まれて生きる人間の快適のためであるのはいうまでもない。これまで生産力の強化のために自然を破壊してきた人類が、今ではまったく同じ動機にたって、逆に自然を守ろうと叫んでいるのである。

　もっとも、最近話題になっているいわゆる「エコロジー」の考え方には、①こうした本来の動機とは相反する発想の転換の芽がふくまれていないわけではない。すなわち、自然の生態学的なバランスというものを人智によっては計りがたいものとして恐れ、それを調整したりするよりは、できるだけ手を触れないほうがよいとする考え方である。これが厳密な意味で科学的な態度であるかどうかはともかくとして、少なくとも昨今の現代人が自然の物理学的な秩序に比べて、生態学的な秩序をはるかに深く畏怖していることは間違いない。第一に、物理学的な秩序は抽象的な数によって支えられており、それだけに、世界の物理的な変化はある程度普遍的な見通しをつけることができる。これに対して、生物の世界はいたるところで個別的な特殊性を含み、そうした未知の要素が組み合わさって無限の因果関係の鎖を作っている。したがって、生命の世界の一ヶ所に人工的な力を加えると、人間は思いがけない場所で、予想のつかない自然の復讐をうけることになりがちである。昨今の環境汚染で②そのことを如実に思い知らされた人類は、いまや改めて、自然世界というものに対する原始時代の恐怖をよみがえらせているといえるかもしれない。

　さらにまた、人間はみずから物理的な世界にも生態学的な世界にも属しているが、その実感的な帰属意識からいえば、生態学的な世界をはるかに身近に感じている。物質の物理的な変化ももちろんさまざまな連鎖反応を引き起こすが、それ

を見ている人間は、そういう変化の鎖の中に自分自身が組み込まれているとは感じにくい。それに引き換え、目の前で生物が連鎖的な変化の現象を起こし始めると、自ら生物である人間はどうしようもなく生物的な恐怖に襲われるのである。山を削り海を埋めるのを見ても驚かない現代人が、鯨が全滅に瀕していると聞けば、とかく議論的には理由のない危機感を感じることになる。一方に、鯨も自分たちと同様に生き物だという実感があり、他方、鯨と人間を結んでいる変化の因果関係は予想しがたいという不安がある。生命というきわめて感覚的な共通性を仲立ちにして、人間は突然、外界の変化が自分の主体に内部に忍び込んできたような恐怖を覚えるのである。

　生態学的な世界が人間にとって不可知なものであり、しかもその世界が人間の主体性を侵蝕して動いているという、この実感はすぐれて現在的ものだといえる。ルネッサンス以来の近代思潮の流れの中では、むしろこれとは正反対の考え方が有力だったからである。その背後にはキリスト教的な「人間中心主義」があったことはいうまでもないが、それによれば、人間はその存在そのものが、ひとつの有意義的な目的実現の過程だと考えられた。人間がこの世に生存し、子孫を増やして地に満ちるということが、それ自体、ひとつの最高の意志にかなった正義の実現だと考えられたのである。歴史はそう言う目的追求の奇跡であり、文化はその実現の果実だとみなされるわけだが、こういう考えに立てば、世界全体がいわば技術論の対象として見えてくるのは当然であろう。深く考えればわかりにくい人間主体と環境の関係も、歴史そのものに目的があると仮定すればたちまち明快に整理される。すなわち、歴史とは違ってそれ自体のうちに固有の目的をもたず、歴史の目的に照らして人間が選び取るものが自然環境ということになるのである。今日のいわゆる「進歩的」歴史観もその分流のひとつだが、近代人はこの立場にたって、歴史と自然、文化と自然という二元論を展開してきたのだとも言える。

　ところが、現代の生態学は暗黙のうちにこうした楽天的な歴史観にも暗い疑いを投げかける結果になった。ある種の論者によると、人間が生物として過度に繁栄し、生産力を壮大させたこと自体、自然の本来のバランスを壊したのではないかと疑われている。生物学的にいえば、諸生物の間には量の上でも自然の均衡というものがあるのに、近代の技術はその均衡を破壊するほどに人間の量を増やしてしまった。現に、人間の食用植物と雑草の間でもバランスは極端にゆがめられ、人類はその無理を農薬の多用によってかろうじて支えているというのである。そ

の結果がどういう悲劇を招くかという現実論と並行して、ここには人間と環境の問題をめぐる微妙な発想転換のきざしがみえるといえる。もちろん、この発想の最初の動機は人類の未来についての危機感であり、その意味で、これまでの「人間中心主義」の延長であったことは疑いの余地がない。けれども、論者の主観的な意図とは必ずしも関係なく、ここでひそかに暗示されているのは、歴史の目的論的な把握に対する根本的な反省なのである。すなわち、自然の中には人間の歴史とは別の秩序の体系があって、見方を変えれば、人間もそのほかなる秩序の中に組み入れられているのだ、という反省である。この秩序の中では、人類の存在と繁栄は無条件に正義ではなく、それが正義でないとすれば、歴史の「目的」というものもまたあいまいになってしまう。そして、歴史の「目的」という大前提がゆるがされてしまえば、当然、人間の主体と環境という、自明に見えた区別もふたたび混沌としてしまうはずなのである。

　もちろん、現在論壇をにぎわせているいわゆる「生態学」は、論議の動機も一種の流行に過ぎず、内容の面からいっても、深く歴史の反省にまで迫っているとはいえない。けれども、少なくとも過度の「人間中心主義」がいささか疑われたことは、歴史をつくるうえで、人間が主体であり環境は素材だという単純な先入観にひびがはいって、私たちはようやく、歴史を駆動している本当の力を見る糸口をつかんだようである。

（山崎正和の文章による）

（二）　日本の自然

　（Ⅰ）私たちをとりまく植物の世界も必ずしも天然のままの自然ではない。「行末は空も一つの武蔵野に草の原よりいづる月かげ」注）という歌から季節感と同時に、広々とした武蔵野のおもかげをおもいうかべることができる。けれども、草原は、本来の武蔵野の植生ではない。野火や火入れなど人手の加わったために①人為的につくられたものなのである。武蔵野の草原にかぎらず、火山の裾野の草原もそうである。また、草原にかぎらず、私たちが列車の車窓からみる森林はどれもこれも人為的に形成された森林なのである。

　（Ⅱ）小学校のころ、北海道の代表的森林はエゾマツやトドマツであると暗記したものである。ところが、今時北海道を旅行しても、阿寒国立公園とか、石狩

川源流部などの山岳地帯とか、平地では根室に近い、ハクチョウのおとずれる湖である風連湖のまわりでなければ、原始林に接することができない。旭川から北見にこえる石北峠のあたりにみるものは、原始林に近いとはいえ、②原始林ではない。山火事のためにやきはらわれたあと、はじめはササ原であったのが、樺などが、侵入してから原始の景観へと遷移し、ようやくエゾマツやトドマツの喬木をみる状態にまでこぎつけたのである。このような森林は、このままの状態で遷移を続けると、この地方の気候に適合したエゾマツやトドマツを主木とする極盛相を示すようになる。

（Ⅲ）天然のままの森林相は、いまでは山奥とか、鎮守の森、天然記念物などとして保存されている林相などから復元されているにすぎない。このようなわけで、日本の生物相をえがきだすためには、まず、自然の分布状態を知る必要がある。

（中野尊正・小林国夫「日本の自然」より）

注）武蔵野に立ってわが歩み行く道のはてを望むと、空も野も一つになって見える広々とした武蔵野に、今草の原から出る月よ

"武藏野"是位于日本关东平原的一处宽阔的高地，从东京都的中西部直至埼玉县的南部，曾经是杂木林繁茂的一片原野。这首收录于《新古今集》的和歌，是日本镰仓时期（1169～1206）的摄政大臣、和歌诗人藤原良经（ふじわらのよしつね）所作。

和歌大意为：驻足武藏野，遥望前程尽头，在那与苍穹融为一体的广阔草原上，影影绰绰地悬浮着一轮美丽的圆月。

试译为：驻足武藏野，举目望前程，天地一线处，月影草原升。

単　語

（一）

要するに（ようするに）	（副）	毕竟，总之
エコロジー（ecology）	（名）	环境保护、自然保护运动，生态学
なかだち（仲立ち）	（名）	媒介，媒人
歴史	（名）	本文中的"历史"指的是基督教教义中所宣称的上帝创造的历史
歴史の目的論	（慣用）	有关上帝创造历史的目的之论述
選び取る（えらびとる）	（他五）	选取
きざし（兆し）	（名）	先兆、征兆、苗头

かろうじて(辛うじて)	(名)	好容易才勉勉强强
ルネサンス[(フランス)Renaissance]	(名)	14～16世纪的欧洲文艺复兴
人間中心主義(にんげんちゅうしんしゅぎ)	(名)	人类中心主义(自然界的一切都要为人类服务的思想)
駆動(くどう)	(名・他サ)	驱动

(二)

取(り)巻く(とりまく)	(他五)	围绕、环绕，涉及
行末(ゆくすえ)	(名)	前途、将来
面影(おもかげ)	(名)	影像，映像
植生(しょくせい)	(名)	植被、植物群
裾野(すその)	(名)	山峦的底部
蝦夷松(えぞまつ)	(名)	松木科的常绿乔木之一
椴松(とどまつ)	(名)	松木科的常绿乔木之一
根室(ねむろ)	(名)	城市名(位于日本北海道东部根室半岛)
白鳥(はくちょう)	(名)	白天鹅
焼(き)払う(やきはらう)	(他五)	烧尽
樺(かんば)	(名)	白桦木
遷移(せんい)	(名)	迁徙(指植物群)
漕ぎ着ける(こぎつける)	(他下一)	费尽周折达到目标

文法

(一)

1. 人間が総合的な意味で快適に暮らすことを目的として、そのため悪化した自然の状況をいくらか矯正しようということに<u>すぎない</u>。

　　本句意思为"只不过是人们为了舒适地生活，综合权衡利弊，而试图对已经恶化的自然状况进行某些矫正而已"。其中"にすぎない"接在形容词、动词原形或名词+である后面，意思为"只不过……而已"，例如：

○ 人間の脳に関する研究で明らかになったことはまだほんの一部に過ぎない。

（虽说有关人脑的研究中了解到的只不过是其中的一部分，但是这些研究正在稳步向前发展。）
○ これは、多くの不正の一つに過ぎない。
　　（这只是不正当行为中的一个而已。）
○ この企画に反対するのではなく、ただ自分の意見を言ったに過ぎない。
　　（我并不是反对这个企划，只是说出自己的意见而已。）

2. もっとも、最近話題になっているいわゆる「エコロジー」の考え方には、こうした本来の動機とは相反する発想の転換の芽がふくまれていない<u>わけではない</u>。

　　本句意思为"然而，在最近谈论较多的所谓'生态学'的观点中，也冒出了一些与原先的那些相反的思维转变的萌芽"。其中"わけではない"接在形容词・动词原形或名词修饰形后面，意思为"并不是……""并非……"等，例如：
○ 弁解をするわけではありませんが昨日は会議が長引いてどうしても抜けあれなかったのです。
　　（我不是辩解，而是昨天的会议拖得太长，怎么也脱不开身。）
○ スポーツが苦手だといっても、スポーツ番組をみるのが嫌いだというわけではない。
　　（虽说运动方面不擅长，但并不是说不喜欢看体育节目。）
○ 最近の子どもはテレビゲームばかりしているようだが、必ずしもそとで遊ばないわけではない。
　　（现在的小孩子似乎总是在玩游戏，但并不是一定不去外面玩。）

3. 歴史はそういう目的追求の奇跡であり、文化はその実現の果実だとみなされるわけだが、こういう考えに立てば、世界全体が<u>いわば</u>技術論の対象として見えてくるのは当然であろう。

　　本句意思为"历史就是追求这一目的的一个奇迹，文化也就自然被看成是实现这一目的果实。若站在这个立场，当然就会从技术理念的角度把整个世界看成是改造对象了"。其中"いわば"，意为"好比……""好像……""可以说……""比喻成……"等，例如：
○ この小説は、いわば現代の『源氏物語』とでも言ったような作品だ。
　　（这部小说可以说是现代的《源氏物语》。）
○ 多くの若者に慕われている彼、いわば悩み多き人々を救済する神様だ。
　　（许多年轻人都崇拜他，他就好像是满心烦恼的人们的救世主一样。）
○ 彼女の家は石造りの洋館でいわばドイツのお城のようなつくりだった。

（她的家是一座石头造的洋式小楼，就好像一座德国的小城堡。）

（二）

1. 旭川から北見にこえる石北峠のあたりにみるものは、原始林に近い<u>とはいえ</u>、原始林ではない。

　　本句意思为"从旭川这边越过北见，到石北山岗附近所能看到的，也只能说是原始森林，并非真正意义上的原始森林"。其中"とはいえ"接在形容词、形容动词词干、动词原形或名词后面，意思为"虽说……但是……""尽管……可是……"等，例如：

○ 土地の値段は下がったとはいえ、都心の住宅は簡単に買えるものではない。

　　（虽说土地的价格有点下调，但是要在市中心买房也不是件容易的事。）

○ 仕事は山のようにあって、日曜日とはいえ、出社しなければならない。

　　（工作堆积如山，虽说是周日，也不得不去上班。）

○ 春になったとはいえ、まだ寒い日が続いています。

　　（虽然已经是春天了，但还是很冷。）

練　習

一、次の漢字に適当な読み方をつけなさい。

議論（　　　　）　　動機（　　　　）　　矯正（　　　　）
恐怖（　　　　）　　発想（　　　　）　　転換（　　　　）
秩序（　　　　）　　論壇（　　　　）　　暗黙（　　　　）
野火（　　　　）　　裾野（　　　　）　　遷移（　　　　）
喬木（　　　　）　　鎮守（　　　　）　　極盛相（　　　　）

二、次の片仮名を適当な漢字にかえなさい。

1. 環境ホゴ（　　　　）　　　　2. カイテキに暮らす（　　　　）
3. インガ関係（　　　　）　　　4. ニョジツに思い知らされた（　　　　）
5. フクシュウを受ける（　　　　）　6. レンサ反応（　　　　）
7. ヒゲキを招く（　　　　）　　　8. 主観的なイト（　　　　）
9. 歴史観のハンセイ（　　　　）　10. イマドキの若者（　　　　）

三、次の表現を使って、文を作りなさい。
1. ～にすぎない
2. ～わけではない
3. ～いわば
4. ～とはいえ

四、文章（一）を読んで次の問いに答えなさい。
　問一　①「こうした本来の動機」とあるが、どのような動機か、次の①②③④の中から、もっとも適切と思われるものをひとつ選びなさい。
　　①　社会問題として「環境保護」の議論を騒ぐ動機
　　②　生物界の秩序を守る動機
　　③　総合的な意味で快適に暮らす為に、悪化した自然の状況をいくつか矯正しようとする動機
　　④　緑や魚を保護しようとする動機
　問二　②「そのこと」とはどんなことか、次の①②③④の中から、最も適切と思われるものをひとつ選びなさい。
　　①　人間は物理的な秩序は抽象的な数によってささえられているということがわかってきたこと
　　②　生命の世界の一ヶ所に人工的な力を加えると、人間が思いがけない場所で、予想のつかない自然の復讐を受けること
　　③　自然の生態学的なバランスというものを人智によっては計り難いものとして恐れ、それを調整したり改造したりすること。
　　④　前と比べて、現代人が生態学的秩序をはるかに深く畏怖するようになってきたこと
　問三　文章に基づき、「人間中心主義」の説に合致しないものはどれか、①②③④の中から、指摘しなさい。
　　①　人間の存在と繁栄を無条件に正義とし、それ自体を有意義な目的実現の過程だとする考え
　　②　自然の中に人間の歴史とは別の秩序体系があるという考え
　　③　人間が主体であり環境は素材だという考え
　　④　人間が快適な生活のために、世界全体を技術論の対象として見なすという考え

問四　全文の要旨として、最も正しいと思われるものを、次の①②③④の中からひとつ選びなさい。

①　悪化した自然の状況をいくらか矯正しようとするというのは、現代の生態学的なやり方だ。

②　現代の生態学はやはり「人間中心主義」の延長であり、根本が変わっていない。

③　現代の生態学は、自然の中にも人間の歴史とは別の秩序体系があるとして、近代的な歴史観に根本的な反省を投げかけている。

④　やはり人間はより快適に暮らせるために、自然を人類の技術的支配対象にしなければならない。

五、文章（二）を読んで次の問いに答えなさい。

問一　①「人為的につくられたもの」の例は、（Ⅰ）段落の中にいくつ挙げられているか。次の中から選びなさい。

①　ふたつ

②　みっつ

③　よっつ

問二　②「原始林ではない」とあるが、北海道の山岳地帯で、この「原始林」が見られるのはどことどこか、次の中から二つ選びなさい。

①　阿寒国立公園

②　石北峠

③　石狩川源流部

④　風連湖のまわり

問三　（Ⅱ）段落は（Ⅰ）段落に対してどのような関係になっているか、適切なものを次から選びなさい。

①　（Ⅰ）段落の内容をまとめて、考えの根拠を述べている。

②　（Ⅰ）段落の内容を受けて、具体例を挙げて明確にしている。

③　（Ⅰ）段落の内容を打ち消して、別の問題を示している。

④　（Ⅰ）段落の内容に対して、新しい見解を明らかにしている。

問四　日本の生物相を考える場合、筆者が大切だと考えていることは何ですか。次から選びなさい。

①　山奥や鎮守の森の林相を復元していくこと。

② 自然がどのように分布しているかを知ること。
③ 天然のままの林相を復元していくこと。
④ 自然の分布を天然記念物として保存すること。

読解技法

多层次复句分析（一）

　　所谓多层次复句是指有三层或三层以上成分组合关系的复句。复句中的包孕句、主从句和并列句在实际语言中常常是交叉存在的，有时包孕句中包孕的从句是一个主从句或并列句，有时主从句中也含有并列句（并列从句或并列主句）或者包孕句，有时并列句中有一个分句是包孕句或主从句。对于这类复句，并不需要另立一个类别，可根据其最外层的结构关系，分别纳入包孕句、主从句和并列句三种复句类型中。

　　对多层次复句进行分析，一定要本着"先外后内"的原则。即首先从最外层分析全句的总体结构，确定该句是属于哪一种关系的多层次复句，之后再向内作进一步剖析，分析主从句间以及分句间的意义关系。

　　一、最外层是包孕关系的多层次复句仍称包孕句。例如：

　直線翼は大迎え角特性が良好で、ピッチアップの傾向もなく、ストルスピンも入り難いという利点があり、一方、遷音速における空力中心の移動が大きく、超音速における造波抵抗も大きいという欠点もある。

　从全句的总体结构看，此句的最外层为一个包孕了"大迎え角特性が良好で、ピッチアップの傾向もなく、ストルスピンも入り難いという利点があり"和"遷音速における空力中心の移動が大きく、超音速における造波抵抗も大きいという欠点もある"两个并列谓语从句的包孕句。其中前一个谓语又包孕了一个定语从句"大迎え角特性が良好で、ピッチアップの傾向もなく、ストルスピンも入り難い"，该定语从句本身是一个有三个分句的并列句；后一个谓语从句也包孕有一个定语从句"遷音速における空力中心の移動が大きく、超音速における造波抵抗も大きい"，该定语从句本身是一个有两个并列分句的并列句。

　エジプトでは、毎年ナイル川の水があふれ、その後で人々の土地の持分を調べるために、「測量術」が発達したことを、ギリシアの歴史家が記録している。

本句最外层为包孕有一个宾语从句"エジプトでは、毎年ナイル川の水があふれ、その後で人々の土地の持分を調べるために、「測量術」が発達したことを"的包孕句。该宾语从句本身是一个并列句，前一分句为"エジプトでは、毎年ナイル川の水があふれ"，后一分句为"その後で人々の土地の持分を調べるために、「測量術」が発達した"。其中后一分句本身又是一个主从句，从句是"その後で人々の土地の持分を調べるために"，表示目的关系，主句是"「測量術」が発達した"。

さらに青を思い浮かべるのは晴れた日の空の色が美しく、また、地上にきれいな水が豊富にあることを表している。

本句外层为包孕有主语从句"さらに青を思い浮かべるのは"和宾语从句"晴れた日の空の色が美しく、また、地上にきれいな水が豊富にあることを"的包孕句。其中宾语从句本身又是一个并列句，两个并列分句为"晴れた日の空の色が美しく"和"地上にきれいな水が豊富にある"。

言語文化コラム

声　優

声優とは、映像作品や音声作品に、声の出演をする俳優のこと。

声優の仕事内容について、主はアニメ、オリジナルビデオアニメ（OVA）、ラジオドラマ、テレビゲーム、映画や海外ドラマの日本語吹き替えなどがある。

アニメ

オーディションを受けて自分の手で仕事を獲ってくるというシステムが主流。作品世界・登場人物のイメージに適合した声や演技力を持つ人物が採用され、新人や大物の区別なく選考オーディションを受ける。

画面を見ながら台詞を吹き込むアフレコと、事前に台詞を収録し、それに合わせて後から動画を制作するプレスコの2種類の方法がある。日本ではアフレコが主流である。近年のアニメ制作のデジタル化により、アフレコ後に絵を修正するケースも多い。

ゲーム

オーディションで配役を決めることが多いが、ゲーム制作会社などからの指名で決まることもある。

第六課

日本語吹き替え
　アニメとは異なりオーディションはほとんど行われず、プロデューサーやディレクターなどが声優を指名して決めることがほとんどとされる。ただし、ディズニー作品、スティーブン・スピルバーグ作品、ジョージ・ルーカス作品などでは指名ではなく、アニメ同様オーディションが行われるという。

ナレーション
　日本語吹き替え同様、オーディションはほとんど行われず、指名で決まることがほとんどとされる。

舞台演劇活動
　声優としての仕事ではないが、声優と舞台役者を兼任している人は多い。

歌手活動
　歌のCDを発売したり、コンサートを開催するなど、歌手として活動する。逆に、アイドル歌手が声優に転身するケースもある。

第七課

（一） 服装

　人間はなぜ服を着るのか。
　寒さを防ぐためだとか、肉体を隠すためだとか、昔から主張されてきた。確かに、衣服にそうした役割がないわけではないが、それは衣服の役割のほんの一部に過ぎない。それだけなら、流行を気にしたり、デザインを考えたりする必要はないだろう。
　他方、最近はやりの考え方として、衣服は形や色、素材で構成するゲームだという主張がある。①こちらのほうは、個人の自由を過大評価して、逆に、社会規範のもつ強制力の存在を無視している。
　ところが、衣服をめぐる問題の難しさは、何を着るかなどという、一見、個人の自由に属するようなことがらを、実際には個人が一人では決められなくなっていることに起因する。たとえば、「きちんとした服装」という言葉がある。人前に出るときには恥ずかしくない格好をなどともよく言われる。これなどは衣服の選択がいかに社会化されているかの証拠であろう。
　衣服の選択が社会化されているとは具体的にはどういうことなのか、ここで考えてみたい。
　ミメティスムという語がある。ある種の動物は身を守るために環境の変化に応じて外見を変化させる。日本語では擬態と訳されているようだが、保護色はその代表である。ミメティスムのもうひとつの意味は、無意識に他人の真似をしてしまう、ということである。人間の場合、このようなミメティスム行動は、おもに衣服を通して行われる。ただし、動物と違って、人間の心はかなりわがままにできている。他人と同じでは気がすまないという、反ミメティスム的な衝動も持っている。
　文明社会の中で、衣服が、文化となり、経済活動の重要な構成要素となり、あるいは社会秩序の不可欠の要素となったのは、人間がミメティスムと反ミメティスムの二つの傾向を併せ持っているからである。しかし、この二つの傾向が自由に実現されるようになったのは、実はそんなに古いことではない。他人と同じ格

好をしてもよいし、他人と異なる格好をしてもよい。そのことについてだれからも規制を受けない。このようにだれもが自分の好きな格好ができる、いわゆる「服装の自由」は、生活規範（エチケット）の階層化された身分制社会の枠組とは相容れないものだったからである。ヨーロッパの場合、衣服の自由が公に認められ、明文化されたのはフランス革命のときである。

　さて、身分制度が消滅し服装の自由が確立されたときに、どんな状況が出現したのであろう。各人が気ままの服装を着た自由で多様性豊かな光景が出現したのかといえば、まったくそうはならなかった。多くの人々にいつのまにか類似の服装をさせてしまう。流行という名の新現象が発生したからである。しかも、この新現象は生理的には必要がないと考えられるものまで買わせてしまう。そういう心理的な強制力を備えた動きなのであった。

　流行現象がフランス革命以前にはなかったわけではない。十八世紀はじめのパリでは、「衣服がすたれる速さは、花のしおれるのより早い」とか、「無数の店が軒を並べ、必要のない品物を売っている」（シチリアからの旅行者）とかいわれていた。しかしながら、旅行だからといって必要のない品物まで追い求めるような行動は、少数の上流階級の人々にしかできない贅沢であった。流行現象が全社会的に広まり、人々の衣生活ばかり行動規範全般を支配するようになったのは、十九世紀になってからのことである。

　日本では、流行現象はすでに江戸時代からあったとよくいわれる。武家のようにヒエラルキーの尊重が最優先された社会では、服装の自由はむしろ制限されがちであった。ところが、町人階級では、生地や色などの面で形式的には制限を強いられていながらも、実質的にはかなり自由な服装ができた。実際、売れっ子の役者や遊女の格好が町じゅうの人気を呼んだなどという流行現象が記録に残っている。確かに、それはそのとおりなのであったが、やはり江戸時代においては、流行現象の規模は、明治以降と比べればごく小さいものであった。②それは流行というよりもブームと読んだほうがよさそうである。社会のほとんどすべての構成員を巻き込んで進行する継続的な社会現象としての流行は、質を異にするものであったといわざるを得ない。そもそも流行現象が成立するための基本条件としては、社会的な流動性の可能性がすくなくとも理念的に、制度的に保障されていることが必要だからである。

　ところで、身を装う自由が確立されただけでは、衣生活の発展も流行現象の普及も不可能であった。個人主義的な、文化的な枠組みの登場が不可欠であった。

つまり、個人のアイデンティティは身体表現を通して具体化される、という意識が一般化する必要があったのである。個人のアイデンティティが身分や職業といった社会的な枠組みに依存していた時代には、身を飾る必要はあまりなかった。そうした時代にあっても、個人の間で差異競争がなかったわけではないが、それは小さな手段の域を超えて広がるものではなかった。そのような社会においては、流行は全社会的な現象になることができない。

　自分を社会の中でいかに位置付けるか。衣服の流行には、このように自己の社会的な位置付けに対する強烈な欲望の存在が必要とされる。

　社会的な枠組みに依存していた時代は、心理的にはむしろ生きやすい時代だったのではないかと思う。自分で努力しなくても、すでに伝統や習慣といった出来合いの規範が用意されていたからである。それは、制服があれば「明日、何を着たらいいのか」などと迷わなくてもすむのと同じである。

（北山晴一「衣服は肉体に何を与えたか」による）

──（二）　安全指導──

　高校生とバイクの問題をめぐる埼玉県の出来事は、聞く者に何とも①<u>後味の悪い思いをさせる話</u>である。

　埼玉県の教育委員会が、高校生の新規バイク免許取得者の②<u>名簿を埼玉県警から提供してもらい</u>、学校の生徒指導担当者に閲覧させるというのだ。名簿を調べれば、生徒指導担当教諭たちは自分の学校のどの生徒が免許をとったかを知ることができる。そして、その生徒を処分することができる。

　埼玉県ではほとんどの高校が校規で免許の取得を禁じている、違反者には、自宅謹慎や、免許を学校に預けさせるなどの処分をしているという。県教委によると、こういう閲覧は、毎週金曜日に県庁内で、少なくとも五年以上続けられたきた。

　この名簿閲覧を県教委は「高校生によるバイクの死亡事故を防ぐためで、指導の一環と認識している」と説明している。③<u>背後にある基本的な考え方は、高校生に免許を持たせない、バイクに乗らせないというものだ</u>。乗ることが絶対なければ、死亡事故はなくならないのが実態だ。そもそも法律で免許取得が認められている。むしろ、④<u>乗り方を教えることが大事</u>ではないか。

　バイクに乗ることに伴う危険を徹底的に教え、路上で人と自分の安全を守るこ

とを実地に覚えさせる。自分の行動は自分の責任、ということを学ばせる。交通事故の多い現代では、市民を育てる上でできわめて大切なことだと思える。

　何を寝ぼけたことを、禁止が一番だという⑤声が大きいことは承知している。だが、バイクを解禁して安全教育を順調に進めている。三年間は危険から遠ざけ、違反者を名簿で捜して処分し、卒業後は勝手にという「安全指導」は、どうにも解かせない。

 単　語

(一)

衣服（いふく）	（名）	着装、穿衣服
生地（きじ）	（名）	(布等的)质地
売れっ子（うれっこ）	（名）	(艺妓的)红角儿，名媛
アイデンティティー (identity)	（名）	自我同一性，特性、特征
ミメティスム	（名）	(生物学)拟态，(心理学)模仿性
枠組み（わくぐみ）	（名）	氛围，架子，框框
気まま（きまま）	（名）	随便，任性
生理的（せいりてき）	（形動）	生理性的、本能性的，感觉上的
すたれる（廃れる）	（自下一）	成为废物，过时，衰微
しおれる（萎れる）	（自下一）	凋谢，泄劲
シチリア	（名）	西西里岛（意大利岛屿）
ヒエラルキー [Hierarchie(ドイツ)]	（名）	金字塔型的社会结构
装う（よそおう）	（他五）	装扮，穿戴整齐、穿戴得体

(二)

バイク	（名）	小型摩托车、燃油助力(自行)车
免許（めんきょ）	（名）	执照
後味（あとあじ）	（名）	余味，事后留下的感觉
謹慎（きんしん）	（名・自サ）	谨慎行事
実地（じっち）	（名）	现场、实地
寝惚ける（ねぼける）	（自下一）	睡得迷迷糊糊、梦游似地

文 法

（一）

1. ある種の動物は身を守るために環境の変化に応じて外見を変化させる。

　　本句意思为"某种动物为了保护自己，会随着环境变化而改变自己的外观"。其中"に応じて"接在名词后面，意思为"根据……""按照……"等，例如：
○ 物価の変動に応じて給料をあげる。
　　（根据物价的浮动来提高工资。）
○ 状況に応じて戦法を変える。
　　（根据情况改变战术。）
○ 売れ行きに応じて生産量を加減する。
　　（根据销售情况来调整产量。）

2. 確かに、それはそのとおりなのであったが、やはり江戸時代においては、流行現象の規模は、明治以降と比べればごく小さいものであった。

　　本句意思为"的确，虽有这样的情况，但在江户时代这种流行现象的规模与明治以后相比还是大巫见小巫"。其中"において"接在名词后面，意思为"在……地点""在……时候""在……方面"等，例如：
○ 当時において、海外旅行など夢のようなことだった。
　　（在当时，去海外旅游什么的就像做梦一样。）
○ 最近、職場だけではなく家庭においてもパソコンが使われている。
　　（最近，不仅在职场，在家也用电脑。）
○ 調査の過程において様々なことが明らかになった。
　　（在调查过程中弄清了许多问题。）

3. 社会のほとんどすべての構成員を巻き込んで進行する継続的な社会現象としての流行は、質を異にするものであったといわざるを得ない。

　　本句意思为"不得不指出的是，只有将整个社会的几乎所有成员都卷入其中的持续的社会现象，才是名副其实的流行"。其中"ざるを得ない"接在动词ない形后面，但"する"在接"ざるを得ない"时，要变成"せざるをえない"，意思为"不得不……"，例如：
○ 日本で生活をするなら、漢字を覚えざるを得ない。
　　（在日本生活的话，不得不记汉字。）
○ 仕事がまだ終わらないから、今日は残業せざるをえない。

（因为工作还没完成，所以今天必须加班了。）

○ あんな話を信じてしまうとは、我ながらうかつだったと言わざるを得ない。

（居然会相信这种事，连我自己都不得不承认太粗心了。）

4. つまり、個人のアイデンティティは身体表現を通して具体化される、という意識が一般化する必要があったのである。

本句意思为"就是说，当时社会需要普及这样一个意识，即个人的身份特征应该通过其身份的外在装扮来具体表现出来"。其中"を通して"接在名词后面，意思为"通过……"，例如：

○ その話は田中さんを通して相手にもつたわっているはずです。

（那件事应该是通过田中转达给对方的。）

○ 現地の大使館を通して外務省にはいった情報によると、死者は少なくとも100人をこえたもようである。

（根据由当地大使馆传到外务省的消息，死亡人数超过100。）

（二）

1. 背後にある基本的な考え方は、高校生に免許を持たせない、バイクに乗らせないというものだ。

本句意思为"其背后的基本想法是不允许高中生持有摩托车驾照，不允许他们骑摩托车"。其中"というものだ"接在名词或动词连体形后面，意思为"也就是……"，例如：

○ この研究は生産量を10年のうちに2倍にするというものだ。

（这项研究10年内可以使产量增加1倍。）

○ 今回作られたタイムカプセルは200年先の人々に20世紀からのメッセージをおくるというものだ。

（这次制造的时空罐是给200年以后的人们送去的20世纪的祝福。）

練 習

一、次の漢字に適当な読み方をつけなさい。

肉体（　　　）	過大（　　　）	規範（　　　）
擬態（　　　）	無視（　　　）	強制力（　　　）
真似（　　　）	衝動（　　　）	保護色（　　　）
後味（　　　）	謹慎（　　　）	実地（　　　）

二、次の片仮名を適当な漢字に変えなさい。
1. 構成ヨウソ（　　　　　）　　2. ミブン制度（　　　　　）
3. キセイを受けない（　　　　　）　　4. リュウコウ現象（　　　　　）
5. ジョウリュウ階級（　　　　　）　　6. チョウニン階級（　　　　　）
7. ユウジョの格好（　　　　　）　　8. 町じゅうのニンキ（　　　　　）
9. 明治イコウ（　　　　　）　　10. 質をコトニする（　　　　　）

三、次の表現を使って、文を作りなさい。
1. 〜に応じて
2. 〜において
3. 〜せざるをえない
4. 〜を通して
5. 〜というものだ

四、文章（一）を読んで次の問いに答えなさい。
　問一　①［こちらのほう］とあるが、何をさすのか、次の①②③④の中から、最も適当と思われるものをひとつ選びなさい。
　　①　服を着るのは、寒さを防ぐためとか、肉体を隠すとか、という昔からの考え。
　　②　服を着るとき、流行を気にしたり、デザインを考えたりする必要がないという考え。
　　③　衣服は、かたちや色、素材で構成するゲームだという最近はやっている考え。
　　④　服の選択が社会化されているという考え。
　問二　②［それ］は何をさすのか、次の①②③④の中から、最も適当なものをひとつ選びなさい。
　　①　明治以降は、江戸時代より売れっ子の役者や遊女の格好がもっと町じゅうの人気をよんだなどという現象。
　　②　江戸時代に、売れっ子の役者や遊女の格好が町じゅうの人気をよんだなどという現象。
　　③　江戸時代に売れっ子の役者や遊女の格好が町じゅうの人気をよんだなどと、記録に残ったこと。
　　④　だんだんと身を装う自由が確立されること。
　問三　文章の説に合致しないものはどれか、次の次の①②③④の中から選びなさい。

①　革命以前に、フランスでは、まだ全社会的な衣服の流行現象はないのである。
　　②　身分に合う服装をしなければならないという制度が廃止されれば、衣服の流行現象が起こる。
　　③　衣服が流行するには、人間個人のアイデンティテイは身体表現を通して具体化されるという意識は一般化する必要がある。
　　④　衣服が流行するには、人間は、自分を社会の中でいかに位置付けるか、という強烈な欲望があることは必要である。
　問四　全文の要旨として、次の①②③④の中から、もっとも正しいと思われるものをひとつ選びなさい。
　　①　何を着るかという問題は、どんな時代でも完全な個人の自由に属することがらではなく、その時代の社会の枠組みと大きくかかわっている。
　　②　服装はだんだん変わってきた。
　　③　人間の服に対する考えは変わってきた。
　　④　「服装の自由」はかえって何を着たらいいかと人を迷わせるので、よくない。

五、文章（二）を読んで次の問いに答えなさい。
　問一　なぜ①「後味の悪い思いをさせる話」なのか。
　　①　警察と高校が協力して生徒を処分しているから。
　　②　何かと教育について考えさせられるから。
　　③　高校が法律を守っていないことがわかったから。
　　④　教育が生徒の将来のために行われているから。
　問二　埼玉県の教育委員会は②「名簿を埼玉県警から提供してもらい」のはなぜだといっているか。
　　①　死亡事故を減らすことにつながると考えたから。
　　②　校規を守らせることに協力すべきだと考えたから。
　　③　高校での安全指導に不可欠だと考えたから。
　　④　高校生が免許をとることを許せないと考えたから。
　問三　③「背後にある基本的な考え方は、高校生に免許を持たせない、バイクに乗らせないというものだ。」とあるがこれを筆者はどう考えているか。
　　①　自然な考え
　　②　厳しい考え

③ 間違った考え
④ 仕方がない考え

問四　なぜ④「乗り方を教えることが大事」なのか。
① 死亡事故が減らないから。
② 免許の取得することはできないから。
③ 自分の行動に責任を持つことにつながるから。
④ 死亡事故を完全に無くすことができるから。

問五　⑤「声が大きい」とはどういうことか。
① 禁止が一番という人は大きい声で話す。
② 禁止が一番という人は正しい。
③ 禁止が一番という人の数が多い。
④ 禁止が一番という人は怒っている。

読解技法

多层次复句分析（二）

最外层是主从关系的多层次复句仍称主从句。例如：

　　専門的な職業教育が大学の実際性を、真理の探究がその研究的な性格を代表するとすれば、教育が代表するのは大学の思想性である。

　　本句外层是假定关系的主从句。从句"専門的な職業教育が大学の実際性を、真理の探究がその研究的な性格を代表するとすれば"本身是一个并列句，其分句"専門的な職業教育が大学の実際性を"的谓语承后省略，补出应该是"代表する"，它和后面分句"真理の探究がその研究的な性格を代表するとすれば"构成并列关系；主句"教育が代表するのは大学の思想性である"则是一个包孕有主语从句"教育が代表するのは"的包孕句。

　　大人の入場料は六ドルであり、子供の入場料は三ドルでありながら、われわれは特別扱いで入場料不要、VIPはVIPカードをもらい、どこでも自由に歩ける。

　　本句外层为转折关系的主从句。从句"大人の入場料は六ドルであり、子供の入場料は三ドルでありながら"本身是一个很典型的并列句；主句"われわれは特別扱いで入場料不要、VIPはVIPカードをもらい、どこでも自由に歩ける"也是一个并列句，前一分句"われわれは特別扱いで入場料不要"和后一复杂单句"VIPはVIPカードをもらい、どこでも自由に歩ける"构成了并列关系。

言語文化コラム

NHK紅白歌合戦

　「NHK紅白歌合戦」（エヌエイチケイこうはくうたがっせん）は、NHKが1951年から放送している男女対抗形式の大型音楽番組。生放送。公開放送。通称は「紅白」。デジタル双方向機能対応番組。日本の長寿番組の一つである。国民の多くにとって、大晦日の恒例行事と言われる。

番組内容

　その年を代表する女性アーティストを紅組（あかぐみ）、男性アーティストを白組（しろぐみ）に分け、対抗形式で歌や演奏を披露する。番組初期において、紅組＝女性、白組＝男性と厳格に分けられていた風習から、男女混成グループは女性ボーカルのみが紅組で単独出場したり、男性ボーカルのみが女性ボーカルのパートも兼ねて男性陣のみで白組に出場するなどの処置が取られていた。

　「歌合戦」となっているが、楽器演奏者・グループの出場も可能である。
　出場回数がカウントされる。
　その回毎に異なったテーマを掲げて放送を行う。
　セットは回毎によって異なる。
　出場歌手数については20組から30組の間を推移している。また、紅組と白組で出場歌手の数が異なるというケースもある。
　選ばれる曲は原則としてそのアーティストのその年のヒット曲または代表曲（過去のヒット曲など）である。その回のテーマに沿った歌が選ばれる場合もある。
　勝敗はゲスト審査員と会場の観客および地上デジタルテレビ放送の双方向システムや携帯電話を利用した視聴者の投票で決定する。審査とその結果の発表方式は回によって異なる。優勝チームが決定すると、テレビ画面には「○組優勝！！」の字幕スーパーが出て、天井から大量の紙吹雪がステージ一杯に降る。ただ、2000年代頃からは紙吹雪が優勝決定時には降らず、エンディングの「蛍の光」の場面で降る。そして、優勝司会者に優勝旗が授与される。また、この優勝旗には歴代の優勝チームの色のリボンが飾られている。

第八課

――（一）詩人の言葉から――

　二百年近く以前の詩人ノヴァーリス（注）が――この人は二十代で夭折したが。――書きのこした本に「断章」がある。その中には、自然科学や哲学や魔術その他、百科全書的な分類のもとでの思索の断片がおびただしく連ねられているが、その中に私をびっくりさせた言葉がある。

　「見えるものは見えないものに触っている。聞こえるものは聞こえないものに触っている。それならば、考えられるものは考えられないものに触っているはずだ。」

　これは詩人の直感がとらえた大変に深い洞察を表している言葉である。つまり、われわれが考えることのできるものの世界は、限られてささやかである。しかし、その考えれるものが考えられないものに、じかに触っているということは、言い換えれば、有限なるもの、ささやかなるものが、じかに無限なる物に触っているということである。いかにも詩人の直感的な表現だが、ある神秘な広がりを秘めている。

　哲学者が①これを読めれば、そこに哲学的瞑想への貴重なきっかけがえられるかもしれないし、また、たとえば画家がこういう考えに打たれたなら、ひょっとして一生の転換期になるような美術観の変化というものが生じるかもしれない。見えるものに触っているという見えないものをどうやって画面に描くか。音楽家にとっても、聞こえるものに触っているという聞こえないものをどうやって音楽の世界のものにするか。すべて、難問である。しかし、創造的な刺戟を秘めた難問である。そして、ここであらためて気づいて驚かざるを得ないのは、ノヴァーリスがこの奥行きのある思想を語るのに、まことにささやかな言葉しか用いていないということである。彼はあたりまえの言葉を使って簡潔に書いている。しかし、そこで語られている思想は、豊かな展開の可能性を秘めている。

　このように見てくると、私たちがしばしば用いて語るコミュニケーションという言葉についても、若干触れておきたくなる。私は、日常生活においてはもちろん、文章の中でも、よほど必要に迫られた場合でないと「コミュニケーション」

という英語を用いて語りたくないという、やや偏見的な態度を持っている人間である。

　思うに、人の心と心のふれあいということを語るためには、コミュニケーションという外来語はあまり役に立たない。また、コミュニケーションという言葉を用いて論じられる領域では、大前提として、人の意志は伝わらないより伝わるほうがよい。しかもより早く、広く伝わるほうがよいという善意の考え方があると思われるが、私は人間というものにもう少し別の暗闇があることのほうを大切に思っているので、コミュニケーションというピカピカした言葉になじめない。

　コミュニケーションという言葉は訳せば、通信とか伝達という意味だが、人間の気持ちというものはそんなに簡単に伝わるものではないという、われわれが体験的に知っている事実は、なかなか大切な問題を示しているのではないだろうか。最も相手に伝えたい気持ちは、最も言葉にしにくい微妙な複合体なので、大事なことほど簡単に伝えにくいものだということが一般にいえる。さらにこれを押していえば、そんなに簡単に人に気持ちを伝えようとしないほうがいいとさえいえるのではないか。誤解の余地がつねにあることのほうが、人間であるという条件に対しては忠実な生き方だという気がする。そこから生じる悲しみや憤りを含めて、そういう気がする。

　ある思いを簡単に伝えるということは、能率という観点からすれば無条件によしとされることであろうが、人間は能率のみによって生きるわけではない。能率の奴隷として生きることが人間の幸福であるわけではない。人と人との間をつなぐ最も重要な通路に言葉というものがあって、②それが「コミュニケーション」をも生むものだが、言葉にはよくわからない部分があっていいのだ、というのが私の考え方である。

　言葉の通路には薄暗がりがあちらこちらにあるほうがいいのだ。なぜなら、人間というものは、そんなに薄っぺらなものではないと思うからである。もちろん私は、コミュニケーションの理論や広範な応用について頭から反対しているわけではない。ただ、③人間は「コミュニケーション」を拒否することにおいて人間そのものである場合もある、という事実に関心を寄せずにはいられないのである。

（大岡信「詩・言葉・人間」による）

　注：ノヴァーリス：诺瓦利斯（1772～1801），德国浪漫主义诗人。他的抒情诗代表作有《夜之赞歌》（1800），《圣歌》（1799）等。他还写过长篇小说《亨利希・封・奥弗特丁根》，书中以蓝花作为浪漫主义憧憬的象征，非常著名。

（二） 人生の選択

　人生はたえざる選択の連続である——これはおそらく文句のつけようがない定義だ。「我、思う。故に我あり」を実生活に置き換えると、「我、選択する。故に我あり」ということだろう。

　（中略）

　人生は選択である、といったが、本当をいうと実生活において私たちに多く場合、この種の選択をさもおおげさにしているに過ぎない。①選択ごっこ、といっていい。

　たとえば、どの学校に入るか、どこへ就職するか——。ごっこの中でもこの辺は案外深刻な選択だが、もともと進学、就職というだれが決めたか分からない人生コースをそのまま受け入れ、そのコース内での選択であるから、どうころんでもたいした違いはない（どうころんでも自己を見失わぬ、と言うだけ強固な自己を持っていれば、の話であるが）。また、休日に山へ行くか海へ行くか、あの馬に賭けるか、トヨタを買うかニッサンを買うか——この類の大小無数の選択に直面しながら私たちは日々を生きているわけだが、結局のところはこれらはみんなどうでもいい選択なのだ。選択を楽しむ、という程度の意味しかあるまい。今、ふりかえって、「選択を誤ったとき」の切実な思い出がひとつも浮かんでこないのは、私自身も「人間の条件」を忘れた②ヒツジの群れの一員として、時にぶつくさ文句をいいながらも結局は太平楽にこの世を生きてきたからにほかなるまい。

　となると、人生は選択の連続である、という当初の定義もあやしくなってきた。むしろ、選択ごっこの連続であるといい直すべきか。③やはりそうは思わない。たとえ、それが日常生活の中の小さな選択でも、それが何らかの形で自らめざす人生の実現にかかわってくる類の選択であれば、そのひとつが真剣勝負と思いたい。少なくとも自己との対話においては、それだけ気を張って毎日を生きたい。個々の選択はゆるがせにできぬが、その当否はすぐ朗かにはならない、日々の小さな選択の集積の収支決算がいつか徐々に表面化しはじめ、棺に入る直前になって人は「オレは然るべく生きた」あるいは「どうやらオレは選択を誤った」と初めて口にできるのではあるまいか、だから、まあ、④とりあえずは小さなことでくよくよするな、ということにもなるのだが——。

第八課

 単　語

（一）

断章（だんしょう）	（名）	章段，记载的思想片断
連ねる（つらねる）	（名）	排列，接连不断
じかに（直に）	（副）	直接
刺激（しげき）	（名・他サ）	刺激，使兴奋
ピカピカ	（副）	光亮、闪闪发光
つなぐ（繋ぐ）	（他五）	系，连起，维系（生命）
うすくらがり（薄暗がり）	（名）	发暗的地方
薄っぺら（うすっぺら）	（形動）	很薄，浅薄、肤浅

（二）

然も（さも）	（副）	好像、仿佛，很、非常
大袈裟（おおげさ）	（名）	夸张，过分，小题大做
ごっこ	（接尾）	（接名词后）模仿游戏
案外（あんがい）	（副・形動）	出乎意料、意外
ぶつくさ	（名・副）	唠叨、嘟囔、发牢骚
太平楽（たいへいらく）	（名）	无忧无虑，说宽心话
然る（さる）	（連体）	某，某处，那样的
忽せ（ゆるがせ）	（名）	敷衍，疏忽，玩忽职守
くよくよ	（副・自サ）	心事重重、愁眉不展、闷闷不乐

文　法

（一）

1. そして、ここであらためて気づいて驚かざるを得ないのは、ノヴァーリスがこの奥行きのある思想を語るのに、まことにささやかな言葉しか用いていないということである。

　　本句意思为"而且重温之后我还发现，据说诺瓦利斯表达如此深邃的思想却只用了寥寥几语"。其中"ということである"接在"文の普通体"后面，意思为"据

说……""听说……"等,例如:

○ ニュースによると、日本では日雇いをしながら、ネットカフェーにとまるネット難民が増えているということだ。

(听新闻上说,在日本靠打工维持生计、寄宿在网吧的网吧难民增多了。)

○ 自動車の排気ガスなどの影響により、地球温暖化がますます深刻化するということだ。

(据说由于汽车尾气排放的影响,全球气候变暖正在加剧。)

○ この店は来週から閉店になるということだ。

(听说这家店下周开始要停业了。)

2. 私は、日常生活においてはもちろん、文章の中でも、よほど必要に迫られた場合でないと"コミュニケーション"という英語を用いて語りたくないという、やや偏見的な態度を持っている人間である。

本句意思为"若不是迫不得已,并不想在文章中使用'communication'这个单词,平时说话就更不用说了"。其中"はもちろん"接在名词后面,意思为"自不用说……""不必说……"等,例如:

○ 彼はスポーツ万能で、テニスはもちろん、ゴルフもサッカーもうまい。

(他在体育上是多面手,网球自不必说,高尔夫、足球也都很棒。)

○ 委員長の高田さんはもちろん、委員会の全メンバーが参加します。

(委员长高田先生不用说,委员会全体成员都参加。)

○ 来週のパーティーはいろんな国の料理はもちろん、カラオケもディスコもある。

(下周的晚会,各国的佳肴自不用说,还有卡拉OK和迪斯科。)

3. ただ、人間は"コミュニケーション"を拒否することにおいて人間そのものである場合もある、という事実に関心を寄せずにはいられないのである。

本句中"事実に関心を寄せずにはいられないのである"意思为"只是我们也不能不关注这样一个事实"。其中"ずにはいられない"接在动词ず形后面,意思为"不能不……""不得不……"例如:

○ この本を読むと、誰でも感動せずにはいられないだろう。

(读了这本书,没有一个人不感动。)

○ 彼女の気持ちを思うと、自分のしたことを悔やまずにはいられない。

(替她着想,不能不为自己做的事感到后悔。)

○ 会社でのストレスを解消するために酒を飲まずにはいられない。

(不得不靠喝酒才能摆脱在公司累积的精神紧张。)

第八課

(二)

1. 今、ふりかえって、"選択を誤ったとき"の切実な思い出がひとつも浮かんでこないのは、私自身も"人間の条件"を忘れたヒツジの群れの一員として、時にぶつくさ文句をいいながらも結局は太平楽にこの世を生きてきたから<u>にほかなるまい</u>。

　　本句中"結局は太平楽にこの世を生きてきたから<u>にほかなるまい</u>"意思为"最终无外乎在这世上无忧无虑地苟活着"。其中"にほかなるまい"接在名词后面，相当于"にほかならない"，意思为"正是……""不外乎……"等，例如：
○ このイベントが成功したのは、周囲の支援とメンマー全員の努力のけっかにほかならない。
　　（这次活动取得成功，正是周围人的支持和全体成员努力的结果。）
○ 今回の失敗の原因は準備不足にほかならない。
　　（这次失败的原因无外乎准备不足。）
○ 事故が発生した原因は運転手の前方不注意にほかならない。
　　（酿成事故的原因无外乎司机没注意前方。）

2. 個々の選択はゆるがせにできぬが、その当否はすぐ朗かにはならない、日々の小さな選択の集積の収支決算がいつか徐々に表面化しはじめ、棺に入る直前になって人は"オレは然るべく生きた"あるいは"どうやらオレは選択を誤った"と初めて口にできるの<u>ではあるまいか</u>。

　　本句中"棺に入る直前になって人は"オレは然るべく生きた"あるいは"どうやらオレは選択を誤った"と初めて口にできるの<u>ではあるまいか</u>"意思为"直到临终前，才会说'我活得蛮不错的'或'看来我选择错了'，难道不是吗？"。其中"ではあるまいか"接在名词修饰形后面，意思为"是不是……呀"等，例如：
○ この話はまったくの作り話なのではあるないか。
　　（这故事是不是都是编的呀。）
○ この品質で、こんな値段をつけるとは、あまりにも非常識ではあるまいか。
　　（就这质量还定这么高的价格，是不是有点太离谱啦。）
○ いまどき、彼のような学生は珍しいのではあるまいか。
　　（现在像他这样的学生是不是太少见啦。）

練習

一、次の漢字に適当な読み方をつけなさい。

夭折（　　　　）　断章（　　　　）　分類（　　　　）
思索（　　　　）　断片（　　　　）　洞察（　　　　）
貴重（　　　　）　瞑想（　　　　）　難問（　　　　）
案外（　　　　）　強固（　　　　）　切実（　　　　）

二、次の片仮名を適当な漢字に変えなさい。

1. ムゲンナルものな（　　　　）　2. 詩人のチョッカン（　　　　）
3. ヘンケンテキな態度（　　　　）　4. ゼンイノ考え方（　　　　）
5. チュウジツな生き方（　　　　）　6. 重要なツウロ（　　　　）
7. コウハンな応用（　　　　）　8. アタタかい反対する（　　　　）
9. 関心をヨセル（　　　　）　10. ヒャッカ全書（　　　　）

三、次の表現を使って、文を作りなさい。

1. ～ということである
2. ～はもちろん
3. ～ずにはいられない
4. ～にほかなるまい
5. ～ではあるまいか

四、文章（一）を読んで次の問いに答えなさい。

　問一　①［これ］は、何をさすか、次の①②③④の中から、もっとも適当と思われるものをひとつ選びなさい。

　　①　先述べた思想は、豊かな展開の可能性を秘めているということ。
　　②　いかにも詩人の直感的な表現だが、ある神秘な広がりを秘めているという言葉。
　　③　先に引用したノヴァーリスの言葉。
　　④　ノヴァーリスが書き残した本に、自然科学や哲学や魔術その他、百科全書的な分類のもとでの思索の断片がおびただしく連ねられているという事実。

　問二　②［それ］は、何をさすか、次の①②③④の中から、最も適当と思われ

るものをひとつ選びなさい。
① 言葉にはよくわからない部分があること。
② 能率的にある思いを相手1に伝えること。
③ 言葉の通路のあちらこちらにある薄くらがり。
④ 人と人との間を繋ぐ最も重要な通路に言葉があるということ。

問三 ③「人間は「コミュニケーション」を拒否することにおいて人間そのものである場合もある」という言い方があるが、どんな意味だろう。次の①②③④の中から、最も適当と思われるものをひとつ選びなさい。
① 能率の奴隷にならず、言葉にしにくいことについては疑問の余地を残したままにするほうが人間的だということ。
② コミュニケーションなどをせずに、自分の内的世界を自分で守ること。
③ コミュニケーションをするとき、できるだけ言葉の通路には多くの薄暗がりを残すべきだということ。
④ 人間はできるだけ能率的に自分の思いを相手に伝えるべきだということ。

問四 文章の後半の要旨として、最も正しいと思われるものを、次の①②③④の中からひとつ選びなさい。
① これからの社会において、能率の奴隷になるのはよくないが、やはり伝えるべきものをはっきりと伝えるべきだ。
② 日常生活の中のコミュニケーションという言葉は、伝達上の能率を求めすぎていて、人の言葉にしにくい微妙な複合体である心と心のふれあいを語るためにはあまり役に立たない。
③ コミュニケーションをするとき、話の中に曖昧な部分があったほうがいい。豊かな展開の可能性を秘めるから。
④ コミュニケーションをするとき、言葉の中に残した薄くらがりが多ければ多いほどいい。

五、文章（二）を読んで次の問いに答えなさい。
問一 ①「選択ごっこ、といっていい」とあるが、それはどうしてか。
① 実生活ではどう選択するかの判断を放棄しているから。
② 実生活ではどう選択してもたいした違いはないから。
③ 実生活ではどう選択するかを楽しんでいるから。

④　実生活ではどう選択してもけっして誤らないから。

問二　②「ヒツジの群れの一員」とあるが、これはどういうことか。
①　多少の自尊心はあるということ。
②　今までは選択をしてこなかったということ。
③　生命の危険もなく、飢えることもないこと。
④　管理され、判断を放棄しているということ。

問三　③「やはりそうは思わない」とあるが、どう思わないのか。
①　人生は選択の連続であるとは思わない。
②　人生の選択を誤ったとは思わない。
③　人生は選択ごっこの連続であるとは思わない。
④　人生は無数の選択に直面することだとは思わない。

問四　④「とりあえずは小さなことでくよくよするな」とあるが、筆者はなぜこのように思うのか。
①　選択の結果は死ぬ直面までわからないのだから。
②　選択を間違えても、結果は同じだから。
③　選択はあくまで許容された範囲内での選択なのだから。
④　選択は本来遊びのようなものだから。

問五　筆者は日々の選択についてどのように考えているか。
①　重要ではないし、間違えてもたいした問題にはならない遊びのようなものである。
②　決定的ではないかもしれないが、それらが集まって人生を形づくるのだから、真剣に行うべきだ。
③　選択の一つ一つが人生を左右する非常に重要なものだから、人と相談して慎重に行うべきだ。
④　ある範囲内での選択なのだから、自分で選択しているように思っても、実はそれは誰かに管理されているものだ。

第八課

読解技法

多层次复句分析（三）

最外层是并列关系的多层次复句，仍称并列句。例如：

電力は発電所で発生するといっても、各発電所はそれぞれが勝手に発電しているのではなく、給電所は、その日はどのぐらい電力が使われるかを予想し、これに基づいて各発電所へ指令を出し、各発電所はこの指令に基づいて発電する。

本句外层为一个并列句。前一分句"電力は発電所で発生するといっても、各発電所はそれぞれが勝手に発電しているのではなく"本身是一个表示让步关系的主从句。后一分句"給電所は、その日はどのぐらい電力が使われるかを予想し、これに基づいて各発電所へ指令を出し、各発電所はこの指令に基づいて発電する"本身又是一个并列句，其前一分句"給電所は、その日はどのぐらい電力が使われるかを予想し、これに基づいて各発電所へ指令を出し"中包孕一个宾语从句"その日はどのぐらい電力が使われるかを"，该宾语从句又包孕了一个谓语从句"どのぐらい電力が使われるか"。

F－18が別機種に勝るのは空気取り入れ口の設計がよいことが大きく貢献しているからであり、またF404はアイドルから最大回転までわずか四秒以下という加速の良さを持っておることが超音速領域でのF－18のダッシュ性能がよい要因となっている。

本句外层为一个并列句。前一分句"F－18が別機種に勝るのは空気取り入れ口の設計がよいことが大きく貢献しているからであり"本身是一个包孕主语从句"F－18が別機種に勝るのは"和谓语从句"空気取り入れ口の設計がよいことが大きく貢献しているからであり"的包孕句，其中谓语从句又包孕了一个主语从句"空気取り入れ口の設計がよいことが"。后一分句"またF404はアイドルから最大回転までわずか四秒以下という加速の良さを持っておることが超音速領域でのF－18のダッシュ性能がよい要因となっている"是一个包孕主语从句"またF404はアイドルから最大回転までわずか四秒以下という加速の良さを持っておることが"和定语从句"超音速領域でのF－18のダッシュ性能がよい"的包孕句。

言語文化コラム

本格派推理

　本格派推理小説（ほんかくはすいりしょうせつ）または本格ミステリ（ほんかくミステリ）、本格探偵小説（ほんかくたんていしょうせつ）とは、推理小説のジャンルの一つ。推理小説のうち、謎解き、トリック、頭脳派名探偵の活躍などを主眼とするものである。

　本格派推理小説はエドガー・アラン・ポーの『モルグ街の殺人事件』によって原型が確立され、コナン・ドイルやチェスタトンらの短編時代を経て、および1920年代のアガサ・クリスティー、エラリー・クイーン、ディクスン・カーらによる長編本格ミステリの黄金時代に入った。

　日本においては、イギリスで黄金時代が築かれた時期に、江戸川乱歩によって創作熱が興り、戦後の推理小説復興期には横溝正史の本格長編がその口火を切った。その後、文学派のミステリ作家との論争や社会派推理小説の台頭を経ながら、古典的ミステリへの関心は一般に薄れていき、またリアリティに反するという批判もあって本格ミステリは一時的にやや退潮したといわれることもある。

　しかし、1970年代から80年代にかけての「横溝ブーム」は、角川書店の強力な宣伝も伴い、非常に大きな盛り上がりをみせた。また、書誌研究者の島崎博は、探偵小説専門誌『幻影城』を創刊し、古典的ミステリを掘り起こす試みを行っている。ベテラン作家の横溝正史、鮎川哲也、都筑道夫、土屋隆夫、中堅作家の泡坂妻夫、島田荘司、連城三紀彦などを中心に本格ミステリの新作も書き続けられていた。

　1980年代後半から1990年代にかけては、綾辻行人のデビューに端を発する「新本格ムーブメント」（本格ミステリの「第三の波」）がおこった。

　1994年前後にも京極夏彦、西澤保彦、森博嗣ら、新人作家が多く登場している。この世代を第二世代と呼ぶことがある。

中間テスト

一、次の文の下線をつけた言葉は、どのようなものに当たるか、それぞれのABCDから一つ選びなさい。

1. 風に<u>なびく</u>。
   ①動　　　　②揺　　　　③靡　　　　④糜

2. 落し物を<u>さがす</u>。
   ①捜　　　　②訪　　　　③査　　　　④尋

3. ぜんそくの<u>じびょう</u>がある。
   ①持病　　　②痔病　　　③自病　　　④疾病

4. <u>やじ</u>うまにのる。
   ①野地　　　②野次　　　③矢地　　　④矢次

5. 子供を<u>せっかん</u>する。
   ①摂関　　　②折檻　　　③責管　　　④接管

6. 門辺に<u>佇む</u>。
   ①ただず　　②たたづ　　③たたず　　④ただづ

7. <u>人気</u>があらいところ。
   ①にんき　　②じんき　　③ひとけ　　④ひとげ

8. いい<u>布地</u>があった。
   ①ふち　　　②ぬのち　　③きじ　　　④ぬのじ

9. この<u>界隈</u>には店が多い。
   ①さかい　　②さかいくま　③かいぐま　④かいわい

10. 商家に<u>嫁ぐ</u>。
    ①とつ　　　②よめ　　　③かせ　　　④とづ

二、次の文を読んで問いに答えなさい。

1. 朝ご飯を抜いてくる子供が多くて問題だと言われています。私は朝ご飯を食べないということでなく、朝ご飯を抜いてもいつでも食べられるという背景が問題だと思います。「朝ご飯を食べなかったらもう一日何も食べられない」というの

一つは夢であり、驚きである。夢がなくなり、驚きがなくなるということは困ったことである。現在、我我は東京からモスクワに十時間たらずで運ばれることもできるし、東京・大阪間は三時間の距離になってしまった。それ「④」つきの表面に降り立つ人間さえ現れるようになったのである。今後どのようなことが現実となって現れるか見当はつかない。「⑤」、こうしたことには、その反面、また副作用がある。一度行われてしまえば、もう驚かなくなるということである。月面に人間が降り立つ一瞬の興奮は、今やもう過去のものである。東京・モスクワ間を十時間で飛ぶことは別に何の小戸ら気もかんじない当然のこととなってしまった。人間の生んだ科学は、日一日と育っていく。このへんで成長を止めようというわけにはいかない。人類が何千年も抱いてきた夢は次々に科学というばくに食われていくだろう。

ウ　第二に失ったものは、きわめて当然なことながら、神である。神に変わったものが科学であり、神はその神聖な椅子、科学に明け渡してしまったかっこうである。もう過去の人間を縛っていた掟は、そのままの形においては生きることは出来ないのである。信仰上の神は、否応なしに鳴りを静めさられているのである。今日、人間精神の荒廃が口にされでいるが、新しい神が現れるまでどうすることも出来ないだろう。恐れをもまた人間は失ったのである。

エ　第三に失ったものは、おのれが生命の管轄下に置くことが難しくなってきている。車に乗ればもちろんのこと、車に乗らなく「⑥」、おのれが生命の保証は他にゆだねなければならない状態である。

オ　人間はこうした大きな物を失いながら、一方で他の大きな物を与えられている。物質文明、消費文化の　享受である。特に我我日本人の場合は、この二、三年⑦それをフルに受容できる状態に置かれようとしている。経済的にゆとりのある生活が日本人全部の生活を急速に変えつつある。けっこうなことであるが、困ることもある。「⑧」私は人間が失った物を取り戻さなければならぬと思う。と言って昔の夢が戻ってこようはずはない。人間は新しい夢を、新しい神を持たねばならぬ。そしておのれが生命の管理権も新しい形において取り返さなければならぬ。それらがいかなるものであるが、誰にも分かっていない。ただはっきりしていることは、人間の幸福が必ずしも現代文明の進行に平行して増大していくものではないであろうということである。「⑨」、また右に述べた三つの失った物を取り返すことなしには成立しないであろうということである。「井上靖　幸福の探求より」

だったらでしょう。子供たちは競って食べるはずです。飢えがないということはのんびりした物だと思います。こういう豊かな状況が食生活に大きく影響していることは間違いないでしょう。

①子供達に競って食べさせる環境を作ることが大切だ。
②いつでも食べられることが食生活に悪い影響を与えている。
③朝ご飯を食べなくてもいつでも食べられるから問題はない。
④飢えがないことはのんびりしていていい生活にとっては大変重要だ。

2. 今から述べるまでもなく安全指導を行う際、もっとも留意しなければならないのは、子供の能力に応じた適切な指導を行うことである。発達段階といっても個人差がおおきく、あくまでもその子供の能力に応じた指導が必要である。言葉で注意が可能になるまでは、ときには危険を知らせる手段として体罰が使用されることもあろうし、本人に痛い目に遭うことを通じて、そのものの危険を知らせることも必要である。

①安全指導では子供の能力に応じた方法をとることが大切だ。
②安全指導では体罰を使用するのが効果的だというときもある。
③安全指導は言葉で注意できなければそれは難しい作業になる。
④安全指導では発達段階や年齢段階の個人差が問題である。

三、次の文章を読んで問いに答えなさい。

　ア　人間の幸福とは、幸福な生き方とは、いったいどういうものであろうか。①このような疑問を世界中の人間がみな持ち始めている。どうやら地球上の人間全部が、今まで自分達を幸福にしてくれると信じていたものが、必ずしも、そうとばかりは受け取れぬということに気づき始めたのである。一口に言えば、現代文明というものに対する一種の不信感が、多かれ少なかれ、人間全部の心を捉え始めたのである。「②」どうして人間は今まですばらしい、すばらしいと賛辞ばかりを呈してきたものに対して、はたしてこれでいいのかという不信の念をいだくようになったのであるか。それは人間の一人一人が、自分の失いつつあるものに気づき始めたからである。だれに教えられたのでもなく、自分自身の体験において、失った物に気づき始めたのである。今や人間はその多くが、人類の将来というものに「③」懸念し、憂慮し、論議しなければいられなくなってしまったのである。

　イ　私は自分が三つのものを失い、今なおうしないつつあることは痛感する。

問一　下線部①このような疑問を世界中の人間がみな持ち始めているとあるが、なぜ疑問を持ち始めたのか。文中よりその部分を抜き出すとすれば、次のどれが一番適当なのか、一つ選びなさい。
　① 人間の一人一人が、自分の失いつつある物に気づき始めたからである。
　② 自分たちを幸福にしてくれるものがそうとばかりは受け取れぬからである。
　③ 一種の不信感が多かれ少なかれ、人間全部のこころを捕らえ始めたのである。
　④ はたしてこれでいいのかという不信の念を抱くようになったのである。

問二　空欄②に当てはまるもっとも適当な言葉を次から一つ選びなさい。
　① それには
　② それなら
　③ それから
　④ それでは

問三　空欄③に当てはまるもっとも適当な言葉を次から一つ選びなさい。
　① 関して
　② ついて
　③ 対して
　④ とって

問四　空欄④に当てはまるもっとも適当な言葉を次から一つ選びなさい。
　① でも
　② では
　③ なのに
　④ どころか

問五　空欄⑤に当てはまるもっとも適当な言葉を次から一つ選びなさい。
　① で
　② だから
　③ が
　④ つまり

問六　空欄⑥に当てはまるもっとも適当な言葉を次から一つ選びなさい。
　① て
　② ても
　③ ては
　④ たら

問七　下線部⑦それが指している部分を次から一つ選びなさい。
① 日本人全部の生活
② 物質文化・消費文化
③ ゆとりのある生活
④ 与えられた大きなもの

問八　空欄⑧に入れる文として最も適当なものを、次から一つ選びなさい。
① 恩恵を受ける変わりに失う物も多いからである。
② 科学技術の進歩が急でいけないからである。
③ 文化の発達について誰も予想できないからである。
④ 経済成長の急速な変化に遅れがちになるからである。

問九　空欄⑨に当てはまるもっとも適当な言葉を次から一つ選びなさい。
① だから
② しかし
③ それで
④ そして

問十　文中、人間の生長のねがいが現実のものとなっていくことを表現している文があるが、それは次のどれなのか。一番適当なものを一つ選びなさい。
① 人間の生んだ科学は、日一日と育っていく。
② 今後どのようなことが現実となって現れるか見当はつかない。
③ おのれが生命の管理権も新しい形において取り返さなければならぬ。
④ 人類が何千年も抱いてきた夢は次々に科学というばくに食われていくだろう。

問十一　筆者は、人間が幸福な生き方をするためにどうしなければならないと言っているか。次から一番適当なものを一つ選びなさい。
① 与えてくれた大きなものである物質文明、消費文化をフルに受容できる状態におかなければならない。
② われわれ現実の生活を経済的にゆとりのある、けっこうな生活に急速に変えなければならない。
③ 人間が幸福になるためには、夢・神・おのれが生命の管理権を新しい形で取り返さなければならない。
④ われわれ人間は、今までに失った三つのものを含めた総てのものを全部取り戻さなければならない。

第九課

――――（一） ゆとり ――――

　余暇時代が来るという。今もうすでに来ているという。人々は生活に追われてくらすのではなく、好きなことをしてよい自由時間に恵まれるようになったのだという。これはまことに有難いことだといわなければなるまい。「パンに関係した経験は、切実かもしれないが、要するに劣等だよ。パンを離れ、水を離れたぜいたくな経験をしなくなっちゃ、人間のかいはない。」と漱石の『それから』の主人公代助はうそぶいているが、これはおそらく、「人はパンのみにて生きるに非ず」という聖書の有名な言葉をもじったものであったろう。ところが代助は、財産に寄生する高等遊民であったから、こんなことが言えたのだが、現代一般大衆までもパンを離れた経験ができるようになったというのだから、われわれとしては大いに慶賀しなければならぬであろう。

　もっとも、ただ手放しで喜んでいいかというとそうもいかない。というのは、人間は自由な時間を与えられ、好きなことをやってよいといわれても、何がすきなのかわからんという場合のほうが多いからである。好きなことがあって、それをやれているうちはまだいい、しかし長い間には大体のことに人間は飽きてしまう。そのあげく、何もする気がせず、かといってのんびり何もすることもできず、妙に心が落ち着かなくなる。退屈とか倦怠といわれる心情はこういう状態をさすのであろう。

　この場合、何もする気がしないのに、いやむしろ何もする気がしないから、気晴らしに何か刺激を求めたくなる。酒やその他の薬物、またかけごとなど病みつきになるのはこのような場合であろう。また結①<u>これ</u>とは別に、はじめ何もする気がしないでいて、急に何かしなければならぬという気持ちに駆られることもある。何といってはっきりつかめぬが、人生において当然享受すべき物を自分は享受して来なかったという悔恨にも似たあせりに、心が苦しめられるのである。

　これは要するに、人間は自由時間を持て余すことが結構多い。このことは以前から知られていたことで、たとえば休日ごとに精神状態がおかしくなるのをさして、「日曜神経症」とか「クリスマス神経症」ということがある。春先、木の芽

が出るころに心の病気が出やすいといわれるのも、厳しい冬が去って、なんとなく浮き浮きしてくることと関係があるかもしれない。また、戦時中、神経症患者の数が急減し、平和になると増えるという事実にも、同じメカニズムが作用していると考えてよいだろう。このようなわけであるから、余暇の増大を喜ぶ前に、これが必ずしも人間に祝福をもたらさず、かえって危険的状況を招来する虞れのあることを十分承知してかかる必要がある、問題はこのような余暇をどう扱うかである。

　もちろんこれに対する簡単で具体的な処方があるわけではない。ただ個々で<u>ゆとり</u>ということについて少し考えてみたい。余暇といえば物理的な時間のことになるが、ゆとりといえば心的態度を意味する。ところでゆとりを生まない余暇は空しくないが、②余暇はゆとりに寄与する時に、その限りにおいてのみ価値があると考えることができるのである。

　さて、ゆとりとは一体何であろう。この文の最初に、「人はパンのみにて生きるに非ず」という聖書の言葉を想起したので、ゆとりの意味も同じく聖書を通して探求してみよう。キリストが愛した人々にマルタとマリアという姉妹がいた。ある日キリストが彼女らの家を訪ねた際、マルタはもてなしに忙しく立ち働いたが、マリアはキリストの話に聞き入ったまま、手伝うことを忘れていたらしい。ややあってマルタがそのことでキリストに文句を言ったところ、彼はそう言ったという「お前は多くのことを思いわずらっているが、必要なものは一つだけだ。マリアはそれを選んだのだから、取り上げるわけにはいかない。」

　このマリアは後に、キリストの死の直前、食卓についていたキリストのところに非常に高価な香油の入った壺を持参し、それを目の前で壊してキリストの頭に注いだ人である。この時同席してい弟子たちはあまりの浪費におどろき、この油を売って貧しい人々に施せばよかったのにと言って彼女を非難した。するとキリストは、「貧しい人はいつでもいるが、私はいつまでもいない。この女がこのことをしたのは、私の死を予感してとむらいの準備をしたのだ」と言って彼女を弁護したと言う。

　マリアにまつわる、以上の二つの話は実に美しい。③それはゆとりがある者とゆとりがい者の区別をあざやかに示している。それはまた、本当のゆとり、本当にパンを離れると言うことが、どのようにして可能になるかという点についても、多くを暗示しているように思われるのである。

（土居健郎「『ゆとり』について」による）

（二）レジャー

　レジャーということばは、日本では何か殺気だった感じで受け取られているようです。なにゆえ、昔からのことばで、ひまといわないのか、ひまをわざわざレジャーと外国のことばで、言い換えているところに、すでに余裕がない。レジャーは、暇なんてものとは違う。レジャーは計算され、与えられ、そして、消費されるべきものである。レジャーを楽しむことによって、再び働くエネルギーを回復してもらわねばならない。──①何だか命令形でレジャーを強制されているような感じがするのは僕だけでしょうか。ひまというのは、何もしないでいる時間のことだと思います。そういい切ってしまうのが、少々極端なら、こういいかえてもいい。すなわち、何をするにしても、自分のすきなことを、一人で自由に自発的にすることのできる時間と。もちろん、その中には、何もしないでぼんやりしていることだって含まれています。そうはいっても、ひまという時間を、空虚な時間と思われては困ります。むしろ、暇だからこそ働いている時よりも一層充実して生きている──忙しい時には感じとれなかった生命のひそかな動きを感じとり、心と体のすべてをあげて、生きていることの喜びを受けとめる、と少なくともぼくはそう考えています。大体、人間の生きている時間を働く時間と暇な時間というふうに、ばっさり二つにわりきってしまうこと自体、ぼくには不可解なのです。働くのはつまらない、働くのはつらい、しかし、レジャーは楽しい、レジャーこそ生きがいだ──そういう区別をせざるを得なくなってきているところに、現代の機械文明の、あきらかな進展が現れていると思う。

（谷川俊太郎「アルファベット26講」による）

単　語

切実（せつじつ）	（形動）	迫切，切身，恳切，诚恳
嘯く（うそぶく）	（自五）	说大话，狂叫，豪言壮语
パンを離れる（パンをはなれる）	（慣用）	不愁吃穿、不为面包而烦恼
捩る（もじる）	（他五）	模仿
手放し（てばなし）	（名）	放手，无拘无束，漫不经心，无条件地
気晴らし（きばらし）	（名・自サ）	解闷、散心、消遣

第九課

病みつき（やみつき）	（名・他サ）	患病、得病，沾染恶习，入迷、着迷
持て余す（もてあます）	（名）	难以处理、无法对付
取り上げる（とりあげる）	（他一）	将某事作为问题提出来，转指抱怨
まつわる	（自五）	围绕，关于，纠缠
とむらい（弔い）	（名）	吊丧、送葬、法事
聞き入る（ききいる）	（自五）	听得入迷、倾听
ばっさり	（副）	干脆、快刀斩乱麻、果断地

文法

（一）

1. このことは以前から知られていたことで、たとえば休日ごとに精神状態がおかしくなるのをさして、"日曜神経症"とか"クリスマス神経症"ということがある。

　　本句意思为"早已是众所周知的了，指的就是一些人平时忙碌惯了，每当休息日的时候，精神状态反而会变得不正常"。其中"～ごとに"前接体言、用言基本形，意思为"每次、每回、总是"，例如：

○ この目覚まし時計は5分ごとに鳴る。

　　（这个闹钟每隔5分钟响一次。）

○ 彼女はひと試合ごとにひと試合のたびに強くなる。

　　（她每参加一次比赛，实力都有提高。）

○ その歌手が1曲歌い終わるごとにたびに会場から大きな拍手が起こった。

　　（那位歌手每唱完一曲，场内都会响起热烈的掌声。）

2. マリアはそれを選んだのだから、取り上げるわけにはいかない。

　　这句话的意思是"玛丽亚选择了这件最重要的事，所以你没有什么好抱怨的"。其中，"～わけにはいかない"前接用言基本形，意思为"不能……""不可……"，例如：

○ ちょっと熱があるが、今日は大事な会議があるので仕事を休むわけにはいかない。

　　（虽然有点发烧，但是今天有重要的会议，不能请假不去。）

○ 我々は、彼のした無責任な行動を見逃すわけにはいかないのである。

　　（我们不能放过他那不负责任的行为。）

○ かつては自分の職業は国によって決められるものだから、自分で自由に職業をえるわけにはいかなかった。

（曾几何时，自己的工作都是由政府分配的，所以绝对不可能自由地调换工作。）

(二)

1. 働くのはつまらない、働くのはつらい、しかし、レジャーは楽しい、レジャーこそ生きがいだ——そういう区別をせざるを得なくなってきているところに、現代の機械文明の、あきらかな進展が現れていると思う。

　　这句话的意思是"工作是无聊的、疲乏的，而余暇是快乐的。余暇才是生活的价值所在"。

　　其中，"～ざるを得ない"前接用言未然形，意思为"不得不……"，例如：
○ あんな話を信じてしまうとは、我ながらうかつだった言わざるを得ない。
　　（居然会相信这种事，连我自己都不得不承认太粗心大意了。）
○ 科学的分析の結果を見ると、ケンタッキーフライドチキンのようなものは健康にはよくないと言わざる得ない。
　　（从科学分析的结果看，我们不能不说像肯德基炸鸡之类的食品是不利于健康的。）
○ ビザの期限が切れたのだから、国へ帰らざる得ない。
　　（因签证已到期，所以不得不回国了。）

練　習

一、次の漢字に適当な読み方をつけなさい。

劣等（　　　）　　慶賀（　　　）　　退屈（　　　）
倦怠（　　　）　　刺激（　　　）　　薬物（　　　）
悔恨（　　　）　　神経症（　　　）　極端（　　　）
殺気（　　　）　　空虚（　　　）　　充実（　　　）

二、次の片仮名を適当な漢字に変えなさい。

1. 生活にオワレル（　　　　　）　　2. ゼイタクな経験（　　　　　）
3. 自由時間にメグマレル（　　　　　）　4. 高等ユウミン（　　　　　）
5. 彼女をヒナンする（　　　　　）　6. 頭にソソグ（　　　　　）
7. カチがある（　　　　　）　　　　8. ショクタクにつく（　　　　　）
9. 心がオチツク（　　　　　）　　 10. 具体的なショホウ（　　　　　）

三、文章（一）を読んで次の問いに答えなさい。

問一　①「これ」は次のどの語句を受けるか、次から、最も適切と思われるものをひとつ選びなさい。

① 何もする気がないこと。
② 何もする気がしないから、気晴らしに何か刺激を求めたくなること。
③ 酒に病み付きになること。
④ 退屈とか倦怠といわれる心情が生まれること。

問二　②「余暇はゆとりに寄与する」とあるが、どんな意味か、次の①②③④の中から、最も適切と思われるものをひとつ選びなさい。

① 人間の追求すべきなのは余暇があってからのゆとりだ。
② 余暇はゆとりより大事なので、それこそ追求すべきことだ。
③ 物質が豊かになり、生活には不自由しないことから生じた余暇が、人間のあるべき姿などを追求する精神的余裕をもたらすことだ。
④ ゆとりは余暇より大事なので、それこそ追求すべきことだ。

問三　③「それ」は次のどの語句を受けるか、次の①②③④の中から、最も適切と思われるものをひとつ選びなさい。

① マニアにまつわる話。
② マリアはキリストの死を予感したこと。
③ マリアはキリストをもてなさなかったこと。
④ キリストはゆうゆうとマリアのために弁護したこと。

問四　全文の要旨として、最も正しいと思われるものを、次の①②③④の中から一つ選びなさい。

① 人間は暇な時間を十分に与えられてからこそよい生活ができる。
② 思い煩った多くの事柄などから離れて、人間として最も必要な一つのことに一心する心的態度としてのゆとりこそが大切だ。
③ 物質的に豊かになれば、自然に人間はゆとりが出てくる。それで、物質追求が第一だ。
④ 「人はパンのみにて生きるに非ず」から、生命を維持するための働きをやめるべきだ。

四、文章(二)を読んで次の問いに答えなさい。

問一　①「何だか命令形でレジャーを強制されているような感じがする」のよ

うに筆者は言っているが、「レジャー」に対する「ひま」という時間の説明として適当でないものを、次から一つ選びなさい。
① 自分の好きなことができる時間
② ぼんやりとして何もしない時間
③ 生きている喜びを感じ取る時間
④ 何もすることがない空虚な時間

問二　この文章に述べられた「ひま」についての筆者の考え方として最も適当なものを次の中から選びなさい。
① 再び働くエネルギーをとりもどす時間
② 何もしないでぼんやりしている時間
③ 働いている時と同じように楽しい時間
④ 働いている時以上に充実している時間

問三　この文章に述べられた筆者の意見として最も適当なものを選びなさい。
① レジャーということばはゆとりのあることばである。
② レジャーとは働くエネルギーを回復させるためにある。
③ 働く時間よりひまな時間の方が充実しているべきである。
④ 働く時間とひまな時間をはっきり区別するべきである。

読解技法

句群分析（一）

　　句群是指由两个或两个以上的句子共同表达某一复杂思维的句子群体，它是在内容和形式上与上下文既相对独立又相互关联的一段话，是介于句子和段落之间的一种语言单位。

　　句群中的句子在意义上是紧密联系、相辅相成的。在结构上往往前后衔接、相互衬连，自然组成一个结构完整、相对独立的整体。阅读文章时只有把句群看作一个表意整体才能抓住文章的脉络，领会作者的思路。所谓句群分析就是对某一句群，根据它的句子组合方式，分析确定它是属于哪种类型句际间关系的句群。常见的句群关系有解证、总分、并列、连贯、目的、选择、因果、递进、转折、条件、比喻、归结等。

　　一、解证句群。解证句群是指句际间具有相互解说、阐释、证明作用的句群。其组合方式既可直接组合，也可关联组合。常用的关联词语有"つまり""すなわち""たとえば"等。例如：

公害問題は産業や経済と深く結びついているし、交通の問題は都市と農村を問わず、今日の生活から切り離すことができない。つまり、現代の社会は、機械によって高度の文明を実現しながら、その反面、好ましくない、多くの矛盾を抱えているのである。

動力型の機械と情報型の機械とは必ずしも並行して発達したわけではなかった。たとえば、十五世紀には印刷機が発明され、情報を伝達する上で大きな変革を起こしたが、これに比べて動力型の機械にはまだ見るべきものがなかった。

二、总分句群。总分句群在句际间具有总分的关系。既有先总说后分述的，又有先分述后总说的。例如：

生産性綱領は環境変化に即応して、次のような点を柱にした綱領に改めたものである。一、生産性向上は従来の極大化志向から資源や自然環境を考えた最適化志向へ質的に転換する必要がある。二、経済の論理と社会の論理を統合した新しい経営理念の確立が必要である。三、高齢者の健康、経歴、能力に応じた就労の場の提供が必要であるなどである。（先总后分）

「カルチャー」には、第一に動詞としての働きを含み、「カルチャー」という単語そのもの、その働きから発した名詞である。第二に、「教養」と「文化」という、一方は個人的なもの、全体的、民族的なものを同時に意味し得る。日本語の文化という言葉と比較して考えてみなければならないことはその二つである。（先分后总）

言語文化コラム

カラオケ機能——採点機能

近年、カラオケの採点機能は従来の様に、ただ歌を歌い点数だけを出してくれるだけではありません。最近では採点機能にゲームが混ざったり、より厳密に採点してくれたりと、個人個人の用途によって使い分けられる機能が増えてきました。ここでは楽しいカラオケ機能を使って友達と一緒に盛り上がれる面白い機能の一例を下記に挙げたいと思います。

オヤジクライシス

名前からしてユニークですが、「オヤジ」がカラオケ画面を割っていくという機能になります。当然、画面が割られれば割られるほど歌詞が見え

にくくなりますので、歌詞を完璧に覚えていないと途中から歌を歌うことが難しくなります。つまりオヤジが画面を割っていく中、見事歌詞を全て間違えずに歌えるかと言うのが、このゲームの特徴とも言えます。

YOUR STORY 〜あなたの歌が物語を決める〜

自分の歌によって画面に表示される主人公の物語が左右されると言う機能で、上手く歌い上げていくことで物語は順調に進行していきますが、歌を上手に歌えていない場合、物語はどんどん悪い方向に進展してしまうといった内容になります。

カラオケ紅白歌合戦

日本ではお馴染となっている国民的歌番組「紅白歌合戦」のシステムと同様、紅組と白組の二組にわかれて交互に歌を歌い競い合うと言うグループ向けの機能です。一回戦ごとにお互いの点数が表示され、最終的に総合得点が上回ったチームが、優勝する事が出来ます。

この章を読んでいただいてわかる通り、今のカラオケ機能には、ゲーム感覚で友達同士のカラオケを盛り上げる機能が備わっています。歌う楽しみと遊ぶ楽しみを融合したカラオケ採点機能は、時間が経つのを忘れてしまう程の面白みを与えてくれます。

第十課

──（一） マイナスの中にプラスがある ──

　長短は互いに引き立てる──老子
　長さがなければ短さも成り立たぬ。短いということがあるからこそ長いという意味もありうる。
　これは別に長短に限ったことではなく、この世のすべてに当てはまることであり、我々の人生や幸や不幸にも適用できることだ。
　不幸がなければ幸福は存在しないし、病気があるからこそ健康もありうるわけだ。だから、両者は互いに依存し合っているといえる。しかも不幸と呼ぶものにはピン、キリがあり、もっと不幸な人から見るとある程度、不幸な人はまだ幸福に見えるものである。末期癌の患者の眼には心臓病の患者は羨ましく見えるかもしれない。すべての価値概念はこのようにして相対的である。
　老子だけでなく、多くの東洋思想や仏教が繰り返して繰り返して語っている以上のような考え方は、結局、我々の人生に絶対的なものなどありはしないということに尽きる。
　だが理屈ではこのことは分かっているのに、いざ子の世の中で生きていると、その都度、その都度で、情けないかな、眼先のことにどうしても振り回されてしまう。眼先のことが絶対的になってしまう。
　歯痛で苦しむ夜に、この歯の痛みが無限に続くように思えたり、全世界でこの苦痛を味わっているのは自分一人に感じられたりするものだ。上役に嫌味を言われたり叱られた日には、不快感や自己軽蔑の感情が胸を占めて、自分がこの世で特に惨めなものと感じられてしまう。
　いつだったか、禅の修行者と三、四人で話しいたとき、ある人が相手に逆らうようなことばかり言った。するとその修行者の顔に血がさかのぼって来るのがよく分かった。禅の修行者でさえ、怒りの感情に振り回され心を支配されていたのである。
　そして見ると、どんな人間の心にも、小さなことを絶対化してしまう傾向や癖があるらしい。病気のときは理屈ではこんなものは相対的なものだと考えようと

しても、当事者の病人にはやはり「苦しくって、苦しくって」仕方がないのである。それは理屈やご説法ではどうにも処理できない場合だってあるのだ。

凡人の私はだからそれこそ苦しまぎれにこういう方法をとることにしている。それには方法がある。

ひとつは病気のときでも不幸なときでも、これを「利用して何とかトクすることはあるまいか」と考えることである。二つ目は病気や不幸をユーモアにしてしまうやり方を考えることである。

私は病身だったの病気を随分利用した。負け惜しみではなく病気を骨までしゃぶって、私の人生の三分の一は自分の病気を利用することにあったと言っていい。かなりのトクをしたと思っている（トクとは決して物質的なことだけではない、精神的なものでもある）。そしてそれからどんなことでも人生に起きるもので利用できぬものはないと思うようになっている。人生の廃物利用のコツを多少会得したつもりである。

誰が家に明月清風んなからん

『碧巌録』に出てくる言葉だそうだが、としを取ってから私はこの言葉を自分流に解釈して次第に好きになった。

文字通りにとれば、どんな家の中も月は明るく照らし、清風が吹き入るということだろう。更に仏の慈悲は富めるものにも貧しきものにも差別がないということである。

同じような言葉は『新約聖書』にある。我々が神と仏の愛や慈悲を思うとき、社会的な差を超えて平等なものだという考えは仏教にも基督教にも共通しているのである。

しかし、私はこの言葉をむしろ「自分流」に解釈している。

というのは私は若いごろ、顔にこそ出さないが、人間関係に対して好き嫌いが烈しかった。そしてその好き嫌いのために、決して悪気をを私にもっていなかった人からも遠ざかり、あるいは傷つけてしまうという愚かしい過ちを何度も犯した。

しかし年をとるにつれ、多少の経験を重ねるにつれて私にも人生や人間についてわずかながら理解するものがあった。

それは我々の人生で一時的にはマイナスに見えるもの（挫折、病気、失敗）にも必ずプラスとなる可能性があり、その可能性を見つけて具現化さえすれば過去のマイナスもいつかはプラスに転ずるということだった。

なんだ、なんのことか、とお笑いになるかもしれないが、情けないかな、私が

これを実感をもって知ったのは五十歳になってからだった。

　マイナスの中にプラスあり、と同時にプラスの中にもマイナスがあるということは仏教が善悪不二というような表現でいつも言っていることだ。

　今の私は人間関係でも同じように考えている。外見は気に合わぬように見える人も、しばらく交際してみると、その味が分かるということはよくあることが、更に相手の欠点の中にその人を生かしているプラスがないかをみるように努める、そしてそのプラス点を評価する。そういう考え方で交際を終わらせないだけでなく、本当に親しきなったことが何度もある。

　どんな家にも明月は差し込むし、どんな人にもいい部分があるのだ。相手のいい部分だけを見よう、見ようとする婦人が私の仲間にいるが、その婦人から学ぶことが多いのである。

（遠藤周作「生き上手死に上手」による）

——（二）　ブナ林の四季——

　雪国の春はブナ林の芽吹きから始まると言ってよい。もちろん細かく見ればブナの緑に先駆けてマルバマンサクが咲き、タムシバ（ニオイコブシ）が咲く。しかし人の心にしみじみと春の喜びを感じさせてくれるのは、このブナの芽吹きであろう。まだ風も冷たく、根雪が林地に残っているうちに、ブナの新緑は　うっすらと稜線を染める。あるかなきかのこの新緑に、長く厳しい冬に耐えてきた雪国の人は心のときめきを抑えることができない。しかし、まだはっきりと春が訪れたわけではないから、このときめきをあからさまにするのはもう少し待とう、そういった心境だと言えばいいだろうか。この時こそが雪国に暮らす人々にとって最高に幸せな時なのである。

　やがて、誰の目にも明らかに新緑は稜線を染めながら登り、全山を緑で覆っていく。そのころには林内の根雪もほとんど消えて、つつじ類をはじめ、低木類が林床を飾るのである。しかし、いつもながらの春の訪れとは言いながら、どうしてこうも順序を間違えず、次から次へと植物たちは動き出すのであろうか。その移り変りは、恰も生き物たちの成長していくように、森林全体もまた時節とともに変化を遂げていく。天の摂理とは、まさにこのようなことを言うのではなかろうか。

　夏から秋にかけては実りと収穫の時節である。最も収穫というのは人間をはじ

め動物側のことだから、植物にとって最も生命感にあぶれる時期こそが夏のだといったもうがいいかもしれない。林業にとってはやっかいな真夏の下刈りという作業も、雑草や小低木かれ見れば、とんでもない迷惑なことである。ここには人それぞれの自然がある。自然保護と林業振興との、いずれの立場が優れているというのでもない。ひとはそれぞれの立場で自然に接するのだということを、我々は心の底で認め合いながら生きでいるのである。

いかなる存在にも凋落の時が来ることを、自然はその長い年月の移ろいの中でも、また一年という短い間にも示してくる。やがてブナの葉は落ち着くし、樹木全体が冬に備えた厳しい表情に変っていく。その厳かなたたずまいといい、また風雪に耐えるけなげな姿といい、ブナ林が真の迫力を見せるのに、冬に勝る季節はないであろう。或る人はその姿をおそろしいというまもしれない。またある人はそれこそ美の極致と評価するかもしれない。評価はどうあれ、黒々と静まり返った冬のブナ林の中では、もう既に何かが動き始めている。巡り来る春に、再び山をおおいつくす葉が、早くも必要な枚数だ冬芽の中に準備されているのである。ここでもまた、わたしたちは自然の偉大さに驚かずにはいられない。自然の中に身を置いてみて、人間は初めて自然の大きさにふれることができるのである。同時に、大自然の一員ちして、その中に包み込まれた自分をも認識できるであろう。

ブナ林という自然界の片隅のしかもその移り変りの一断面をのぞいてみただけでも、自然は、いかに多彩で奥行きが深いものであるかを知ることができる。その奥深さが実感できるのは、そこに人間がかかわっているからにほかならない。確かに日本人は自然に極めて強い愛着を抱いている。また自然に対して研ぎ澄まされた感性を持っているの事実である。それは日本文化のさまざまな領域にも反映されていよう。しかし、それはあくまでも抽象的な、観念的な自然でしかないのではなかろうか。自然を人間から切り離して眺めるのではなく、むしろ自然を友とし、自然のこころに迫ることが大切なのである。

 単　語

（一）

長短（ちょうたん）	（名）	长短
引き立てる（ひきたてる）	（他一）	照顾，关照，提拔
万相（ばんしょう）	（名）	（世间）万象

第十課

ピン	（名）	开始，第一，最好
キリ	（名）	末期，最后，最差
つきる	（自一）	到头，穷尽
理屈（りくつ）	（名）	理论，道理
情けない（なさけない）	（形）	令人遗憾的，可怜的、悲惨的
ふりまわす	（他五）	滥用，摆布
上役（うわやく）	（名）	上司、上级
嫌味（いやみ）をいう	（慣用）	说挖苦话
説法（せっぽう）	（名・自サ）	劝说、规劝
どうにも	（副）	怎么也……，毫无办法
負（ま）け惜しみ（まけおしみ）	（名）	不认输、不服输
骨までしゃぶる（ほねまでしゃぶる）	（慣用）	敲骨吸髓，对事物或人彻底利用
会得（えとく）	（名・他サ）	领会、体会，掌握
碧厳録（へきがんろく）	（名）	《碧岩录》
慈悲（じひ）	（名）	慈悲
新約聖書（しんやくせいしょ）	（名）	《新约全书》
顔に出す（かおにだす）	（慣用）	露出某种表情、脸上表现出来
悪気（わるぎ）	（名）	恶意、歹意
愚かしい（おろかしい）	（形）	愚蠢的、糊涂的、荒谬的
挫折（ざせつ）	（名・自サ）	挫折
具現（ぐげん）	（名・他サ）	体现，实现
善悪不に二（ぜんあくふに）	（名）	善恶如一
さしこむ	（自五）	（阳光）照人，照进

（二）

ブナ	（名）	山毛榉
芽吹き（めぶき）	（名）	初绽新芽
マルバマンサク	（名）	圆叶金缕花
タムシバ	（名）	柳叶木兰
ニオイコブシ	（名）	柳叶木兰
稜線（りょうせん）	（名）	山脊（的棱线）

うっすら	（副）	隐约，稍微，薄薄地
あるかなきか	（慣用）	或有或无、似有似无，很少
ときめき	（名）	心跳，心情激动
摂理（せつり）	（名）	天意、天命
凋落（ちょうらく）	（名）	凋落、凋谢、凋零、衰败、没落
移ろい（うつろい）	（名）	（逐渐）变化，推移
健気（けなげ）	（名）	坚强、勇敢，奋不顾身，值得赞扬

文 法

（一）

1. 老子だけでなく、多くの東洋思想や仏教が繰り返して繰り返して語っている以上のような考え方は、結局、我々の人生に絶対的なものなど<u>ありはしない</u>ということに尽きる。

　　本句意思为"不仅是老子，很多东洋思想、佛教教义中都反复提倡上述思想，最后归结为这样一个观念：我们的人生绝不会有绝对的东西。"其中"ありはしない"中的"あり"即"あります"，表示"有"，"しない"则是"する"的否定。"ありはしない"其含义与"ない"相同。常用"名词＋など＋ありはしない"用于主张、判断的场景，表示强烈的否定，译为"绝不……"；或以形容词／名词＋といったらありはしない・といったらありゃしない・といったらない・ったらない・ったらありゃしない表示"非常……"，到了用语言无法形容的程度，用于表达心情。

例如：

○ この世の中に、変わらぬものなどありはしない。

　　（这个世上没有不变的东西。）

○ 二時間も待たされて、けしからんといったらありはしない。

　　（让我等了两小时，简直太不像话了。）

○ 遅刻して、教室を間違えて、恥ずかしいったらなかったよ。

　　（上学迟到，还走错教室，太丢人了。）

2. それは理屈やご説法では<u>どうにも</u>処理できない場合だってあるのだ。

　　本句意思为"这也是用道理和教义怎么也无法处理的情况"。其中"どうにも"是副词，后接否定意义的词，表示"怎么也……，无论怎样也……，简直毫无办法"，例如：

○ 人間の力ではどうにもならない。

（人力无论如何也办不到。）

○ そんなことをしてもどうにもなるまい。

（那么做也不会有什么效果。）

○ どうにもしようがない。

（简直毫无办法。）

此外，"どうにも"还可以表示"实在……""的确……"，例如：

○ どうにも困ったものだ。

（实在为难。）

3. 凡人の私はだからそれこそ<u>苦しまぎれ</u>にこういう方法をとることにしている。

本句意思为"因此作为凡人的我在痛苦之余决定采用这样的方法"。其中"まぎれ"是接尾词，接在形容词词干・动词连用形后面，意思为"……之余""极为……"等，例如：

○ 悔しまぎれに当り散らした。

（悔恨之余大发脾气。）

○ 会社で上司に怒鳴られた帰り道、腹立ちまぎれに道端のゴミ箱を思いきり蹴飛ばした。

（在公司被上级骂了一顿，回去的路上因极其愤怒，狠狠地踢倒了路边的垃圾桶。）

○ なぜか夢の中で、苦しまぎれに大声を出していたが、あれは一体何だったんだろう？

（不知怎么在梦中极为痛苦地大叫起来，究竟怎么回事？）

（二）

1. もちろん細かく見ればブナの緑に<u>先駆けて</u>マルバマンサクが咲き、タムシバ（ニオイコブシ）が咲く。

本句意思为"当然，如仔细看的话，在山毛榉泛绿之前，圆叶金缕花已经开放，柳叶木兰也已经开放"。其中"に先駆けて"接在名词后面，意思为"率先……""领先……""比……早"等，例如：

○ 相続税に先駆けて、中国は預金実名制を導入した。

（中国率先在相继税中引入预付金实名制。）

○ ドイツが世界に先駆けてマルチメディア法を整備した。

（德国在世界上率先配备了多媒体法。）

2. その厳かなたたずまいといい、また風雪に耐えるけなげな姿といい、ブナ林が真の迫力を見せるのに、冬に勝る季節はないであろう。。

　　本句意思为"说是庄重的样子也好，说是经受风雪的坚强姿态也好，要显示山毛榉扣人心弦的力量，则再也没有比冬季更好的季节了"。其中"～といい～といい"中的两个"といい"接在两个不同的体言之后，分别描述同一对象的两个不同的侧面，后项是对事物的评价（多为说话人的主观评价）。意思为"无论……（的方面）也好，……（的方面）也好……，都……"等，例如：
○ A社のパソコンは値段といい、機能といい、競争力がある。
　　（A公司的电脑无论是在价格方面还是在性能方面都很有竞争力。）
○ あの店の服は、品質といい、デザインといい、申し分ない。
　　（那家店无论是质量方面还是设计方面，都无可挑剔。）
○ この車は大きさといい、デザインといい、若い女性向けです。
　　（这辆车无论是大小，还是式样都适合年轻女性。）

3. ここでもまた、わたしたちは自然の偉大さに驚かずにはいられない。

　　本句意思为"在此我们还是要情不自禁地感叹自然的伟大"。其中"～ずにはいられない"接在动词未然形之后（"する"要变为"せずにはいられない"），表示句子的主体无法控制自己的感情，自然而然地就这么做了，属于情感表达。口语里可用"～ないではいられない"的形式，意思为"不能不……，不禁……"等，例如：
○ 可愛い子犬を見ると、手を出して触れずにはいられない。
　　（看见可爱的小狗就忍不住伸手去摸。）
○ 他人ごとながら、その話を聞いて私は心配せずにはいられない。
　　（虽然是别人的事，听了这话却不能不担心。）
○ あの映画の親子の台詞は感動的で、涙を流さずにはいられない。
　　（那部电影中母子的对白很感人，让人不由得流下了眼泪。）

練　習

一、次の漢字に適当な読み方をつけなさい。

長短（　　　　）　　説法（　　　　）　　下刈り（　　　　）

末期（　　　　）　　凡人（　　　　）　　稜線（　　　　）

理屈（　　　　）　　悪気（　　　　）　　芽吹き（　　　　）

眼前（　　　　）　　具現（　　　　）　　迫力（　　　　）
上役（　　　　）　　万相（　　　　）　　善悪不二（　　　　　　）

二、次の片仮名を適当な漢字にかえなさい。
1. 法のテキヨウ（　　　　　）　　2. リョウシャを比較する（　　　　　）
3. コウサイのマナー（　　　　　）　　4. ケイベツの目で見る（　　　　　）
5. ハイブツ利用の作品（　　　　　）　　6. アヤマチを認める（　　　　　）
7. 道をテンズル（　　　　　）　　8. 自然のたくみなセツリ（　　　　　）
9. ケナゲな決心（　　　　　）　　10. チョウラクの秋（　　　　　）

三、次の表現を使って、文を作りなさい。
1. 〜ありはしない
2. どうにも〜
3. 〜まぎれ
4. 〜に先駆けて
5. 〜といい〜といい

四、文章（一）を読んで次の問いに答えなさい。
問一　老子の言葉についての一般的な理解が理屈に合うが、実際には通用しないのはなぜか述べなさい。

問二　①と②「方法」は具体的にどんなものか述べなさい。

問三　『碧巌録』に出てくる言葉を、筆者がどのように「自己流」に解釈しているのか。そして、その言葉の本来の意味と筆者の「自己流」の解釈とで、共通したところは何か述べなさい。

問四　全文は二つの部分から構成しているが、それぞれの部分でどんな結論が出されているのかまとめなさい。

五、文章（二）を読んで次の問いに答えなさい。

問一　ブナ林の四季の状況を自分の言葉でまとめて述べなさい。

問二　この文章を読んで、どんな感想があるか。

読解技法

句群分析（二）

　　三、并列句群。并列句群是指句际间存在平等关系的句群，其组合方式既可直接组合亦可关联组合。常用的关联词语有"また""と同時に""～と同じように""このほかに""そのほかに"等。例如：

　　世が欲する詩はそんな世間的の人情を鼓舞するようなものではない。俗念を放棄して、しばらくでも塵界を離れた心持になれる詩である。（直接组合）

　　科学革命の方法である帰納法は、感覚、経験、実験など直観教授の教育方法に理論的根拠を作り出す。また、その演繹法は教育内容と方法の両者を結合し、直観教授の理論的体系を作る雰囲気を醸成する。（关联组合）

　　四、连贯句群。连贯句群中的句子按时间、空间或逻辑事理上的顺序说出连续的动作或相关的情况，句际间有先后相承的关系。其组合方式既可凭借语义关系直接组合，也可通过"すると"等接续词以及表示时间的副词、时间名词、数量词、处所名词等实现关联组合。例如：

　　人の世を作ったものは神でもなければ鬼でもない。やはりむこう三軒両隣にちらちらするただの人である。ただの人が作った人の世が住みにくいからとて、越す国はあるまい。あれば人でなしの国へ行くばかりだ。人でなしの国は人の世よりもなお住みにくかろう。（直接组合）

　　世に住むこと二十年にして、住むに甲斐のある世と知った。二十五年にして明暗は表裏のごとく、日のあるところにはきっと影がさすと悟った。三十年の今日はこう思っている。――喜びの深きとき憂いいよいよ深く、楽しみの多くなるほど苦しみも大きい。（关联组合）

言語文化コラム

干物女

　干物女（ひものおんな）とは恋愛を放棄している、様々な事を面倒くさがり、適当に済ませてしまう女性のこと。

　干物女という単語は、ひうらさとるの漫画『ホタルノヒカリ』の主人公・雨宮蛍の生活ぶりを指した作中の用語として発生した。蛍がそう名付けられた生活ぶりとは、平日は毎日会社から帰るとマンガを読んで一人手酌で酒を飲み、休日は布団の中でうだうだ過ごすのが幸せという、だらけて恋愛から遠ざかっている様子のことである。魚のようにぴちぴちと恋愛に励んでいた時期が遠ざかり、「干物のように枯れ果て」「干物を噛みしめるように魚であった頃の思い出を反芻するだけ」という状態であることが由来になっている。魚であった時期、つまりは「以前には恋愛経験がある」ことが前提となっておる。だが、単語が広まるにつれて定義は「恋愛を放棄した10代から30代の（未婚の）女性」との意味が持たれるようになった。蛍は恋愛を全く放棄したというわけでもなく、単に面倒臭がって遠ざかっていただけである。

　干物女の特徴は
　（1）メールの返事が極端に遅い、短い；
　（2）簡単な食事なら台所で立って食べる；
　（3）忘れ物を靴を履いたまま、膝立ちで部屋に上がり取りに行く；
　（4）休日はノーメイクでノーブラ；
　（5）半年ほど美容室に行っていない；
　（6）1人で居酒屋に入れる；
　（7）最近ドキドキしていない；
　などが挙げられる。

第十一課

（一）　文章について

　文章を書くことは苦しい。しかしまた楽しい。書きたいテーマは脳中にあって早く文字化されることを待っている。頭の動きの調子のよいときには、①目白押しで待っているといってもそれほど言い過ぎではない状態になる。

　しかし、ひるがえって思うに、②文章をかくことは恐ろしい。書くなどということは、恐れるべく、慎むべきことである。

　人は、自分の持っているものを文章化する。それによって他人を益することもあれば、世に刺激を与え、問題を投ずることもできよう。けれども、ひとが「持っている」物は③高が知れている。「持っていない」もののほうがはるかに多いのだ。

　知識、思想、表現力、人格的感化力――どれをとってみても、各人の持っているものは知れている。他人を益するだの、問題を投ずるだのと、楽天的に構えてばかりはいられない。書くことは、おのれの足らざるところを人に示す行為である。隠すより現れる。内にあふれるものが行間に読み取れることもある代わりに、内に何が欠けているかが見えすいて、④読者の気持ちを寒々とさせることもある。人は、あまりにしばしば、書いて⑤自己の貧困を世にさらす。

　足らざるを露呈するだけではない。思いの内容を過不足なく言葉に表すのと、これがまた容易ではない。事実関係の再構成に手間どる、どこかにすき間が残る。それを文字化する、またすき間がある。言葉足らざるもどかしさは、⑥いつまでも尾を引いてこころが平らかでない。

　けれども、また思うに、これは、表現すること、更に人が生きることの背負っている⑦宿命というものかもしれない。――人間は、自分の考えを他者に伝えたくて、言語という記号（シンボル）を創りだした。言語は記号であって、考えそのものではない。選び出された言葉の列が、考えを映しているに過ぎない。ちょうど、実際の風景と、カメラで写した風景とに違いがあるように、実際の考えと、言語によるその表現との間には、常に微妙なずれがある。

　賢者は黙して語らない。書くことも話すこともせず、ひたすら沈黙を守って世

間の尊敬を受けている。壁に向って九年間も沈黙を続けた達磨大師の面壁九年は、さしずめ、その好例といっていい。黙っていれば、恥ずをかかずにすむ。

そうは思っても、そういう考えをここにこうして書いて、新しい恥ずの種をまくのが、人間の、特に凡夫の業というものなのだ。人間の業は、言葉を持って自分を表現しないではいられないというところにある。それが社会の生物としての人間の本能なのだ。

とするならば、ためらいや恐れはほどほどに抑えざるを得ない。そして、甘えは捨てなければならない。自分を表現し、相手に理解してもらうために、努力し続けようではないか。たしかに、言葉には記号というものの持つ不自由さがある。けれども、自分の気持ちを正しく相手に伝えるためには、言葉という手段しかないという事実を、もう一度認識し直さなければならない。

これが文章を書くという行為の出発点だと私は考えている。その上に立って文章を実際に書いていくとき、私が心掛けていることが二つある。

まず第一に、自分の持っている考えを、少しでも的確に表現しようということだ。そのためには、まず自分自身の考えをつきつめていくことが大切だ。自分でさえ「うまく言えないんだけれど」ということを、他人がどうして理解してくれるものか。

自分の考えことを言葉という記号に移しかえたとき、まとまっていなかった思考がはじめてはっきりとした形をとる。言語は記号だから、思考そのものとの間にはずれがあるかもしれない。だからこそより的確に言葉を選ばなくてはならない。少しでも自分の心にぴったりくる言葉を選ぼうとするのは、ものを書く者の責任だ。そのための格闘こそ、表現作業の中心である。

第二に、他者に伝えるために表現しているという意識を忘れがちになる。けれども、表現というものは、それが相手に伝わってはじめて完結するものだ。「どんな人たちに」「何を」伝えたいのかということを意識することは、ものを書く場合、不可欠の条件だ。

これは、日常の生活の中で「相手を意識した」話し方をしていないと、うまくできるものではない。ところが、若い人たちは書くことと同様、こういう話し方が苦手なようだ。

それが難解で独り善がりな表現とつながり、飛躍ばかりでとりとめもない表現とつながる。これでは、当人は自分を表現しているつもりでも、独り言を言っているのと変わりはない。

「言語不信」などと言う人に限り、ありきたりの没個性的な表現に寄り掛かって、こと足れりとする傾向がある。それでいて、他人に理解されないとこぼしているのは、甘えというものだ。「弘法筆を選ばず」というが、実際には、弘法大師は書体によって筆を選んだという。表現も同じことで、相手によって選ぶ言葉も違ってくる。そのためには、ふだんから様様な文章を読み味わって、言葉に関する感覚を養っておかなくてはならない。

（芳賀綏「文章について」による）

（二） におう色

春という季節を思うとき、まずどんな色彩を感じるかと人に尋ねると、誰もがきまって一瞬口ごもる。寒い土地はもちろんのこと、暖かい土地でも冬が終わって春ともなれば、辺りはいっせいきせいに生気をはらんで色づいてくるはずなのに、ぴたりとあてはまる色彩が浮かんでこないのだ。しばし考えた末、薄紅とか桃色とかに落ち着く。日本の春を代表する桜が意識の底にあるからだろうか。確かに、桃やあんずなど同色系統の花が春を鮮やかにいろどるのも事実だが、待ちかねた春の到来をついち早く告げる花には、マンサク、サンシュユ、キブシなど黄色のものが多い。一つの季節をある色彩で言えということ自体無理なのだろうか。

わたしたちの国では、古くから「におう」という言葉を嗅覚だけでなく色彩の表現に使っている。「におう」とは、つややかで美しい、ほんのりしているといった意味である。刀の刃と地膚との境、霧のように煙っている部分も「におい」というし、染色で上部の濃い色から下部へと淡くぼかす手法も「におい」という。わたしたちは、色彩をただ色として見るだけでなく、それを味わい、嗅ぎ、ときとして聴き取ることさえある。

春の色彩は、桃色であろうと薄紅であろうと、そういう考え方からすると一様に「におう」ものといえるかもしれない。冬があんどうぜん立ち去った安堵と陶然とした気分の中に包まれる、ぼんやりととらえがたい抽象的なもの。陽炎の幻覚に消えてゆく束のまの情感。それが春という季節から受け取る本質的な声なのだから。

（伊藤海彦の文章による）

第十一課

 単　語

（一）

目白押し（めじろおし）	（名）	拥挤，一个挨着一个
翻る（ひるがえる）	（自五）	改变、转变，飘扬，飘动
慎む（つつしむ）	（他五）	谨慎、慎重、小心,节制、留有余地
高が知れる（たかがしれる）	（慣用）	没有什么了不起的、不过尔尔
見え透く（みえすく）	（自五）	（谎言、意图等）看透、看穿，显而易见
もどかしい	（形）	（慢得）令人着急，令人不耐烦，急不可待
過不足なく（かふそくない）	（慣用）	恰如其分
尾を引く（おをひく）	（慣用）	拖个尾巴，影响尚存
さしずめ（差詰め）	（名・副）	当前、眼前,结局、总之、归根结底
業（ごう）	（名）	善恶行为（佛教用语）
格闘（かくとう）	（名・他サ）	适当地、恰如其分地，过得去
独り善がり（ひとりよがり）	（名）	自以为是、沾沾自喜、自命不凡
寄り掛かる（よりかかる）	（自五）	倚靠、靠，依靠

（二）

口ごもる（くちごもる）	（自五）	吞吞吐吐、欲言又止
生気をはらむ（せいきをはらむ）	（慣用）	孕育着生机
当てはまる（あてはまる）	（自五）	合适、符合
しばし	（副）	暂时，片刻
いち早く	（副）	迅速、马上
マンサク	（名）	金缕梅
サンシュユ	（名）	山茱萸
キブシ	（名）	木付子
つややか	（形動）	有光泽、光润
ぼかす（暈す）	（他五）	逐渐淡化

文 法

（一）

1. 書くなどということは、恐れるべく、慎むべきことである。

　　本句意思为"写作之事，应对其存畏惧之心，审慎之心"。其中"べく"是助动词"べし"的连用形，多用于书面语。接在动词基本形后面（接"する"时可用"すべく""するべく"两种形式），表示"（道德，义务上）应该……"，例如：
〇 そんなことは望むべくもない。

　　（不敢期望那样的事。）

　　此外，"べく"＋动词基本形可以表示"为了……"，例如：
〇 中国文学を勉強すべく中国に留学した。

　　（为了学习中国文学，到中国留学了。）

〇 彼を見舞うべく病院を訪れた。

　　（为了探望他而到医院去了。）

2、けれども、また思うに、これは、表現すること、更に人が生きることの背負っている宿命というものかもしれない。

　　本句意思为"但又想到，也许这就是语言表达，就是人类生存所背负着的注定的命运"。其中"というものだ"接在动词、形容词简体或形容动词词干、名词后面，用于对某事物的功能、内容等的说明，意思为"这就是……"，例如：
〇 先方から提示された取引の条件は、利益の30パーセントを渡すというものだった。

　　（对方提出的交易条件是让出百分之三十的利润。）

〇 この研究は、生産量を10年のうちに2倍にするというものだ。

　　（此项研究可使产量在10年内翻倍。）

　　"～というものではない"，表示某主张、想法并非完全妥当，译为"并非……"，例如：
〇 食べ物などは、安ければそれでいいというものではない。

　　（食物并非便宜就好。）

〇 弁償すれば済むってもんじゃない。金には換えられないものもある。

　　（这不是赔偿就能解决的问题，也有用钱换不来的东西。）

3、それでいて、他人に理解されないとこぼしているのは、甘えというものだ。

　　本句意思为"尽管如此，他们还发牢骚说难以被他人所理解，这种想法真是肤

浅"。其中"それでいて"相当于"それなのに"，意思为"尽管如此……""虽然那样……"等，例如：
○ 今度借りたマンションは、これまで住んでいた１LDKのマンションの倍はある。それでいて家賃は半分だ。
　　（这次租的公寓比之前住的一室一厅一厨的房子大一倍，但房租却只有之前的一半。）
○ 世の中には努力もせず、思考もせず、それでいて成功への欲望だけはむやみと強い人間が多いものだ。
　　（社会上有很多人既不努力也不思考却非常强烈地想成功。）

（二）
1. 寒い土地はむろんのこと、暖かい土地でも冬が終わって春ともなれば、辺りはいっせいきせいに生気をはらんで色づいてくるはずなのに、ぴたりとあてはまる色彩が浮かんでこないのだ。
　　本句意思为"严寒地区就不用说了，即使在温暖的地区，冬去春来，周围自然孕育起生机，诞生出春色来，但是要达到完全适合的色彩，却一时想不出恰当的回答来"。其中"ともなれば"前接表示时间、年龄、作用、事情等的名词或动词，表示"（要是）在某种状态、状况下"，后接与状况变化相应的、说话人的判断。亦可用"ともなると"的形式。例如：
○ 主婦ともなれば朝寝坊してはいられない。
　　（要是做了家庭主妇，就不能睡懒觉了。）
○ 九月ともなれば、真夏の暑さはなくなり、過ごし易くなる。
　　（一旦到了9月，没有了盛夏的炎热，就好过多了。）
○ 学長に就任するともなると、暇がなくなるだろう。
　　（要是当了校长，就没那么闲了。）
2. しばし考えた末、薄紅とか桃色とかに落ち着く。
　　本句意思为"考虑片刻之后，会归结到淡红色或桃红色来"。其中"体言の+末（に）"或"动词た形+末（に）"，表示经过一段时间最后有了结果，为书面语。与"～あげく"相比，"～末に"注重结果，不论好坏。而"～あげく"常是不好的结果。例如：
○ 相談の末、結婚式を四月十日にしました。
　　（商量的结果是将婚礼定在4月10日。）

○ あれこれ迷った末、ようやく決心がついた。

（犹豫来犹豫去，最后终于下定了决心。）

○ 試行錯誤の末にやっと試作品の開発に成功した。

（经过多次试验错误，终于成功开发出试制品。）

3. 確かに、桃やあんずなど同色系統の花が春を鮮やかにいろどるのも事実だが、待ちかねた春の到来をついち早く告げる花には、マンサク、サンシュユ、キブシなど黄色のものが多い。

本句意思为"桃儿和杏儿等同色系列之花确实把春天点缀得绚丽多彩，但是最先报春的花却是金缕梅、山茱萸、木付子等黄色的植物居多"。其中"动词连用形（ます形）+ かねる"意为"难以……""不便……""不好意思……"，表示说话人认为即使努力也难于做到或者认为有困难而加以拒绝。是比较郑重的书面语。例如：

○ お引き受けいたしかねます。

（碍难承担。）

○ そのことについて即答しかねます。

（关于这件事，很难立即给出答复。）

○ こんな重大な事は私一人では決めかねます。

（如此重大的事我一个人难以决定。）

4. 春の色彩は、桃色であろうと薄紅であろうと、そういう考え方からすると一様に"におう"ものといえるかもしれない。

本句意思为"春天的色彩不管是桃红色还是粉红色，按刚才的想象，也许一切都能说成是'におう'之色彩"。其中"体言+であろうと+体言+であろうと"表示"哪一种场合都……"的意思。后续部分多为表示事态没有变化的内容。

○ 雨であろうと、雪であろうと、当日は予定どおり行う。

（无论下雨还是下雪，都会如期举行。）

○ 猫であろうと、虎であろうと、動物の子供がかわいいのは同じだ。

（猫也好老虎也好，动物小时候是同样可爱的。）

練 習

一、次の漢字に適当な読み方をつけなさい。

翻る（　　　）　宿命（　　　）　差詰め（　　　）

慎む（　　　　）　　記号（　　　　）　　見え透く（　　　　）
刺激（　　　　）　　賢者（　　　　）　　人格的（　　　　）
行間（　　　　）　　面壁（　　　　）　　楽天的（　　　　）
寒々（　　　　）　　嗅覚（　　　　）　　出発点（　　　　）

二、次の片仮名を適当な漢字にかえなさい。
1. 猛獣とカクトウする（　　　　）　2. ノウチュウを去来する（　　　　）
3. 年をカクス（　　　　）　4. 足らざるをロテイする（　　　　）
5. カフソクなく（　　　　）　6. ビミョウなずれ（　　　　）
7. チンモクになる（　　　　）　8. ニンシキが浅い（　　　　）
9. シキサイに乏しい（　　　　）　10. チュウショウテキなもの（　　　　）

三、次の表現を使って、文を作りなさい。
1. 〜べく
2. 〜というものだ
3. それでいて〜
4. 〜ともなれば
5. 〜末（に）
6. 〜かねる
7. 〜であろうと〜であろうと

四、文章（一）を読んで、①②③④の中から、もっとも適切と思われるものをひとつ選びなさい。
　問一　①「目白押しで待っている」とは、この文章においてどんな状態だろうか。
　　①　出来事がぎっしりと並んでいて、順にされるのを待っているさま。
　　②　出来事がぎっしりと並んでいて、文字化されるのを待っているさま。
　　③　目が白くなるほど出来事を考え、押し出される順番を待っているさま。
　　④　頭に目白という発想があって、それを押して出すのを待っているさま。
　問二　②「文章をかくことは恐ろしい」とあるが、なぜ恐ろしいのか。
　　①　本当に他人を益する文章を書けるのか、それを知らないので、恐ろしい。
　　②　伝えたい内容と言語による表現との間にずれがあるので、恐ろしい。
　　③　書けば書くほど、自分の足らざるところが知られるので、恐ろしい。

④　知識や思想が貧困なために、上手に表現できないので、恐ろしい。

問三　③「高が知れている」とは、どういう意味か。
①　自分の高さが知られている。
②　程度の高さが分かっている。
③　その程度を図ることができる。
④　その程度しかないと分かっている。

問四　④「読者の気持ちを寒々とさせる」の理由はどれか。
①　文章を読んで何かを得ようとする読者の期待がはずれて、がっかりさせてしまうからである。
②　文章を読んで何かを得ようとする読者の期待がはずれて、鳥肌を立たせてしまうからである。
③　こんなものも文章といえるかと、読む人の気持ちを悪くし、鳥肌を立たせてしまうからである。
④　こんなものも文章といえるかと、読む人の気持ちを悪くし、がっかりさせてしまうからである。

問五　⑤「自己の貧困を世にさらす」にある「貧困」は具体的に何を指しているのか。
①　文章には、言葉遣いによる表現力などが足りなくて貧しいこと。
②　文章には、自分の考えを表す言葉が使われていないこと。
③　文章には、他人を益するものや問題を投ずる内容がないこと。
④　文章には、表す思想と言葉にスキ間があって貧しいこと。

問六　⑥「いつまでも尾を引いてこころが平らかでない」とあるが、なぜそうなるのか。
①　どうかいても、スキ間が出るので、心が落ち着かない。
②　スキ間を埋める言葉が見つからなくてあきらめる。
③　どうして言葉が足りないのか思い当たらない。
④　スキ間が尾を引いて心に悪影響を与えてしまう。

問七　⑦「宿命」とはこの文章においてどんな意味か。
①　読者の気持ちを寒々とさせることもある。また、しばしば書いて自己に貧困を世にさらすこともあるにもかかわらず、人間はそれを繰り返す。
②　言葉によって、事実関係の再構築に手間どる、どこかにスキ間が残る、それを文字化する、またスキ間がある、というような繰り返しである。

③　人間は、自分の思いや考えを他者に伝えたくて、言語という記号を創り出し、その言語である記号で自分なりの思想を相手が理解できるまで表現する。
④　人間は、自分の考えなどを人に伝えるために、言葉を創り出した。しかし、実際の思いや考えと言語によるその表現との間には、常に微妙なズレがある。

問八　文章を実際に書いていくとき、作者が心掛けていることは何か、自分の言葉でまとめなさい。

五、文章（二）を読んで次の問いに答えなさい。
　問一　春という季節から受け取る本質的な声は何か、自分の言葉でまとめなさい。

　問二　この文章を読んで、どんな感想があるか。

読解技法

句群分析（三）

　五、目的句群。目的句群是指句际间存在目的关系的句群。一般目的在前，行为在后。当然也有行为在前、目的在后的用例。例如：
　たとえば黴菌に触れても、それに負けない健康な体を作ることが大切です。それには常に衛生に注意し十分に栄養を取って体を丈夫にし、また伝染病の流行する季節には予防注射をして、黴菌に打ち勝つ力を体に蓄えておかなければなりません。（目的在前，行为在后）
　近頃、野球のアマチュアである彼はめったに野球をやらないし、友達の家へも足が遠くなったし、日曜日も部屋にこもって、大童に勉強している。東大にも入学したのに、ああいうふうに勉強するって何のためかと、私が不思議に聞くと、人の羨む外交官になるためだそうだ。（行为在前，目的在后）
　六、选择句群。选择句群中包括任选句群、限选句群和特选句群。任选句

群是表示从几个可选项中任择其一，主要是通过"あるいは""もしくは""それとも"等接续词予以关联；限选句群表示选择关系只有一种，选择对象是限定的，一般在后句中出现"……より……むしろ……"之类的惯用型。特选句群是从具有某种相关特征的几件事物中选取一项加以详细阐述或说明。常用的关联词语有"特に""そのうちに""その中に"等。

　　この用法が古くなったか。あるいは人々がそれを避けるようになったか。もしくは今では多少の軽蔑感を持って表象的にそれを用いているかということである。(任选句群)

　　こういうような命にかかわることに臨んでいるのに、あいつは依然としてぐずぐずしたり、急がずゆっくりと気ままにしたりしている。そうするより、むしろ断乎たる方策を講じて、それをおしきったほうがいい。(限选句群)

　　都市には狭隘な場所に人と車が集中しているからこそ、このような問題が起こるのであり、交通に関連する生活問題はとりもなおさず都市に特有な問題であるといってもよい。さらに耐久財としての住宅の問題もまた同様である。特に交通公害と並んで都市公害の最も大きな問題となっている建築公害は人口密集した都市のみ起こりうる現象である。(特选句群)

言語文化コラム

無 頼 派

　　無頼派（ぶらいは）は、第二次世界大戦後、近代の既成文学全般への批判に基づき、同傾向の作風を示した一群の日本の作家たちを総称する呼び方。

　　無頼派の範疇を創り出した「新戯作派」という言葉は、坂口安吾による、戯作に対する数々の発言に端を発する。エッセイ『戯作者文学論』(1947年1月)、織田作之助への追悼文『大阪の反逆—織田作之助の死』(『改造』昭和22年4月号)などで、坂口は文学における戯作性の重要性を強調した。漢文学や和歌などの正統とされる文学に反し、俗世間におもねった、洒落や滑稽と趣向を基調とした江戸期の"戯作"の精神を復活させようという論旨である。

　　そこで、林房雄が江戸期の戯作文学を「新戯作派」と命名したとされる。この「戯作復古」の思想は、坂口の論文『FARCEに就て』(1932年3月)、

第十一課

太宰治の『お伽草紙』（1945年10月）などのパロディ作品、『如是我聞』（太宰、『新潮』昭和23年3月号から7月号）での志賀直哉への猛烈な批判、または『晩年』（1936年6月刊行）から『グッド・バイ』（1948年6月絶筆）までの太宰の諸作に見られる道化精神、織田作之助の『可能性の文学』（『改造』昭和21年12月号）などに顕著である。

そこには、旧来の私小説的リアリズム、および既成文学全般への批判が見られる。「無頼派」という言葉は、これら「戯作復古主義」から「旧体制の文学への反発」を経て、結実し、一世を風靡した坂口の『堕落論』（1946年4月）や『デカダン文学論』（1946年10月）のタイトルイメージに影響されるところが大きい。

第十二課

（一） 大相撲の世界

　相撲はふんどし（まわし）だけを身につけた二人が素人で戦う日本固有の格闘だ。①相手を倒すか、あるいは土俵の外に押し出すかを競って勝敗をつける。神々が相撲で力くらべをしたという神話や、外国からの使者をもてなすために相撲をとらせてみせたという7世紀半ばの記録からも、古くから伝えられてきたことがわかる。

　一方で相撲は、土俵上の所作ばかりではなく、力士たちの日常にまで、さまざまな神秘的な儀式がある。相撲は単なる格闘技ではなく、神に祈りを捧げたり、神の意思を聞く神事でもあったからだ。②長い時を経て、民族的な競技として発達してきた相撲は、歴史と伝統を持つ、日本の生きた「文化遺産」でもあるのだ。

　毎年1月から2カ月ごとに相撲の「場所」（15日間の大会）が開かれる。開催地は1、5、9月が東京、3月は大阪、7月は名古屋、11月は福岡。そこでの成績によって、力士たちは「番付」（最高位の横綱から序口までの序列）に格付けされる。現在、力士を総勢728人（2004年9月場所現在）。横綱を目指し、力と力をぶつけ合う真剣勝負が繰り広げられるのである。

　実際の「場所」を観戦してみよう。観客席には椅子席と枡席がある。③4人分に仕切られた枡席ならば、途中食事を取ったり、仲間と歓談したりと、くつろぎながら相撲観戦ができるのだ。

　午前9時、太鼓の音とともに場所は始まる。力士たちは番付の低い方から土俵で勝負をするが、その前後、土俵上での振る舞いには、多くの作法や決まり事がある。

　力士は土俵に上があると、まず塩をまく。土俵の邪気をはらい清め、ケガをしないように神に祈るのである。全力士が使うための塩は、1日に45kgも用意される。そしてゆっくりと腰を落とし一連の動作に入る。手を2回たたいてするあわせ、両腕を左右に大きく開いて手のひらを返す。これはかつて、野外で相撲をとっていた時代、雑草をつまんで引きちぎり、その草についている露（水）で手を清め、手を大きく広げて武器を持っていないと相手に示したことに由来している。

第十二課

　相撲において「水」は重要な役割を演じる。例えば、土俵下には水の入った手桶が用意されている。これは「力水」と呼ばれ、口をすすぎ、身を清めるためのもの。また土俵の上につるされている紫色の幕「水引幕」も、水で力士の熱気を鎮めるという意味がある。また取り組みが長引き、なかなか勝負がつかないときは、いったん休み、再度対戦する。これを「水入り」という。力士たちは「塩」と「水」に守られて相撲を取るのである。

　さて、力士は土俵中央まで進むと、両足を交互に上げて、力強く地面を踏む。これは「四股」。足腰を鍛える相撲の基本運動なのだが、もともと地中の悪霊を踏みつけることに由来している。

　そしていよいよ立ち合い。両力士が睨み合い、体をぶつける。力士は呼吸をはかり、タイミングを合わせるのだ。一回息を吐き、八分目ほど吸い込んで息を止めたらすぐに立つ。⑥最も力が入るとされている瞬間である。

　勝負の決まり手（技）は70種類とされている。相手に体を寄せ、土俵の外に出す「寄り切り」や、まわしを掴んで投げる「上手投げ」「下手投げ」などが一般的だ。

　勝敗を審判するのは、着物姿に冠（烏帽子）を被って土俵に立つ「行司」である。彼らにも序列があり、服装でその格を表している。横綱の取組を裁くのは、最高位の「立行司」だ。

　行司の掛け声は「ハッキヨイ（発揮揚々）！」。気分を高め、全力で勝負しよう、という意味がある。一瞬で決着することもあれば、両者がほぼ同時に土俵から外に出て、判定が難しいこともある。⑦その時は、土俵下の審判委員たちが土俵に上がり、協議して判定を下す。微妙な場合は「取り直し」になることも珍しくない。

　取組が終わると、お互いに礼。注目される取組には、勝者に対して懸賞金が渡される。力士は手を刀のように3回振り下ろして受け取る。勝負を司る3人の神に感謝を捧げるのである。

　午後6時頃、その日の取組は終了。最後に一人の力士が、弓を持って演舞する弓取式が行われる。これはかつて相撲の賞品が弓であったことの名残だ。

　相撲は単なるスポーツではなく、儀式と競技が融合した日本独特の国技。力士たちは、勝負だけでなく日々の稽古や生活もふくめて「相撲道」という生き方を学んでゆく。最近は外国出身の力士（2004年現在61人。現横綱はモンゴル出身の朝青龍）もぞくぞくと誕生し、その伝統は、国境を越えて受け継がれようとしている。

（高橋秀実　平凡社『にっぽにあ』第31号　による）

（二）定年退職

　夫がいよいよ定年退職する。ほっとしている夫は裏腹に、家のローンや子供の学資、結婚資金などを考えると、私の胸はずしりと重い。経済的な理由から、収入が多い外交官の仕事を選んで何十年。外を歩き回らねばならない仕事は苦労も激しい。その上、貯蓄獲得高のノルマは容赦なく課せられてきた。お世辞ひとつ言えず、対人関係の苦手な性格だが、正直と誠実さをモットーにして、この仕事で長年家族の生活を支えてくれた。「長い間ご苦労様でした」と心から言いたい。（①）

単　語

（一）

ふんどし（褌）	（名）	兜裆布
素手（すで）	（名）	光着手、空手、赤手空拳
土俵（どひょう）	（名）	土袋子，相扑场地（台）
所作（しょさ）	（名）	举止、动作、行为，舞蹈，作派
番付（ばんづけ）	（名）	一览表、登记表、顺序表，节目单、海报
格付け（かくづけ）	（名・他サ）	规定等级、分等级
枡席（ますせき）	（名）	前座席位，剧场、相扑场等隔成方形的池座
決まり事（きまりごと）	（名）	规则、规定
はらい清める（祓いきよめる）	（他一）	拔除不详
手桶（ておけ）	（名）	提桶、带梁的水桶
司る（つかさどる）	（他五）	承担，主管、管理、统辖
名残（なごり）	（名）	纪念，遗迹，惜别、依恋、留恋
稽古（けいこ）	（名・他サ）	练习、学习、排练

（二）

裏腹（うらはら）	（形動）	相反
ずしりと	（副）	沉重地、沉甸甸

ノルマ　　　　　　　　　　　（名）（俄）　(normal) 准则、标准，定量，劳动定额
モットー　　　　　　　　　　（名）（英）　(motto) 标语，格言，宗旨，座右铭，口号

文法

（一）

1. 一方で相撲は、土俵上の所作<u>ばかりではなく</u>、力士たちの日常にまで、さまざまな神秘的な儀式がある。

本句意思为"另外，相扑有各种各样的神秘仪式，不仅赛场上的行为举止，甚至还包括力士们的日常生活"。其中"～ばかりではなく"前接体言、用言连体形，多与"も"等呼应，表示添加、递进，类似于"～だけでなく"，意思为"不但……而且……"，例如：

○ あの人は英語ばかりでなく、日本語も話せる。
　（那个人不但会说英语，也会说日语。）
○ この店は、値段が高いばかりでなくサービスも悪い。
　（这家店不仅价格昂贵，服务质量也差。）
○ 運転ができるばかりでなく、修理もできるんだ。
　（不但会开车，还会修理。）

2. 注目される取組には、勝者に対して懸賞金が渡される。力士は手を刀の<u>ように</u>3回振り下ろして受け取る。

本句意思为"这时力士要像切刀一样向下挥3次手，然后接受"。其中"～ように"前接体言＋の、用言基本形，意思为"像……那样""按照……样"，例如：

○ あの人のように英語がペラペラ話せたらいいのに。
　（要像他那样能说一口流利的英语就好了。）
○ 母親が美人だったように、娘たちもみな美人ぞろいだ。
　（像母亲过去那么漂亮一样，女儿们也都个个是美人。）
○ 私が発音するようにあとについて言ってください。
　（跟我的发音一起说。）

（二）

1. 外を歩き回ら<u>ねばならない</u>仕事は苦労も激しい、その上、貯蓄獲得高のノルマ

は容赦なく課せられてきた。

　　本句意思为"必须在外奔波的工作着实很辛苦，而且储蓄利率高的额定工作也使丈夫不容松懈地一直工作。"其中"～ねばならない"前接动词未然形，在日语里属于偏向古语的说法，偶为人们所用，其作用与"……なければならない"相同，意思为"必须……"，例如：

○ 平和の実現のために努力せねばならない。
　　（要为实现和平而努力。）
○ 一致協力して問題解決に当たらねばならない。
　　（必须同心协力努力解决问题。）
○ 学生である以上、勉強せねばならない。
　　（既然是学生，就必须学习。）

練　習

一、次の漢字に適当な読み方をつけなさい。

素手（　　　）　　　土俵（　　　）　　　枡席（　　　）
手桶（　　　）　　　司る（　　　）　　　名残（　　　）
定年（　　　）　　　退職（　　　）　　　裏腹（　　　）
貯蓄（　　　）　　　容赦（　　　）　　　世辞（　　　）

二、次の片仮名を適当な漢字に変えなさい。

1. フンドシ（　　　）　　　2. ショサ（　　　）
3. バンヅケ（　　　）　　　4. マスセキ（　　　）
5. ケイコ（　　　）　　　　6. ショウハイ（　　　）
7. シンパン（　　　）　　　8. ショウジキ（　　　）
9. セイジツ（　　　）　　　10. タイジンカンケイ（　　　）

三、文章（一）を読んで次の問いに答えなさい。

　問一　①「相手を倒すか、あるいは土俵の外に押し出すかを競って勝敗をつける」にある「か」は次のどの意味に当たるか、一つ選びなさい。
　　① 疑いや問いかけを表すことば。
　　② 強い感じや驚きを表すことば。
　　③ いくつかの動作を並べ、その中から一つを選び出す意味を表すことば。

第十二課

問二 ②「長い時を経て、民族的競技として発達してきた相撲は、歴史と伝統を持つ、日本の生きた『文化遺産』でもあるのだ」の場合の「生きる」の意味に当たるものを、次から選びなさい。
　① むかしの人の教えは今日もなお生きている。
　② あなたのこれまでの苦労は、いつか必ず生きるでしょう。
　③ この小説では、会話が特に生きている。

問三 ③「4人分に仕切られた枡席ならば、途中食事を取ったり、仲間と歓談したりと、くつろぎながら相撲観戦ができるのだ」にある「と」の使い方に該当するものを、次から選びなさい。
　① 前の事柄に続いて次の事柄が生ずる意味を表す。
　② 動作が行われる時の様態をそれと示す。
　③ 対等の関係にあるものを並べ上げるのに用いる。

問四 ④「神々が相撲で力くらべをしたという神話や、…、古くから伝えられてきたことがわかる」とあるが、「伝えられてきた」のは何かを、次から一つ選びなさい。
　① 相撲。
　② 〜の神話。
　③ 〜の記録。

問五 ⑤「そこでの成績によって、力士たちは『番付』に格付けされる」にある「そこ」は何を指しているか、最もふさわしいのを、次から一つ選びなさい。
　① 毎年1月から2ヶ月ごとに開かれる相撲の場所。
　② 相撲の場所が開かれる開催地。
　③ 東京、大阪、名古屋、福岡。

問六 ⑥「最も力が入るとされる瞬間である」とあるが、その「瞬間」とは具体的に何を指しているか。
　① 両力士が睨み合い、体をぶつけること。
　② 力士は呼吸をはかり、タイミングを合わせること。
　③ 一回息を吐き、八分目ほど吸い込んで、また息を止めること。

問七 ⑦「その時は、土俵下の審判委員たちが土俵に上がり、協議して判定を下す」の場合の「その時」はどんな時か。
　① 行司が「ハッキヨイ」と声をかける時。
　② 一瞬で決着するとき。
　③ 判定が難しいとき。

④ 一瞬で決着するときと判定が難しいとき。

四、文章（二）を読んで次の問いに答えなさい。
問一 （①）にはどのような内容が続くと考えられるか？
① だから、これからは楽になると思って、家族で退職の祝いをした。
② だから、退職が決定して、ほんとによかったと思う。
③ しかし、これからも仕事の辛さは変わらず続いていくだろう。
④ しかし、これからは生活が厳しくなることも覚悟しなければならない。

読解技法

句群分析（四）

七、因果句群。因果句群中的各句存在着原因和结果的关系。一般用"～からです""そのため"等词语予以关联。例如：

日本の冬の典型的な天気としては、太平洋側が冬晴れ、日本海側が大雪となることが多いのです。これは大陸からの冷たい北西の季節風が本州中央の山脈にぶつかって日本海側に雪を降らせるからです。そのため、太平洋側では雲ひとつない晴天となります。

八、递进句群。所谓递进句群是指句际间在语义上有正面推进或者后向逼进的关系。常用"それどころか""そのうえ""そればかりか""しかも""まして""況や"等词语予以关联。例如：

百万本の檜に取り囲まれて、海面を抜く何百尺かの空気をのんだり吐いたりしても、人の匂いはなかなかとれない。それどころか山を越えておちつく先の今宵の宿は那古井の温泉場だ。

このような辺鄙な新開町にあってすら、時勢に伴う盛衰の変は免れないのであった。況や人の一生においてをや。

九、转折句群。所谓转折句群是指句际间语义相反的句群。常用的关联词语有"しかし""けれども""ただし""それにしても""そうかといって""それとはいえ""にもかかわらず"等。例如：

お金がまだ十分ではない。しかし、ストレスがとてもほしいので、アルバイトをすることにした。

アルバイト料は一時間千五百円。ただし交通費を含む。

第十二課

言語文化コラム

「国民の酒」——焼酎

　お盆明け、鹿児島など南九州では、コガネセンガンという黄色いサツマイモの収穫に合わせ、これたを原料にするイモ焼酎の仕込みが始まった。アルコール消費が低迷する中で、イモ焼酎を牽引役に焼酎ブームが続いています。

　今年は出荷量が清酒を抜き、ビールに次ぐ第2位を確保しそうです。1983年にウイスキーを再逆転し3位に返り咲いて以来20年ぶりの快挙となりました。「大衆の酒」は「国民の酒」の座に就きそうな勢いです。

　人気の理由は、低価格と健康。二日酔いもしにくいし、カロリーが低く、太る心配も少ない。血液をさらさらにする効果も報告されています。また世界に共感を呼んでいる地元の伝統的食材を見直し、その良さをじっくり味わおうという、スローフード運動的な人気も加わりました。名も知れぬ小さな蔵元の隠れた銘酒を探す楽しみもあります。

　お茶でも果汁でも、何で割っても美味しく飲めるのも、焼酎の魅力なのです。自己主張はしても、誰にも合わせられる柔軟性。最近の若者の生き方にも似ている。本場九州では、この季節、オンザロックが主流です。残暑が厳しい。でも、飲むのは仕事が終わってからにしましょう。

（開発実「読解日本」による）

第十三課

（一） 文化のアイデンティティ

　ちゃんと使い慣れた日本語があるのに、やたらと新しがって外来語を使うことに私は賛成できない。しかしどう頭をひねっても、またいくら工夫しても、日本語ではなんともうまく表現できない概念や事物があることも事実である。私にとって①<u>アイデンティティ</u>という言葉がそのひとつである。日常の話の中で、この言葉を口にするとき、私はいつもどうにかならぬものかと思う。書くときは<u>なおさら</u>で、同じ外来語でもバターやコーヒーなどと書くことには何らの抵抗を感じないのに、アイデンティティだけは、書くたびになんとも落ち着かない気がする。でも日本語ではうまくいえないのである。その理由を考えてみると、結局は日本文化の中に、アイデンティティという語で指示されるような、人間の持つ或る種の心理的特性が、全く欠如しているわけではないが、きわめて希薄な存在でしかないことに帰着する。

　どの民族にも、長い過酷な歴史にもまれたことを示す刻印として、文化、風俗、考え方の上での固有な特徴が見られる。自分はこれであってあれではない、自分の言語や文化はこれこれしかじかの輪郭を持つが、他人のそれは全く違うという自意識がはっきりしているとき、人は自分と同じ型の文化や言語を持つ人々との一体感を強く感じ、異文化集団に対して対立拮抗の関係にある存在としての自己を認識するようになる。

　水面に石油を一滴たらすと限りなく広がり、やがて薄い皮膜となって見えなくなってしまう。ところがサラダ油のようなねっとりした油は、水に落としても拡散せず集まったまま丸い粒となる。私の見るところ、ユーラシア大陸系の諸民族のあり方は、それぞれがまさに水面に落としても拡散消滅することのない極めて粘性の強い油滴の性質を持っている。どれもが文化に関する明確な自己定義を持ち、強力な言語的自己凝縮力で、他者とははっきり区別される自己を主張して止むことがない。ここでは、大きさも色合いも全く違うさまざま油滴が、お互いに混じりあうことなく、相互の押し合い圧し合う住み分けの状態にあるといえよう。

　文化的独自性という点では、日本民族も決してユーラシアの民族に②<u>ひけをと</u>

第十三課

らない。まして言語上の独自性ということになれば、これは日本人の固有特徴といってよいほどの際立った民族的属性である。ところが、この明確な民族的特質を備えた日本文化全体と、同じく画然とした民族的固有性を持つ多くのユーラシア文化を比較してみると、そこには対照的とも言える基本的な相違があることを見逃すことはできない。それは現在の日本文化が持つ固有性とは、物理的な諸条件によって、日本がほかの国々から隔離されてきた結果として生まれ保持されてきたものであって、他者、異文化と直接に競い合い、押し合うという淘汰選別の過程を経て形成されたものではないという点である。

ここで再び油の喩えに戻るならば、日本文化はまさに③粘性を欠く自己凝縮力の弱い石油[注3]だと言えよう。しかし水面に落ちれば直ちに拡散し消滅する石油でも、水の上に適当な枠を浮かべてその中に落とせば、この枠内に留まって、その範囲の中では独特の色合いを保持できるのだ。だがもしこの枠が何かの原因で取り去られるような事態になれば、自己凝集性を持たぬがゆえに、一挙に拡散してしまう。

わが国は古くは中国より、そして明治以後今に至るまでは西欧から、貪欲なまでに異文化を摂取し、古来の文化要素、固有の価値を次々と外国のそれに置き換えてきた。しかもこのことが、自己の破壊をもたらすどころか、かえって世界の驚異と目される発展につながった。その秘密は、しばしば異文化の排斥、その結局として自己の進歩の停滞につながることの多いの強力な自己主張と凝縮性を日本人が持たぬために、外来文化の輸入に対して抵抗が少なく、その反面、物理的条件の故に自己拡散の危険に曝されずにすんだからである。

だが昭和三十年代の後半に起こった日本の経済的地位の上昇は、急速に進歩した世界の情報、交通手段の発達と絡んで、二千年の長きにわたって享受してきた外的世界との物理的隔離の条件を完全に消滅させてしまった。いまや日本人は、異質の文化、異なる価値観と言語を持つ諸民族と、すべての面で直接に、④彼我を区別する枠なしで対峙せざるをえなくなっている。

自己と他者が同一の平面、全く同じ土俵の上にあり、巧みな攻撃と有効な防御によってのみ生き残ることができる過酷な競争の世界に引きずり出された日本人が、はたして止めどなき自己拡散の道をたどるのか、それとも粘度の高い個性的な油滴としていき残されるかは、私たちが⑤強力な自己凝縮性を持つアイデンティティをどこまで形成できるかの一点にかかっているように思う。

（二）読書

　①読書とは、本を買うことである。買ってしまえばこっちのもの、いつか必ずページを開く。買って積んでおくだけの、俗にいう「ツン読」も読書のうちなのである。この場合の「買う」とは、書店で手にして、ちらとでも心が動いたら、即座にその場で買ってしまうことを指す。

　もうちょっと考えて、とか、あしたでもいいや、とか、帰りに駅前もあの店で買えばいいか、なんぞと考えた瞬間、その本との縁は切れたと知るべし。（中略）

　その場で即座に買えないのは、一つには失敗を恐れるからだろう。せっかく買っても、読んでみてつまらなかったらどうしよう、と考えてしまう。しかし②失敗も読書のうち読んで、つまらないと感じるのは読んだからなのである。「つまらない」と思っても、それを「失敗」と考えてはいけない。「つまらない」と判断できたことをむしろ誇るべきなのである。つまらない本をつまらないと感じられる人は、面白い本を面白いと感じられる人。失敗を心配するよりも、本質的につまらなく、くだらない本を面白いと感じられるかもしれないことのほうを心配すべきなのだ。

　せっかく、数多い本の中には、すぐには面白さの伝わりにくいものもある。はじめはとっつきにくくても、読み進んでゆくにつれて面白さがにじみ出て来る本がある。いったんは放り出したのに、何かのひょうしにもう一度手にしたとき、実に面白く読める③そういう類の本もたくさんある。何度も読んで、そのたびに新しい面白さを発見する本もある。たとえば漱石の「吾輩は猫である」は、小学校三年生のとき以来、何度手にしたことか。二十歳にはそのときの、還暦には還暦の楽しみ方である。

（田隆史『「考える力」をつきえる本』）三笠書房）

単　語

（一）

やたら	（副・形動）	胡乱，随便
ひねる（捻る）	（他五）	扭，拧捻，左思右想
なんとも（何とも）	（副）	真的，(下接否定) 怎样，无关紧要
過酷（かこく）	（形動）	过于严酷的，沧桑的

たらす（垂らす）	（他五）	垂，吊，滴，流
ユーラシア（Eurasia）	（名）	欧亚
ひけをとらない	（慣用）	不亚于、不逊于
際立つ（きわだつ）	（自五）	显著
枠（わく）	（名）	框子，界限
目する（もくする）	（他サ）	看见，注目，认定
曝す（さらす）	（他五）	让风吹雨打，晒，揭露，漂白
土俵（どひょう）	（名）	场地，相扑摔跤场
画然（かくぜん）	（形動）	（区别）明显、清楚，截然

（二）

積ん読（つんどく）	（名）	喜爱买书收藏而不读
ちらと	（副）	瞥一眼、瞅一眼，略微，偶尔
俗に言う（ぞくにいう）	（慣用）	通俗地说
～なんぞと	（慣用）	等等
とっつきにくい	（形）	难以接近、无法亲近
滲み出る（にじみでる）	（自下一）	自然地渗出来、渗透出
何かの拍子に（なにかのひょうしに）	（慣用）	偶然地
漱石（そうせき）	（名）	夏目漱石（日本19世纪至20世纪初的著名作家）

文 法

（一）

1. 書くときはなおさらで、同じ外来語でもバターやコーヒーなどと書くことには何らの抵抗を感じないのに、アイデンティティだけは、書くたびになんとも落ち着かない気がする。

这句话的意思是"写起来却并没有什么心理抵抗，唯独 identity（独特性）这个词每次写的时候都觉得心里不太踏实"，其中"なおさら"意思为"越发""更加"，例如：
○ 今でも生活が苦しいのに、子どもが生まれればなおさらだ。
　　（现在的生活已经够苦的了，若再生孩子就更受不了。）
○ あの絵もうまいが、これはなおさらうまい。

（那幅画也很好，可这幅更好。）

2. どれもが文化に関する明確な自己定義を持ち、強力な言語的自己凝縮力で、他者とははっきり区別される自己を主張して止むことがない。

　　这句话的意思是"它们各自在文化上都有着明确的自我定义，凭借其语言上强大的自我凝聚力，来无休止地强调自己与其他民族明显的区别。"其中"〜ことがない"意思为"从未、从不、不曾"，例如：
○ まだ一度も富士山に登ったことがない。
　　（还没有登过一次富士山。）
○ この料理は一度もたべたことがない。
　　（这个料理一次都没吃过。）
○ タイ語は勉強したことがない。
　　（没有学过泰语。）

3. しかもこのことが、自己の破壊をもたらすどころか、かえって世界の驚異と目される発展につながった。

　　这句话的意思是"但是这些外来的文化非但没有对我国文化造成破坏，反而使其取得了举世瞩目的巨大发展。"其中"〜どころか"前接用言基本形，意思为"哪里（表示后续内容与前述事实正相反的情况）"，例如：
○ 風雨は弱まるどころか、ますます激しくなる一方だった。
　　（风雨哪里减弱呀，反而越来越大。）
○ 彼女は貯金するどころか、借金だらけだ。
　　（她哪里存钱啊，反而负债累累。）
○ 会社が強すぎて、涼しいどころか、寒いくらいだ。
　　（公司里的冷气过强，哪里凉快啊，反而感觉冷。）

練 習

一、次の漢字に適当な読み方をつけなさい。

概念（　　）	事物（　　）	凝縮（　　）
苛酷（　　）	刻印（　　）	輪郭（　　）
拮抗（　　）	拡散（　　）	粘性（　　）
積読（　　）	還暦（　　）	即座（　　）

二、次の片仮名を適当な漢字に変えなさい。
1. キハクな存在（　　　）　2. ちゃんとツカイナレタ（　　　）
3. 丸いツブとなる（　　　）　4. 考えたシュンカン（　　　）
5. コユウな特徴（　　　）　6. トウタ選別の過程（　　　）
7. ソウゴに押合う（　　　）　8. 異文化をセッシュする（　　　）
9. 異文化のハイセキ（　　　）　10. 物理的カクリ（　　　）

三、文章（一）を読んで次の問いに答えなさい。
　問一　①「アイデンティティ」という言葉の意味として、どっちが一番正しいか。
　　①　理想、観念、理念
　　②　自分という存在の独自性についての自覚
　　③　精神生活、内面生活
　　④　創造性
　問二　②「ひけをとらない」という連語について、他の言葉で言い換えれば、どっちが一番適当か。
　　①　おくれない
　　②　まけない
　　③　かちない
　　④　かえない
　問三　③「粘性を欠く自己凝縮力の弱い石油」とあるが、どのようなことの比喩か。最も適当なものをひとつ選びなさい。
　　①　文化の固有性が希薄であるにもかかわらず、異文化に出会うとたちまち自己主張をはじめる文化。
　　②　文化の固有性についての認識が甘く、異文化に出会うとたちまち自己拡散してしまう文化。
　　③　文化の固有性に対する自負がなく、異文化に出会うとほとんど自己主張できない文化。
　　④　文化の固有性がほとんどなく、異文化を圧倒する力を持たない文化。
　問四　④「彼我を区別する枠」とはどのようなことをさしているか。
　　①　外的世界と物理的隔離の条件
　　②　異質の文化、異なる価値観
　　③　自己と他者が立つ同一の平面、全く同じ土俵
　　④　急速に進歩した世界の情報、交通手段の発達

問五　⑤「強力な自己凝縮性を持つアイデンティティ」とはどういう意味か。
　①　他の諸民族と彼我を区別する枠なしで対峙しても、それらとはっきり区別される固有性を持つこと。
　②　自己と他者が同一の平面、まったく同じ土俵の上にあり、巧みな攻撃と有効な防禦によってのみ生き残ること。
　③　異質の文化、異なる価値観と言語を持つ諸民族と、すべての面で直接に、彼我を区別する枠なしで対峙せざるを得なくなっていること。
　④　二千年の長きにわたって享受してきた外的世界との物理的隔離の条件を完全に消滅させてしまったこと。
問六　本文の内容に合致するものをひとつ選びなさい。
　①　日本民族は、文化的独自性という点では、ユーラシアの民族と比べ物にならない。
　②　外来語は日本語で表現できない概念や事物を表している。
　③　ユーラシア大陸系の諸民族のあり方は、まさにサラダ油の性質を持っている。
　④　日本は古代から貪欲なまでに異文化を摂取したから、自己文化の破壊をもたらした。

四、文章（二）を読んで次の問いに答えなさい。
問一　筆者①「読書とは本を買うことである」でいう「買うこと」とはどのようなことか。
　①　時間をかけて、よく考えてから買うこと
　②　少しでも興味を持ったら、すぐに買うこと
　③　書店で手にとって失敗しないように買うこと
　④　よく知っている店で店員に相談して買うこと
問二　②「失敗も読書のうち」とあるが、なぜか。
　①　いろいろな本を読むことで、ほんの価値を判断できるようになるから
　②　本を買っても失敗したと思っても買ってしまった本を最後まで読むから
　③　失敗だと分かっていても、読書することによって知識の量が増えるから
　④　いろいろな本を読むことで、くだらない本でも面白く感じるようになるから
問三　③「そういう類の本」とはどんな本ですか。
　①　面白さを発見するために読む本

② 何度よんでも面白さを発見する本
③ 第一印象と違う面白さを持つ本
④ 面白くなくても読み続けなければならない本

問四 この文章のまとめとして最も適当なものはどれですか。
① つまらない本を読み続けても、面白くとは限らない。
② 買った本を何度も読めば、その価値を分かるはずだ。
③ 読書の面白さを知るためにはまず本を買って身近に置くことだ。
④ 本の面白さは年齢によって変わるので、小学生からの読書が大切だ。

読解技法

句群分析（五）

十、条件句群。所谓条件句群是指句际间存在着条件关系和结果关系的句群。常用的关联词语有"そのようにしたら""そうすると""そうすれば"等。例如：

そのために誰か取り残される人が出てくるかもしれない。<u>そうすると</u>その人は次の電車まで長い時間待たなければならないのである。

遠航する場合、機体に垂直尾翼を据え付けるのは必要であり、機体がヨーイングしなければならない。<u>そのようにしたら</u>、垂直尾翼には必ず迎え角をもつようになり、したがって横向き揚力を生じる。

十一、比喩句群。比喩句群是指句际间用相似的事物打比方去描绘事物或说明道理的句群，包括明喻、隐喻、引喻和迂回设喻等多种比喻关系的句群。例如：

罪のないKは、穴だらけというよりむしろあけはなしと評するのが適当なくらいに不用心でした。私は彼自身の手から彼の保管している要塞の地図を受け取って、彼の目の前でゆっくりそれを眺めることができたも同じでした。(明喻)

何のためにかくまで足繁く金田邸へ通うのかと不審を起こすなら、その前にちょっと人間に反問したいことがある。なぜ人間は口から煙を吸い込んで鼻から吐き出すのであるか、腹の足しにも血の道の薬にもならないものを恥ずかしげもなく吐呑して憚らざる以上は吾輩が金田に出入りするのをあまり大きな声で咎め立てをしてもらいたくない。金田邸は吾輩の煙草である。(隐

喻）

　千里を行く人は一歩から始めなければならない。それと同様に科学の殿堂を築き上げるには、まず最初の基礎を十分に固める必要がある。(引喩)

　雑木林の中に入ったかと思うと、雲雀の鳴き声が聞こえた。なんと快い鳴き声だろう。まるで音楽のようだ。いいや音楽ではなくて、可愛い乙女の笑いである。(迂回設喩句群)

　　十二、归结句群。所谓归结句群是指前后句之间存在着概括总结关系的句群。常用的关联词语有"このように""結局""要するに""とにかく""とかくに""この意味で言えば""一口に言えば""上に述べたように""以上述べたごとく"等。例如：

　そのことによって、放送に不偏不党の枠がはめられているということは単に主張を持たないというだけでなく、ニュースの取り扱いや、その解説の仕方などにも強く作用している。<u>一口に言えば</u>その態度が極めて慎重さを通り越して臆病になる傾きがある。

　知に働けば角が立つ。情に掉させば流される。意地を通せば窮屈だ。<u>とかくに</u>人の世は住みにくい。

言語文化コラム

オタク用語

　日本のオタク文化は既に世界に発信されています。その中でオタクが使う専門ようごを集めてみました。

○愛が足りない

　「愛が足りない」とは、自分が好きなアニメやマンが、ゲーム登場人物やキャラクターに対する情熱が薄いという意味です。

○痛車

　「痛車」とは、見ていて頭が痛くなる車にドレスアップをした車のことです。具体的な仕様は、車のボディーにマンガやアニメ、ゲームの美少女キャラが大きく描かれている車のことを言います。

○ウザカメ

　「ウザカメ」とは、「ウザいカメラ小僧」の略語です。カメラ小僧とは、写真を撮るのが好きな人のことです。しかしマナーがなってない、態度が

悪く自分勝手なカメラ小僧がこう呼ばれます。
　○エア充
　「エア充」とは架空の世界やバーチャルな世界が充実していることを意味します。「エア（空気）・Air」なのは、空想や妄想の友達や恋人がいる（エア友達、エア恋人）という意味です。美少女ゲームやアニメのキャラと充実した恋愛をしていると空想的な考えのことです。
　○大きなお友達
　「大きなお友達」とは、オタクのことです。遊園地などでの特撮ショーやアニメショー、アニメ映画の初回の舞台挨拶、テレビアニメなどの声優さんが参加するファン感謝イベントなど、子供向けのイベントに子供達と一緒になって参加する大人を「大きなお友達」と言います。
　○オワコン
　「オワコン」とは、「終わったコンテンツ」という意味です。「終わったコンテンツ」とは、人気や需要が無くなり、商品価値の無くなった音楽コンテンツや娯楽コンテンツのことを言います。
　○ポチる
　「ポチる」とはネットで買い物をすることです。ネットの通販サイトなどで、「買い物かごに入れる」をクリックしたり、「購入する」ボタンを押すことを「ポチる」と言います。
　○男の娘
　これで「オトコのコ」と読みます。外見上は美少女にしか見えない、女装した美少年のことを言います。男性から「萌え」の対象としてされています。
　オタクの世界は広くまだまだ沢山のオタク専門用語があります。実際に使うことは少ないと思いますが、変わった言葉としての観点で見ると楽しいと思います。
　　　　　　（李宜冰、宇木淳一、津田篤志『日本文化学習書』による）

第十四課

（一）大学の現状と動向

大学全入時代

　大学・短大の志願者数と入学者総数が同数になる、という試算上の状態。少子化で志願者が減っているのに、大学・短大の定員はそれほど減らず、選り好みをしなければ進学希望者全員が入学できるため、「全入時代」と呼ばれる。2007年度がそれにあたる、という見通しを文部科学省が2004年7月に示した。1997年に旧文部省が試算した時は、2009年度と見積もられており、「全入時代」の突入は2年前倒しになる計算だ。

　試算のもとになったのは2003年度春の入試実績で、志願者85万4千人に対して入学者は71万8千人。志願者、入学者ともに減り続けて、2007年度に69万9千人で一致し、その後は同数のまま推移する、と予測している。

　現実には志願者が集中する学校と、定員割れに悩む学校との二極化が進んでおり、①「全入時代」をにらんで、生き残り競争が激しくなっている。

　従来、学生獲得の悩みがあまりなかった国公立大や有名私大も競争に乗り出した。岐阜大は全国紙1面での広告掲載をスタート、全国区の知名度を狙う。福島県立会津大は、優秀な学生をいち早く確保しようと、高校2年生を対象とする「飛び入学枠」を2006年春の入試で導入することを決めた。また慶応大と早稲田大は2005年春の入試に向けて合同説明会を開催、ブランドの相乗効果と、「ライバル校」のタッグという話題性もあって、にぎわった。

　また、入試科目の削減など「入り口」での獲得策に加えて、②長引く不況下で「出口」の工夫が、生き残りの大きなポイントになるという考えから、就職活動の支援の手厚さをPRする私立大も増えている。

　兵庫県の大手前大は2005年4月に新設する学科で、在校中はもちろん、中高年になってからの転職・再就職についても面倒をみる「生涯キャリアサポート事業」を始める。大学が就職支援社会と提携し、退職探しや企業紹介をするものだ。費用は卒業後数年間は全額、その後も一部は大学が負担する。最終的には全卒業生を対象にする計画だ。

こうした中、中央教育審議会の大学分科会は、生き残りを迫られる大学・短大が今後「研究に重点を置く学校」「教養教育に力を入れる学校」というように、機能別に分かれて個性化・特色化していくと見て、15～20年ごろまでを見据えた「高等教育の将来構想（グランドデザイン）」の検討を進めている。

大学倒産時代

少子化と長引く不況で、私立の大学や短大が厳しい経営を迫られ、学生募集停止も増えている。本格的な選別、淘汰の時代に入り、「大学倒産」も現実味を帯びてきた。日本私立学校振興・共済事業団が2002年12月、③私立の4年制大学を経営する461法人のすべてを対象に調べたところ、01年度に赤字だったのが全体の約4分の1の109法人と、2年前の3倍に急増した。短大はさらに深刻で、194法人のうち半分近い85法人が赤字だった。

赤字の大学法人は1999年度（37法人、8.9％）までいう大きな変化はなかったが、2000年度に前年度までの2倍近くの69法人（同15.9％）に膨れ、2001年度はさらに増加。

私立大学法人は収入の6割近くを学生からの納付金に頼っている。学生数減により、1法人あたりの収入は、5年間で平均8億4,500万円（7.0％）減った。学校法人は一般企業と会計の仕組みが違うため、単純比較はできないが、収入に対する支出の比率が100％を超えたということは、著しく経営が窮迫していることを意味する。ここ2、3年、18歳人口の減少が一時止まっていたのに、赤字法人が急増したのは、顕在化していた「勝ち組」と「負け組」の二極化が一気に進んだためと推測できる。

また、文部科学省によると、学生の募集停止は2000年度は1大学だったが、2001、2002年度が各4大学、2003年度が8大学と年々増えている。この17大学のうち、2大学はすでに廃学し、13大学は学生が卒業した時点で文部省に廃学を申請する見通し。

同事業団の調べでは、2002年春、私立大506校のうち入学者数が定員を割り込んだ大学は全体の約3割にあたる143校あり、定員の半分にも満たなかった大学も13校を数えた。私立短大の2002年度の志願者数も約19万7,000人で、10年前の4分の1以下に。この結果、私立短大の48％が定員割れした。18歳人口はこの10年で約205万人から150万人に減り、今後さらに減る。④「勝ち負け」の分かれ目は、伝統やブランド、偏差値などではなく、いかに学生を主役にした教育ができるかにかかっている。

（「朝日キーワード 2005」による）

（二）「大検」、高卒認定試験へ

　大学入学資格検定（大検）が2005年度から高等学校卒業程度認定試験に衣替えする。大検は戦後、経済的な理由などで高校に行けない勤労青年向けにできた制度だが、現在は受験者の6割程度を高校中退者が占め、性格が変わってきたためだ。

　新試験は国語、地理歴史、公民、数学、理科、英語の6教科で、大検では必修の課程はなくなる。定時制・通信制の生徒にしか認められていない在学中の受験を全日制の生徒にも認め、学校長の判断で合格科目が卒業単位に繰り入れられるようになり、不登校生徒の学習成果の評価にも利用できる。一方、合格者に大学入学資格を認める、18歳未満で合格しても満18歳にならなければ資格を得られない、年2回、全国47会場で実施する——といった実施方法や出題の難易度、合格水準については大検と変わらない予定だ。

単　語

（一）

試算（しさん）	（名・他サ）	估算，检算、验算
選り好み（よりごのみ）	（名）	挑拣，挑剔
見通し（みとおし）	（名）	预期，指望，眺望，看穿
見積もる（みつもる）	（他五）	估计、估算，测算，折合
前倒し（まえだおし）	（名）	提前，倒在前面
生き残り（いきのこり）	（名）	幸存、保住性命
乗り出す（のりだす）	（自他五）	积极从事，出头露面，乘……出去
タッグ	（名）	标签
長引く（ながびく）	（自五）	拖长、拖延
手厚さ（てあつさ）	（名）	热情、热忱
見据える（みすえる）	（他一）	看准、看清，定睛而视
納付金（のうふきん）	（名）	缴纳款
割り込む（わりこむ）	（他五）	挤进，硬加入，插嘴，跌破
一気に（いっきに）	（副）	一口气地、不停地

| 相乗効果（そうじょうこうか） | （名） | 协同作用，协合效果 |
| 選別（せんべつ） | （名） | 区分、挑选、拣选 |

（二）

衣替え（ころもがえ）	（名・自他サ）	换衣服、换装、更衣，换季
通信（つうしん）	（名・自サ）	通信
難易度（なんいど）	（名）	难易程度
未満（みまん）	（名）	未满、不足

文 法

（一）

1. 2002年12月、私立の4年制大学を経営する461法人のすべてを対象に調べ<u>たところ</u>、01年度に赤字だったのが全体の約4分の1の109法人と、2年前の3倍に急増した。

　　本句意思为"2002年12月以经营4年制私立大学的全部461个法人为对象的调查表明，2001年度出现赤字的为109个法人，约占总体的1/4，急速增加为两年前的3倍。"其中"～ところ"前接动词た型，表示顺接，与が连用时，常表示逆接，意思为"可是……、然而……"例如：

○ 教室に行ってみたところが、学生は一人も来ていなかった。

　　（进教室看了，结果一个学生也没来。）

○ 仕事が終わって急いで駆けつけてみたところが、講演はもうほとんど終わってしまっていた。

　　（工作刚结束，赶紧跑去一看，但是讲演已经差不多结束了。）

○ 駅の遺失物係に問い合わせたところ、届いているとのことだ。

　　（问了车站的失物招领处，说是那东西已经送到了。）

2. この17大学のうち、2大学はすでに廃学し、13大学は学生が卒業した時点で文部省に廃学を申請する<u>見通し</u>。

　　本句意思为"在这17所大学中，有2所已经停办，估计有13所大学将在学生毕业之时向文部科学省申请停办，"其中"見通し"有以下几种意思：

（1）眺望、远望；

○ 見通しがきく。

　　（适宜于远望。）

（2）预期、指望、估计；
○ 見通しが立つ。

　　（有指望。）

（3）洞察、看透。
○ 何もかも見通しだ。

　　（看透一切。）

3.「勝ち負け」の分かれ目は、伝統やブランド、偏差値などではなく、いかに学生を主役にした教育ができるかにかかっている。

　　本句意思为"胜败的分水岭不是传统或名牌，也不是偏差值等，而取决于能否实行以学生为主体的教育"。其中"～にかかっている"前接体言、用言基本形。意思为：

（1）"取决于……"。例如：
○ 努力いかんにかかっている。

　　（就看如何努力了。）

（2）"陷入、落入"。例如：
○ 網にかかっている。

　　（落网。）

○ 計略にかかっている。

　　（中计。）

（3）"悬挂、吊起"。例如：
○ 壁に絵画がかかっている。

　　（墙上挂着画。）

（4）"（同"係る"）与……有关系"。例如：
○ 軍事機密にかかっている。

　　（与军事机密有关。）

○ 彼にかかったらかなわない。

　　（碰上他可吃不消。）

練　習

一、次の漢字に適当な読み方をつけなさい。

試算（　　　）　　選り好み（　　　）　　前倒し（　　　）

長引く（　　　）　　手厚さ（　　　）　　納付金（　　　）

一気（　　　）　　選別（　　　）　　衣替え（　　　）

通信（　　　）　　難易度（　　　）　　未満（　　　）

二、次の片仮名を適当な漢字に変えなさい。
1. ミツモル（　　　）　　　2. ノウフキン（　　　　）
3. ソウジョウコウカ（　　　　）　4. キュウハク（　　　　）
5. ケイサイ（　　　）　　　6. キョウヨウ（　　　　）
7. ヘンサチ（　　　）　　　8. ツウシン（　　　　）
9. ナンイド（　　　）　　　10. ミマン（　　　　）

三、文章（一）を読んで次の問いに答えなさい。
　問一　①「『全入時代』をにらんで、いきのこり競争が激しくなっている」とあるが、「生き残り競争」に取られて手段として、次から不適当なものを選びなさい。
　　①　全国区の知名度を狙う。
　　②　「飛び入学枠」を導入する。
　　③　「生涯キャリアサポート事業」を始める。
　　④　大学・短大が機能別に分かれて個性化・特色化していく。
　問二　②「長引く不況下で『出口』の工夫が、生き残りの大きなポイントになる」とあるが、「『出口』の工夫」と考えられるのを、次から選びなさい。
　　①　優秀な学生をいち早く確保すること。
　　②　合同説明会を開催すること。
　　③　就職の面倒をみること。
　問三　③「私立の4年制大学を経営する461法人のすべてを対象に調べたところ」にある「ところ」と同じ意味のものを、次から選びなさい。
　　①　会議が。終わったところへ小林さんが慌てて入ってきた。
　　②　お休みのところを起こしてしまってすみません。
　　③　留学について父に相談してみたところ、父は喜んで賛成してくれた。
　問四　④「『勝ち負け』の分かれ目は……いかに学生を主役にした教育がができるかにかかっている」にある「かかる」と同じ意味のものを、次から選びなさい。
　　①　これは生死にかかる大問題である。
　　②　老後を長男夫婦にかかる。
　　③　町の劇場に芝居がかかっている。
　問五　⑤大学「全入時代」はいつから始まると見積もられているか、次から選びなさい。
　　①　2004年

② 2007年

③ 2009年

問六 「勝ち組」と「負け組」に当たることばは何か、次から選びなさい。

① 国立大学と私立大学。

② 大学と短大。

③ 志願者が集中する学校と定員割れに悩む学校。

問七 大学や短大が厳しい経営を迫られている中、生き残りの一番大きなポイントになるものは何か、正しいと思われるのを、次から選びなさい。

① いかに学生獲得策としての「入り口」と「出口」を改善するかにある。

② いかに個性化・特色化していくかにある。

③ いかに学生を主役にして教育ができるかにある。

四、文章(二)を読んで次の問いに答えなさい。

問一 「2005年度から高等学校卒業程度認定試験に衣替えする」にある「衣替えする」に当たる意味を、次から選びなさい。

① 別の衣服に着替える。

② 飾りつけや外観をすっかり変える。

③ 季節の移りかわりに応じて内容を変える。

問二 この文章で言う「大検」とは何か、次から選びなさい。

① 大学入学資格検定。

② 高等学校卒業程度認定試験。

③ 不登校生徒の学習成果を評価する試験。

読解技法

段落的主题分析

正如每篇文章都有一个主题一样，文章中的每一个段落也会有一个小主题。一般而言，段落中都有一句能够表达小主题的句子，这句话叫做小主题句(ピックーセンテンス)或关键句(キーセンテンス)。小主题句无疑是各个段落的中心，段内各个句子就是围绕这个中心而展开的。

小主题句的位置一般在段落开头，也有的在段落的中间和末尾。例如：

人間は、自分の生き方を自分で決めるものである。われわれは、日常の生活において、人間も本能に動かされる存在であることを知るが、同時に、本

能を抑えることができる存在であるのを知っている。われわれは、その場の状況や、そのときの感情によって流されるときもあるが、自分の立てた計画によって、自分の未来を切り開いていくこともできる。今、われわれの送っている高校時代は、将来の生活についてある程度の方針を決める時期であろう。われわれは、自分の将来について自分で決断を下すのである。そのとき、われわれが、はっきりした意志を持ち、自由に決断し、またそれを実行できるならば、まさにそれこそ真に自分の人生を生きているのである。

这段话的小主题句就是段落的开头部分，即"人間は、自分の生き方を自分で決めるものである"。

当然也有在段落中找不到小主题句的情况，这就需要读者自己进行归纳。例如：

現在でも、地球上には飢えに苦しんでいる人たちが、たくさんいる。このまま人口が増え続けたら、食糧問題はますます深刻になるに違いない。また、生活や産業の廃棄物が増えて、環境が汚染されることや、人間の数に比べて石油や石炭などの資源が不足することも心配だ。

以上段落的小主题句应归纳为：人口が増えつづけたら、食糧・環境・資源などの問題はますます深刻になるに違い。

文章的体裁分析

文章的体裁就是指文章的表达方式，它是表达思想感情、反映客观事物的方法和手段，是文章形式构成的重要因素。日语文章的体裁可分为以下四类：

（1）抒情为主的文章。常见的有"短歌""俳句""随笔"，有些小说也可以划入这一类。

（2）记叙为主的文章。常见的有"新聞記事""紀行文""伝記""随筆""脚本""小説"等。

（3）议论为主的文章。常见的有"学術論文""論説文""評論文"等。

（4）说明为主的文章。常见的有"解説文""報道文""説明文"等。

言語文化コラム

ラーメン

中国では定番の中華料理として人気の「ラーメン」ですが、日本でもラ

ーメンの人気はとどまる事を知らず、もはや国民食と化しています。

ラーメン口「くち」コミ情報ランキングサイトによると登録している店舗数は約40,000店舗にもなり、全国には後当地ならではのご当地ラーメンがあります。北海道なら味噌をベースにした札幌ラーメン、関東なら醤油ベースの東京ラーメンや横浜ラーメン、九州なら豚骨ベースのとんこつラーメンなどが有名です。

その他、スープが牛乳のミルクラーメン、苺が入った苺ラーメン、女性に人気のトマトラーメンなど変わり種ラーメンまでもが登場しました。また数多くのラーメン店から美味しいラーメン店を紹介する雑誌やテレビ番組も制作される程、人気は高く、今ではラーメン評論家という職業が存在しています。ラーメン評論家は、美味しいと噂があるラーメン店へ出向き、そのラーメンの味を評価しています。彼らは最低でも1日2杯のペースでラーメンを食べていると言われ、中には今までに20,000杯以上のラーメンを食べたことのある評論家もいます。

また神奈川県横浜市に「新横浜ラーメン博物館」というシュージアムがあります。博物館の中は古き良き昭和の町並みを再現した作りになっており、人情味あふれる雰囲気が漂っています。そして、普通ならご当地まで足を運ばなければ食べることができない、ご当地ラーメンが、ここでは食べることが出来るのです。

北は北海道から南は熊本県までの有名なラーメン店が全国から集まっています。また「新横浜ラーメン博物館」の特徴はどんぶりの大きさにあり、通常サイズとミニサイズが用意されています。ミニサイズのどんぶりを利用して、全国様々なご当地ラーメンを食べることができる楽しみがあります。お土産も充実していて、有名店のどんぶりやラーメンに因んだお菓子も販売されています。その他、ラーメントリビュートとしてラーメンの歴史などがわかる展示物があります。ここは食べて美味しい、見て楽しいミュージアムとして人気です。

さらに大阪にはインスタントラーメン博物記念館もあります。ここでは、インスタントラーメンの歴史や最新の宇宙食ラーメンが展示されています。またカップメンの製造工程がわかる体験工房があり、自分でデザインしたカップに好きなスープと具材をトッピングして、世界で1つだけの「カップヌードル」を作ることが出来るのです。

このようにラーメンは、日本の1つの文化として深く根付いています。

（李宜冰、宇木淳一、津田篤志『日本文化学習書』による）

第十五課

――――（一） デモクラティズ――――

　平等主義には「機会の平等」に関するものと「結果の平等」に関するものとがある。後者の「結果の平等」は、しばしば悪しき平等主義におちて、自己責任に基づく自由選択の姿勢を阻害する。前者の「機会の平等」は自由選択と両立するとみなされているが、「機会の平等」を単なる形式にとどめず実質化しようとすると、選択能力を平等にするためにあれこれの手当てが必要になり①<u>「結果の平等」</u>へと近づいていく。ともかく、近代および現代における平等主義は明らかに「結果の平等」に傾いているのである。

　「結果の平等」をめぐる平等主義こそが民主主義の根幹であるとする態度をデモクラティズムと呼ぼう。デモクラシーという言葉は実に多義的に用いられており、②<u>それが狭隘な平等主義に陥っている現状を的確に表してくれない</u>。民主主義がまさに一個の「主義」となって平等主義に後退していく様子を示すには、③<u>デモクラティズムという用語の方が便利と思われる</u>のである。大衆人に追求する民主主義はデモクラティズムであり、そこでは平等主義が最大限に持ち上げられているのである。

　また、日本的な文化型のひとつの柱である相互的個人主義が平等主義に親近的であることも忘れるわけにはいかない。どんな集団であれ、集団内部の人間の相互関係を安定させるためには、集団の各構成員が集団活動に進んで参加できるような条件を整備しなければならない。つまり、公平の原則が必要である。公平がただちに平等と同じだというのではないのだが、平等志向に傾くことは否めない。特に公平さを数量的にだけ表現しようとすると、そのもっとも簡便な方法は「結果の平等」を前面に押し出すことなのである。日本型の文化にあって、真に自由主義的な態度はなかなか生まれてこない。なぜなら、その態度は環境的孤立することも恐れないような構えがあって、初めてはぐくまれるものだからである。

　④<u>デモクラティズムは、それ自身のうちに大きな逆説をかかえているために、かえって極端に及ぶ傾向がある</u>。つまり、平等主義が支配的イデオロギーとなると、それまでは当たり前のこととして容認されてきた小さな不平等までもが不満

の種となって不平等感が強まり、それが過激な平等化要求となって現れるのである。そして、そうした要求をつらぬくには、人間は生まれながらにして平等であるという人間観を過激に強調しなければならなくなる。それゆえ、大衆人はお互いに均質的、標準的、平均的であるというのは正しくない。彼らは、事実としてはほとんど均質でありながら、お互いの間の微小な差異についてますます神経を尖らせるのである。その意味で、いわゆる差異化現象を生み出している⑤「小衆」とか「分衆」こそ、大衆人の振り舞いをよくなぞっていると見ることができる。

　平等主義が犠牲にするのはいうまでもなく自由である。真の自由は、生得的あるいは原始的な不平等のうちの少なからぬ部分を、むしろ自己の逃れがたい宿命として引き受けて、その宿命のうちではなおも活力ある生を組み立てようとする努力のことである。自由は秩序との相対で成り立つのであり、その秩序のうちにはさまざまな不平等が含まれている。秩序に制約されつつ秩序と抗争するという二面的な過程こそが自由の本質である。大衆人の自由は秩序を欠いているために放埒へと流れがちであり、また、まったくの放縦など想像することすら適わぬ事態であってみれば、大衆人の自由は抑圧をひそかに招き寄せもする。デモクラティズムはまさにそうした抑圧の機構を観念上の体制としても制度上のしぐみとしても種種作り出してもいるのである。

——（二）　エビガニ——

　「①お兄ちゃん、二十七匹だぜ。エビガニが二十七匹だぜ！」

　A彼は僕から紙をひったくると、うっとりした足どりでアトリエの隅へ戻ってゆき、床にしゃがみこむと、鼻を啜りながら画を描き出した。B彼は一匹描き上げるたびにため息ついて筆をおき、近所の仲間にそのエビガニがほかの一匹とどんなに違っていたか、どんなに泥穴の底からひっぱりだすとおかしげに跳ね回ったかと雄弁をふるった。

　「……なにしろ肩まで泥ンなかにつかったもんなあ」

　彼はそういって、まだ爪にのこっている川泥を鉛筆の先でせせりだしてみせた。仲間はおもしろがって三人、五人と　C彼のまわりに集まり、口々に自分の意見や経験をしゃべった。アトリエの隅はだんだん黒山だかりに子供が集まり、騒ぎがおおきくなった。すると、それまでひとりぼっちで絵筆をなぶっていた太郎がひょいと立ち上がったのである。見ているとかれはすたすた仲間のところへ近づ

き、人だかりのうしろから背伸びしてエビガニの画をのぞきこんだ。しばらくそうやって ④彼は画を見ていたが、やがて興味を失ったらしく、いつもの遠慮深げな足どりで自分の場所へもどっていった。僕のそばを通りながらなにげなく⑤彼のつぶやくのが耳に入った。「スルメで釣ればいいに……」僕は小さな鍵を感じて、子供のために練っていたグヮッシュの瓶をおいた。僕は太郎のところへゆき、一緒にあぐらをかいて床に座った。「ねえ。エビガニはスルメで釣れるってほんとかい？」③僕は単刀直入にきりこんだ。ふいに話しかけられたので太郎はおびえたように体を起こした。僕はタバコに火をつけて、一息吸った。

「僕はドバミミズで釣ったことがあるけれど、スルメでエビガニというのは聞き始めだよ。」

僕が笑うと太郎は安心したように肩を落とし、筆の穂で画用紙を軽くたたきながらしばらく考え込んでいたが、やがて顔をあげると、きっぱりした口調で、「スルメだよ。ミミズもいいけれど、スルメなら一本で何匹も釣れる。」「へえ。いちいちとりかえなくっていいんだね？」「うん」「妙だなあ」僕はタバコを口からはなした。「だって君、スルメはイカだろう。イカは海の魚だね。すると、つまり、川の魚が海の魚を食うんね？…」いってから、③しまったと僕は思った。この理屈は苦い潮だ。貝は蓋を閉じてしまう。やりなおしだと思って体を起こしかけると、それよりさきに太郎が言った。「エビガニはね」彼はせき込んで早口に言った。「エビガニはね、スルメの匂いが好きなんだよ。だって、ぼく、もうせんに田舎ではそうやってたんだもの」太郎の明るい薄茶色の瞳には、はっきりそれとわかる抗議の表情があった。④ぼくは鍵がはまってカチンと音をたてるのを聞いたような気がした。

（開高健「裸の王様」より）

単　語

(一)

デモクラティズム（democratism）	（名）	全民平等主义、民主主义
手当て（てあて）	（名）	手段、对策
ただちに（直ちに）	（副）	立即、马上，直接
否む（いなむ）	（他五）	拒绝、不答应、否定
はぐくむ（育む）	（他五）	孵化，培养
なぞる	（他五）	描（字、画等）、涂、擦抹，转嫁

生得的（せいとくてき）	（形動）	天生的、生来就有的
放埒（ほうらつ）	（名・形動）	放纵，任性
逆説（ぎゃくせつ）〔paradox〕	（名）	反论、悖论
イデオロギー（ドイツ）〔Ideologie〕	（名）	意识形态、思想倾向

（二）

エビガニ	（名）	小龙虾
引っ手繰る（ひったくる）	（他五）	抢夺、一把抓去
足取り（あしどり）	（名）	步态、走路的样子
アトリエ(atelier)	（名）	画室，工作间
啜る（すする）	（他五）	（鼻涕）抽吸声
引っ張り出す（ひっぱりだす）	（他五）	拽出来、拉出来
奮う（ふるう）	（他五）	振奋、兴奋，跳动，踊跃
せせりだす	（他五）	抠出、挑出、挖出
弄る（なぶる）	（他五）	用手摆弄、把玩
ひょいと	（副）	径直走向、直接走向
人だかり（ひとだかり）	（名）	人群、扎堆
遠慮深げ（えんりょぶかげ）	（名）	举止拘谨
鯣（するめ）	（名）	鱿鱼干、乌贼干
グワッシュ(gouache)	（名）	水粉颜料、水粉画
切（り）込む（きりこむ）	（自五）	切入，攻入
怯える（おびえる）	（自一）	胆怯、恐惧
ドバミミズ	（名）	红蚯蚓
きっぱり	（副）	肯定地、明确地
急き込む（せきこむ）	（自五）	焦急、迫不及待
もう先（もうせん）	（副）	很久以前
雄弁（ゆうべん）	（名・形動）	高谈阔论、雄辩

文 法

（一）

1. 平等主義が犠牲にするのは<u>いうまでもなく</u>自由である。

　　这句话的意思是"毋庸赘言，平等主义所牺牲掉的就是自由"，其中"いうま

でもない"接在名词、形容词或动词原形后面,意思为"不用说""当然",例如:
○ 仕事につけば収入は増えるが自由時間は少なくなるというのはいうまでもないことだ。
　　(不用说工作之后收入是增加了,可自由时间就少了。)
○ 全然学校に来なかった彼は卒業できなかったのはいうまでもない。
　　(他根本都没来上过学,不用说当然毕不了业。)
○ 単位が足りなければ卒業できないのはいうまでもないが、足りていても卒業論文を書かなければ卒業できない。
　　(学分不够当然不能毕业,就是学分够了,如果不写毕业论文,也毕不了业。)
2. 大衆人の自由は秩序を欠いているために放埓へと流れがちであり、また、まったくの放縦など想像することすら適わぬ事態であってみれば、大衆人の自由は抑圧をひそかに招き寄せもする。
　　这句话的意思是"大众化的自由因其缺乏秩序的约束,很容易流于放纵,而一旦出现那种难以想象的彻底放纵,民众的自由也就会悄然招来压制。"其中"がち"接续及用法为:"动词+がち"意思为"容易""往往会",例如:
○ あまいものはついつい食べ過ぎてしまいがちなので、ダイエット中は気をつけましょう。
　　(甜东西稍不注意就容易吃多,所以在减肥期间一定要节制。)
　　"名詞+がち"意思为"经常""总是""带有……倾向的",例如:
○ このところ、はっきりしない雲がちの天気が続いているので、洗濯物が干せなくて困る。
　　(最近天气总是那么阴沉沉的,洗了的衣服也晾不干,真烦人。)

(二)
1. ぼくは鍵がはまってカチンと音をたてるのを聞いたような気がした。
　　这句话的意思是"我感觉像是听到了钥匙插入锁孔而发出的清脆开锁声"。其中"～気がした"前接名词+の、用言连用形,意思为"仿佛""感觉像……""觉得好像是……",例如:
○ ちょっと期待を裏切られたような気がする。
　　(仿佛觉得被他人欺骗了似的。)
○ この人はどこかであったことがあるような気がする。
　　(这个人感觉好像在哪见过。)
○ いやな気がする。

（有种不祥的预感。）

練 習

一、次の漢字に適当な読み方をつけなさい。

後者（　　　）　　姿勢（　　　）　　阻害（　　　）
簡便（　　　）　　選択（　　　）　　根幹（　　　）
集団（　　　）　　整備（　　　）　　雄弁（　　　）
口調（　　　）　　理屈（　　　）　　単刀直入（　　　）

二、次の片仮名を適当な漢字に変えなさい。
1. キョウアイな平等主義（　　　）
2. カゲキな平等化要求（　　　）
3. ビョウドウ主義（　　　）
4. ビショウな差異（　　　）
5. 逃れがたいシュクメイ（　　　）
6. チツジョに制約される（　　　）
7. 自由のホンシツ（　　　）
8. シンケイをとがらせる（　　　）
9. ジユウ主義（　　　）
10. 現状をテッカクに表す（　　　）

三、文章（一）を読んで次の問いに答えなさい。
　問一　①［結果の平等］に関連するものを次の中からひとつ選び、その番号を記せ。
　　① 学力
　　② 文化
　　③ 所得
　　④ 伝統
　　⑤ 財産
　問二　②［それ］は何をさしているか。
　　① デモクラティズム
　　② デモクラシー

③　民主主義
④　平等主義

問三　③「デモクラティズムという用語の方が便利と思われる」とあるが、筆者のいう［デモクラティズム］に該当するものを次の中からひとつ選び、その番号を記せ。
①　大衆の価値体系の中心にある観念は［自由］［平等］である。
②　民主主義は大衆の自由な創意に基づいて行われる。
③　大衆のめざす価値は無条件に追求されなければならない。
④　大衆の能力は不断に問いただされなければならない。

問四　④［デモクラティズムは、それ自身のうちに大きな逆説を抱えている］とあるが、具体的にどういうことか。最も適当なのをひとつ選びなさい。
①　デモクラティズムが、不完全なところがある。
②　民主主義が、かえって不民主主義に引きずっていく恐れがある。
③　平等主義が、かえって不平等主義に引きずっていく恐れがある。
④　平等主義が、かえって不平等感を強める。

問五　⑤［「小衆」とか「分衆」こそ、大衆人の振り舞いをよくなぞっている］とあるが、筆者の論旨に該当するものを次の中からひとつ選び、その番号を記せ。
①　それは大衆の価値を積極的に推し進めた現代的なあり方である。
②　それは大衆の差異が洗練された結果として生じた姿である。
③　それはデモクラティズムの人間観を推し進めた結果である。
④　それは現代の大衆を機能的に分析した行為の現れである。

四、文章(二)を読んで次の問いに答えなさい。

問一　①「お兄ちゃん、二十七匹だぜ。エビガニが二十七匹だぜ！」とあるが、この「少年」は、二十七匹もつかまえたエビガニのことで心がいっぱいになり、非常に得意になっている。この時の「少年」の気持ちを表す言葉を、次の中の漢字の組み合わせから選びなさい。

　　ア　無　　イ　有　　ウ　失　　エ　我　　オ　頂
　　カ　夢　　キ　神　　ク　天　　ケ　地　　コ　明
①　アエカケ　　②　イオク
③　ウキ　　　　④　クケキコ

問二　②「僕は単刀直入にきりこんだ」とあるが、これは「ぼく」がどうしたことなのか。適切なものを次から選びなさい。

① 話題をそらさずに、ずばりと問いかけたということ。
② 相手の気持ちを無視し、そっけなく聞いたということ。
③ イエスかノーかを、何度も聞きただしたということ。

問三 ③「しまったと僕は思った」とあるが、その理由として、適切なものを次から選びなさい。

① 相手が気にしていることについつい話がいってしまって、あとでそのことに気づいたから。
② ちょっとした話のはずみとはいえ、きずつきやすい子供の心をきずつけてしまったから。
③ 理屈っぽいものの言い方をしたので、相手が口をきかなくなるのではと心配したから。

問四 ④「ぼくは鍵がはまってカチンと音をたてるのを聞いたような気がした。」とあるが、この時の「ぼく」の気持ちを述べたものとして適切なものを次から選びなさい。

① せっかく努力したのに、やはり太郎の心を閉じさせてしまったというがっかりした気持ち。
② とぎれてしまいはせぬかと心配していた太郎と自分との心のつながりが結べたというほっとした気持ち。
③ これからどのように話を進めていったらよいのかはっきり見通しがついたという喜びの気持ち。

読解技法

段落间的逻辑关系分析

　　文章是由若干段落构成的。这些段落之间并非彼此孤立，而是互相关联的。段落间的关系和句间关系十分相似，分析段落间的逻辑关系最简便有效的方法是：先找出段落的小主题句或将段落归纳成一个小主题句，然后根据小主题句间意义上的联系考虑彼此之间的逻辑关系。一般来说段落间存在着以下八种逻辑关系：

　　(1) 顺接型。前段提出一种情况、原因、理由、条件或假设，后段道出理所当然产生的结果、结论、看法等。前后段落是一种顺接逻辑关系。如理所当然"（だから、それで）等"、结果"（そうして、その結果）等"、目的"（それには、

そのためには)等"。

(2) 逆接型。前段叙述一项内容，后段叙述与其有相反趋向的事项。前后段落按照逆态关系连接。如转折"(しかし、けれども)等"、反常"(それなのに、それにもかかわらず)等"、意外"(ところが)等"。

(3) 添加型。前后两个段落叙述的内容、事项是并存的两种情况或继起的两个行为，或表示除前段所叙事项外还有另一种事项。如累加"(そして、そうして)等"、序列"(ついて、つぎに)等"、追加"(それから、さらに)等"、并列"(また、と同時に)等"、继起"(そのとき、その瞬間)等"。

(4) 对比型。后段所叙内容和前段内容形成了一种相互比较、对照的关系。关联词语有"これに対して"等。

(5) 同位型。后段所叙内容是对前段内容的限定或注释，前后段所叙内容在逻辑上处于一种同等或同位关系。常用"つまり""言い換えれば""たとえば"等词语予以关联。

(6) 补充型。后段叙述的内容、事项是对前段的补充、制约，或说出其根据、原因、理由，或提出制约条件。如原因"(なぜなら、というのは)等"、制约"(ただし、ただ)等"、补充"(なお、ちなみに)等"。

(7) 转换型。前段叙述一项内容，后段转换话题叙述其他方面的内容、事项。如转移"(ところで、ときに)等"、推移"(やがて、そのうちに)等"、转换话题"(さて、それでは)等"。

(8) 连锁型。前后段所叙内容直接相承。如附加解释、引用说明、一问一答、提示说明等。

言語文化コラム

伝統的な日本食

1. 五味五色五法の日本料理

日本食には、家庭での日常の食事だけでなく、伝統的な行事食や宴席料理などがあり、依然として、現代の日本人の生活の中に生きている。諸外国では寿司、天ぷら、すき焼きなどが代表的な日本食として知られているが、日本食の特徴という点から言えば、むしろ、伝統的な行事食や宴席料理のほうがその色彩が濃い。

昔から、日本食を「五味五色五法の日本料理」と言って、その特徴を表

現する。「五味」とは、甘・酸・辛・鹹（かん）（塩辛い）のことを、「五色」とは白・黄・赤・青・黒のことを、「五法」とは生・煮る・焼く・揚げる・蒸すという調理法を指す。つまり、日本食とはこれくらいデリケートな料理だということである。素材の持ち味を生かしながら、味・香り・色を大事にし、春夏秋冬の季節感をも重視する。材料の旬（最も美味しい時季）にも気を配る。さらに、料理を盛り付ける器も、料理によってあるいは季節によって、色・形・材質について配慮するのである。

2. 伝統的な日本食

伝統的な日本食に次のようなものがある。

①本膳料理。室町時代に武家の礼法とともに定められたもてなしの形式が基になった料理。現在では、冠婚葬祭などの儀礼的な料理としてわずかに残っているだけであるが、ほかの伝統的な日本食の形式や作法上の基本になっている。

②茶懐石料理。茶の湯で茶を出す前に供する簡単な料理。懐石とは、温めた石を懐に抱いて腹を温めるのと同じくらいに、空腹をしのぐという意味である。懐石料理とも言う。

③会席料理。本膳料理よりもずっと形式ばらず、くつろいだ形の宴席料理。言うなれば日本のパーティー料理である。現在の日本料理店で供する宴席料理の多くがこれである。

④精進料理。魚介類や肉類を用いずに、大豆加工品や野菜、海草などの植物性食品だけを使った料理。これには、仏教の禅宗に伝わる精進料理と、黄檗山万福寺（おうばくさんまんぷくじ）に伝わる普茶料理がある。

⑤おせち料理。正月のお祝い料理で、五段重ねの漆塗りの重箱に各種の料理を詰めて出すもの。昔は、特別の行事の日に、神に供える料理のことを言っていた。

（李宜冰、宇木淳一、津田篤志『日本文化学習書』による）

第十六課

──（一）　羞恥──

　①羞恥は人間の様々な感情の中で、心の最も奥深い処から出てくる最も自然な感情だと、私はつねづね考えている。しかも現代に一番かけていて、現代の文化の危機を微妙に表現している。人間の奥深い感情というのなら、他に愛もあれば、同情もあると人はいうだろう。しかし②愛は半ばエゴイズムを前提としている。同情はとかく与える側に自己満足をもたらし、道徳的押し付けがましさの匂いがある。同情されて人は必ずしも嬉しくはない。

　しかし、羞恥は道徳感情とは関係がない。第一に、羞恥には意識が介在しない。下心や演技で、恥じらいを感じたり、感じなかったりできるものではない。さらに羞恥は孤独な感情ではなく、ある共同の意識を前提とする。たとえば、四、五人の集まりで誰か一人が下品な言動に及ぶと、同席した全員に恥ずかしさは伝播する。男だけの集まりならかなり猥褻な話をしても平気だが、一人でも女性がいると、ほんの軽い猥談でも、男たちは彼女の存在を意識して、羞恥を感じる。羞恥はこの意味で性的領域に深く関わる感情だともいえる。

　我が子の学業成績が悪く、進学の暗い前途を悩んでいる母親の前で、その友人にあたるもう一人の女性が、自分の子の順調な進学状況を報告する気にはとてもなれず、顔をふせていた、という例がある。「気の毒で、居たたまれなくて」と彼女は言った。教育問題の騒然たる現代日本らしい事例のひとつだが、この場合には相手に同情しても嘘になるし、自分の優越を隠してもいつかわかるから、沈黙でかえって相手に傷つけてしまうので、要するに「居たたまれない」思いに追い込まれるよりほかに仕方がない。人間は自分の優越を覚える、あるいは、他人の不幸に安堵を覚える始末に負えぬ存在だが、他方でそのことを恥ずかしいと思う心の働きを持っている。それは必ずしも道徳的自制心ではなく、相手を辱める役割を自ら演じたくないという本能的恐怖心に発している。そういう場面に自分が立たされるのは生理的に耐えがたいのだ。

　自分の優越を気取られまいとする羞恥は、外見的には「謙遜」と大変によく似た一面を持っている。しかし、非常に大きな違いは、謙遜は他人の優越、自分の

無価値を受け入れている関係でのみ成り立つのに引き換え、羞恥は自分の側の価値を前提としている。自分の父親が結婚式でみっともない挨拶をしたとする。自分は父親の話し方の失敗に気が付いている。その限りで彼自身には価値の意識がはっきりしている。そのとき彼を襲うのは羞恥の感情であって、謙遜の念ではない。しかも、興味深いのは、結婚式の出席者の中でデリケートな何人かは、他人の失敗なのに、まるで我が事のように、恥ずかしい感覚を味わう。このような連鎖反応を引き起こすのが羞恥の特徴である。羞恥心が育ちや階層や郷土意識といった、一定範囲の文化母胎と深く結びついている所以である。羞恥は教育によって育てることができない。知識や教養とは無関係な情念である。

　私がなぜ今羞恥のテーマを取り上げるかといえば、現代においてはこれが最も失われ、売名、打算、自己顕示、目立ちたがり、迎合、お上品ぶるな目を蔽うばかりに跋扈しているからである。羞恥は最も内発的な感情なのに、現代においては羞恥の演技、すなわち媚態（コケトリー）が幅をきかしている。若い女性が男性の前でわざと目を伏せる仕種は、目をあげた次の瞬間に、相手に気に入られたかどうかの効果を期待している。それがコケトリーである。本当の恥じらいは、身を隠してしまいたい衝動、自己抑止の作用を促すのであって、他人に対する効果を計算しない。しかし現代は他人に対する効果を狙い、勝利を収める演技性が何にもまして価値のあることとされる。「お嬢様ブーム」などというばかげた現象があるそうだが、この手のお上品ぶりほど根底において羞恥を知らない、下品なものはない。知識人の世界でも効果を狙った、時代迎合の本がよく売れる。

　が、羞恥を失った時代の最大の難点は、真の猥褻感情が成り立たなくなることである。現代は猥褻な時代だと思っている人が多いかもしれないが、猥褻とは自分のであれ、他人のであれ、羞恥心の毀損を最大の狙いとし、これによって引き起こされる全身を揺るがすような厭わしい感情が、一瞬にして快楽に転じる、その悪魔的な心理効果の繊細な洗練化に尽きるといっていい。露骨な性の直接性が日常化している状況下では、古今東西のポルノグラフィーを支えたデリケートな心理の冴えは、もはや成り立つはずもない。

　最近のテレビにはエイズのニュースがよく取り上げられる。日本の若い女性のニュースキャスターが、アメリカの事情説明にかこつけて、したり顔に、露骨な性の話を展開するのを聞いていて、私は自分の方が羞恥の念に捉えられるのを禁じえなかった。

　繰り返すようだが、羞恥は人間の中の最も価値のある深い心の働きである。人

間は相手に恥辱を与えることを恐れる自己抑止力を持つと同時に、他面、そのような深い抑制力を持つがゆえに、③それをこわすこと、すなわち辱めが最高の快楽へと接続するという悪の感情と隣り合わせて生きている神秘な存在である。羞恥心を欠いた世界では、人間存在のこの④二重性そのものが危うくなるのである。

────（二） 貨幣────

　市場経済において、貨幣のはたしている役割は非常に大きい。貨幣が存在しない経済では、モノとモノが直接交換される（物物交換）。しかし、物物交換の経済では、自分が生産し所有しているモノと他人が生産し所有しているモノとが、ともに交換したいと思わなければ交換は成立しない。つまり、一方の人が他の人のモノを欲したとしても、他の人がその人のモノと交換したいと思わなければ片思いになってしまって、交換が成立しないのである。物物交換では、交換両当事者の欲求の一致（二重の欲求の一致）が存在しなければならない。ということは、物物交換の経済では、交換は限られてしまい、交換、あるいは取引を中心とする商品経済の発展は限定されてしまうのである。
　このような、物物交換の中から、人類は貨幣というモノを見つけ出した。つまり、物物交換の範囲と頻度が増えるにしたがって、①誰もが交換したいという商品が出てきて、その商品との交換が頻繁に行われるようになると、②交換当事者はその商品と自分の生産物をいったん交換すれば、次からは、他の多くの商品を手に入れることができるようになるからである。誰もが交換したい商品、それはある意味では何でもよいのであるが、歴史的には稀少性のある貴金属、つまり、金や銀という商品であった。人類は、特に農業における生産力を増加させ、自給自足経済から脱すると、物物交換の仲立ち、つまり、それ自身が商品であるとともに、交換手段としての役割を果たすようになり、さらには、純粋な交換手段に転化するに至ったのである。生産物はいったん貨幣に交換（販売）すると、次からは、その貨幣であらゆる商品、生産物が交換（購入）できるのであるから、欲求の二重の一致注3を必要とする物物交換において交換に投じられたコストを削減することができるようになり、交換、つもり、市場取引が急速に増大するようになった。

　　　　　　　（大塚勇一郎「基本現代経済学入門」有斐閣より）

 単　語

（一）

奥深い（おくぶかい）	（形）	幽深，深邃，（意义）深远
つねづね（常常）	（副）	经常
エゴイズム（egoism）	（名）	自我主义、利己主义、自私自利、私心
押し付けがましい（おしつけがましい）	（形）	强迫、强加于人的
下心（したごころ）	（名）	本心、内心，企图、预谋
居たたまれない（いたたまれない）	（形）	呆不住，坐不住，无地自容
安堵（あんど）	（名・自サ）	放心，〈史〉古代领主对领地的所有权的确认
気取る（きどる）	（自五）	摆架子，耍派头，以……自居
みっともない	（形）	难看，不体面，丢人，不像话
デリケート（delicate）	（名）	纤细、感情脆弱、敏感
かこつける（託ける）	（自一）	借口、托故
半ば（なかば）	（名）	几乎、相当程度
始末（しまつ）	（名）	情形、情况，结果、结局，処理
負えぬ（おえぬ）	（連語）	处理不好，无法承担、无法应对
辱める（はずかしめる）	（他一）	羞辱
介在（かいざい）	（名・自サ）	介入其中
コケトリー	（名）	摆造型、做姿态，艺术形象
所以（ゆえん）	（名）	理由、缘故
幅をきかす	（慣用）	有势力，掌控局势
ポルノ－グラフィー（pornography）	（名）	色情文学（包括图片、影视等）
ニュース－キャスター（newscaster）	（名）	新闻解说员、新闻主持人
したり顔	（名）	得意的面孔、自夸的神情

第十六課

危うい（あやうい）　　　　　　　　（形）　　　　危险

（二）

物物交換（ぶつぶつこうかん）　　　（名）　　　　以物易物、以货换货
片思い　（かたおもい）　　　　　　（名）　　　　单相思、单方面的愿望

文 法

（一）

1. 心や演技で、恥じらいを感じたり、感じなかったりできるものではない。

　　本句的意思为"首先羞耻之中不存在意识这个媒介，并不是通过蓄意的企图或演技就能够感觉到或感觉不到羞耻。"其中"たり、たり"可接在用言的连用形之后，接在"が""な""ば""ま"行后成为活用动词时，要变成"だり"。有三种用法：

　　（1）重叠使用，表示同时进行，或相继发生的动作、状态。相当于汉语中的"又……又……""或……或……""有时……有时……""时而……时而……"。

○ 休みの日には、ビデオを見たり音楽を聞いたりしてのんびり過ごすのが好きです。

　　（休息日我喜欢看看影碟、听听音乐，过得悠闲一些。）

　　（2）将一个动作或状态作为例子举出，以暗示还存在其他类似的事物。相当于汉语中的"什么的""之类的"。

○ 私が人を騙したりなどするものですか。

　　（我哪能干骗人之类的事。）

　　③重叠使用，表示命令、劝诱等。

○ さぁ、早く起きたり起きたり

　　（喂，快起来！）

2. 日本の若い女性のニュースキャスターが、アメリカの事情説明にかこつけて、したり顔に、露骨な性の話を展開するのを聞いていて、私は自分の方が羞恥の念に捉えられるのを禁じえなかった。

　　本句的意思为"日本年轻的女新闻解说员在谈到有关美国的问题时，会得意洋洋地借机展开露骨的性话题。每每听到这些我自己都不由得感到羞耻"。其中"～を禁じえない"前接体言，意思为"不禁……、忍不住……"，强调一种感情、情绪，例如：

○ 私たちは、彼の突然の辞職に、戸惑いを禁じえない。

（我们对于他的突然辞职感到很困惑。）
○ あんまりにも悲しい場面に涙を禁じえなかった。
（这个画面太悲伤，让人忍不住流泪。）
○ 君がこんな失敗をするとは、僕は失望を禁じ得ない。
（如果你出现这样的差错，会令我失望的。）

（二）
1. それ自身が商品であるとともに、交換手段としての役割を果たすようになり、さらには純粋な交換手段に転化するに至ったのである。

本句的意思为"其本身即是商品，同时也承担起了交易手段的作用，进而最终转化为纯粹的交易手段"。其中"～に至る"前接体言、用言基本形，"～に至って（は）"意为"直到发展为严重事态的时候"。正如动词"至る"的原意，表示"将某些事物按阶段把握，并逐渐到达某种阶段、状况、事态"之意。"に至るまで"意为"直到……"，用于表示事情已到了某种阶段。这个表达方式用于表示上限，前接内容均为表示极端意思的名词。相关的表达方式有"～に至る"（到……）、"～に至った"（到了……）、"～に至っても"（到了……也）、"～に至らず"（未到……），例如：

○ 証拠となる書類が発見されるに至って、彼はやっと自分の罪を認めた。
（直到我发现成为证据的文件，他才承认了自己的罪行。）
○ おめでとう。優勝に至るまでの過程を話してくれませんか。
（祝贺你。能否说一说拿到冠军的过程呢？）
○ この土地の繁栄はますます盛んになり、今日のごとき半永久的な状況を呈するに至った。
（这个地方越来越繁荣，直至达到今天这样基本稳定的状况。）

練 習

一、次の漢字に適当な読み方をつけなさい。

羞恥（　　　）　　削減（　　　）　　下心（　　　）

頻繁（　　　）　　伝播（　　　）　　猥褻（　　　）

媚態（　　　）　　稀少性（　　　）　　騒然（　　　）

優越（　　　）　　沈黙（　　　）　　安堵（　　　）

二、次の片仮名を適当な漢字に変えなさい。
1. オクブカイ感情（　　　　　　）
2. 進学の暗いゼント（　　　　　）
3. ヒンドが多い（　　　　　　）
4. コドクな感情（　　　　　　）
5. レンサ反応を引き起こす（　　　　　）
6. ヨッキュウが増える（　　　　　）
7. 自己ヨクシの作用（　　　　　）
8. 相手にチジョクを与える（　　　　　）
9. 時代ゲイゴウの本（　　　　　）
10. 文化ボタイ（　　　　　）

三、文章（一）を読んで次の問いに答えなさい。
　問一　①［羞恥は人間の様々な感情の中で、心の最も奥深い処から出てくる最も自然な感情だ］とあるが、筆者がこのように考える理由は何か。正しくないのを選び出しなさい。
　　①　現代に一番欠けていて、現代の文化の危機を微妙に表現しているから。
　　②　道徳感情とは関係がないから。
　　③　意識が介在しなく、下心や演技で、恥じらいを感じたり、感じなかったりできるものではないから。
　　④　孤独な感情ではなく、ある共同の意識を前提とするから。
　問二　②「愛は半ばエゴイズムを前提としている」とあるが、その説明として、次の中から、適当なものをひとつ選びなさい。
　　①　愛はプライバシー的なことだから。
　　②　愛は人間本来の暖かな心情であるから。
　　③　相手を尊重し始めて、愛は成り立つから。
　　④　愛は、対象に対して、何らかの強い自己の意志があって初めて存在するものだから。
　問三　③「それ」は何を指しているか。
　　①　羞恥心
　　②　深い抑制力
　　③　人間尊重
　　④　相手に恥辱を与えること

問四 ④「二重性」とはどういう意味か。
① 相手に恥辱を与えることを恐れる自己抑止力と、辱めを最高の快楽とする悪の感情
② 羞恥心を失った下品さと道徳感情
③ 自分の優越を気取られまいとする羞恥と、自分の無価値を受け入れている謙遜
④ 同情と愛と、羞恥と媚態

問五 本文の内容と合わないのをひとつ選びなさい。
① 羞恥は人間の感情の中で最も自然な、価値のある心の働きである。
② 羞恥は自分ひとりだけの感情ではない。
③ 性の直接性が日常化している状況下では、羞恥心はもう失ってしまった。
④ 羞恥心はなくなりつつ現在でも、知識人の世界では依然として専門的な本は人気が高い。

四、文章(二)を読んで次の問いに答えなさい。

問一 ①「誰もが交換したいという商品」は、現在何になったと考えられるが、適当なものを次から一つ選びなさい。
① アクセサリー
② 貨幣
③ 農産物
④ 工業生産物

問二 ②「交換当事者はその商品と自分の生産物をいったん交換すれば、次からは、他の多くの商品を手に入れることができるようになる」とは例えばどんなことか、最も適当なものを次から一つ選びなさい。
① 自分の作った野菜を貨幣と交換すれば、後は誰かが欲しいものと交換できる。
② 自分の作った野菜を銀と交換すれば、銀と他のいろいろなものと交換できる。
③ 自分がもらった品物を集めて他の人に売れば、美しい貴金属が手に入れる。
④ 自分がもらった品物を用いて生産力を増加させれば、何でも得ることができる。

問三 注3「欲求の二重の一致」とはだれとだれの欲求のことか、最も適当な

ものを次から一つ選びなさい。

① モノの生産者と消費者
② モノを交換したいと思っている人たち同士
③ 稀少性のあるモノを持っている人と交換したい人
④ 農産物を交換したい人と、銀を交換したい人

読解技法

文章的主题分析

文章的主题即文章的主旨亦或文章的中心思想。学会归纳文章的主题思想是透彻理解文章必不可少的阅读技巧。

有的文章开门见山说明文章的主题思想，为全文确立论述的中心，而后进行说明、举例、论证等。有的文章是篇末点题，即在文章结尾部分点明主题思想，而在前面的部分进行说明、举例、论证等。也有文章是先在开头部分点明主题思想，而后进行说明、举例、论证等，最后在文章结尾部分再次概括、重述主题。还有些文章并没有直接表现主题思想，而是寄旨于事或寓旨于物或融旨于景，需要读者根据文章的意思去领会和归纳。

一般说来，分析文章主题的步骤如下：

（1）通读一遍文章，弄清它写的是什么内容；
（2）注意关键词句，发现作者强调的部分；
（3）分清主要信息和次要信息，略去后者，对前者进行筛选提炼；
（4）将全文划分为若干段落，提炼出段落的主要内容，然后抓住全文的大意；
（5）从全文的大意里归纳出文章的主题。

文章的结构分析

文章的结构即文章内部的组织构造，它是文章的骨架，日语文章的结构大至可分为以下五类：

（1）递进叙述式。递进叙述式是叙述类文章的基本叙述方法，主要用于叙述层层递进、逐层深入的层次关系。通常是"开端—发展—高潮—结尾"的结构。

（2）并列叙述式。并列叙述式主要用于彼此独立、相互并列的层次关系。这类文章的特点是结构分明、条理清晰。

（3）归纳式。归纳式是议论类文章说理的基本方法，它是从许多个别性的材料中归纳出一般性的结论或规律的方法。归纳式的结构总是先罗列材料、讲出理由，而后做出结论、明确论点，其论证过程是先分论后结论。

（4）演绎式。演绎式是根据已知的一般性结论推断出特殊的个别性事物属性的方法。演绎式的结构是先提出中心论点，而后进行论证，其论证过程是先总论后分论。

（5）演绎归纳式。演绎归纳式是演绎式和归纳式两相结合的一种类型。其论证结构是"总论—分论—结论"，就总论到分论看是演绎式，就分论到结论看又是归纳式。

言語文化コラム

メイク事情

日本女性は外見に気を配り「化粧をする」ことが礼儀であり習慣となっています。ビジネスシーンや日常生活において、ノーメイクやヘアセットを行わず外出する女性はほとんどいません。日本に留学や仕事に行く時には、自分のメイクの仕方には気を付けた方がいいと思います。特に日本では就職し働く女性は必ず必要なことなので覚えておいてください。ここでは、基本の化粧アイテムとお化粧の仕方の失敗例を紹介します。

基本の化粧アイテム

○日焼け止め・下地

日焼けはシミ・そばかすの原因になります。シミ・そばかす防止の為にも、毎日使用することをお薦めします。

○コンシーラー

すでに出来てしまった、シミやそばかす、ニキビ跡の隠しに使用します。

○ファンデーション

自分の肌と合った色のものを選んでください。肌が綺麗なら必要はありません。リキッドタイプやパウダータイプがあります。

○チーク

チークの効果は、女性らしくなり健康的に顔の印象が引き締まって見えます。

○口紅・リップグロス

口紅は口元を綺麗に、リップグロスは潤んだ様に見せます。

お化粧を始めたばかりの時は、お化粧の仕上がりに不安を感じると思い

ます。しかし、お化粧のタブーを知っておけば上手にお化粧が出来ると思います。

　よく見る失敗例
　〇ファンデーションを厚く塗り過ぎると、老けて見えてしまいます。
　〇チークを塗り過ぎると、頬が赤くなりすぎて子供の様に見てしまいます。
　〇真っ赤な口紅を塗ると、口元が目立ち派手な印象を与えてします。
　〇リップグロスを塗り過ぎると、唇がテカテカに油料理を食べた様な印象になってしまいます。

　お化粧品の値段はピンからキリまでありますが、品質が良いからと言って、無理をして高価な物を購入する必要はないと思います。それよりもメイクの方法を覚え、お化粧をする習慣を身に付けた方が、人と会う時や就職の際の面接、ビジネスにおいて必ず役に立ちます。また日本では、お化粧を始めたばかりのビギナーを対象にメイク教室があります。

期末テスト

一、次の文の下線をつけた言葉はどれに当たるか、それぞれの①②③④から一つ選びなさい。

1. 生活方式の変化は<u>ろんだん</u>の話題になった。
   ①論断　　　　②論壇　　　　③論短　　　　④論弾

2. 彼女は生まれたつきの美人で、<u>おしろい</u>などいっさい必要としない。
   ①御粉　　　　②　白粉　　　③御白い　　　④御白粉

3. この規定には、権利の上に長くあぐらを搔いているもの者は民法の保護に値しないという<u>しゅし</u>も含まれている。
   ①主志　　　　②宗旨　　　　③主旨　　　　④趣志

4. 彼らはすでに<u>じこほんい</u>を乗り越えて社会の未来に目を向けて、幸福を考えている。
   ①自己本意　　②自己本遺　　③自己本為　　④自己本位

5. 文化は、それが創りだされた時代において<u>きょうじゅ</u>されるに止まるものではない。
   ①享授　　　　②共授　　　　③享受　　　　④共受

6. 君はなかなかよく仕事をやっているそうだから<u>優遇措置</u>を受けるのは当然のことだ。
   ①ゆうぐうそち　②ゆうぐそうち　③ゆうぐそち　④ゆぐうそうち

7. 時によって、自分と関係の内外の者に対して<u>傍若無人</u>のふるまいをするという場合もある。
   ①ぼうじゃくぶじん　　　　②ぼうじゃくむじん
   ③ぼうじゃくむにん　　　　④ぼうじゃくぶにん

8. そうは、<u>問屋</u>はおろしてくれないだろう。
   ①といや　　　②とうや　　　③とんや　　　④もんや

9. 私は商売人上がりですから、この商売は<u>満更</u>素人でもないんですよ。
   ①まざら　　　②みさら　　　③みつさら　　　④まんざら

10. せめて商品と並んで高度の福祉を輸出するというような、<u>大風呂敷</u>の待ち合わせはない物か。

①おおぶろしき　　　　　②おおふろしき
③おおぶろじき　　　　　④おおふろじき

二、次の文を読んで、文の内容と一致しているものを①②③④から一つ選びなさい。

1. 職業としての芸術家や学者、あるいは創造にかかわる人々は生涯コドモとしての部分がその作品を作る。その水分が蒸発せぬよう心がけねばならないが、このことは生活人のすべてに通じることである。万人にとって感動のある人生を送るためには、自分の中のコドモを蒸発させてはならない。

① 創造にかかわる人々は作品の新鮮さを保つことに力を入れねばならない。
② 私達は生活の中で、作品の水分蒸発しないように気をつけねばならない。
③ 我々は大人になってからも、子供のように感動する部分を失わないように心がけねばならない。
④ 普通の生活人も芸術家や学者のように、創造にかかわる仕事をする必要があるのみでなく、それを保持していくべきである。

2. 理系ばなれが問題になったことがあるが、僕はそれよりも、理系が固定してしまっていることのほうが心配だった。確かに今の教育体制で文系から理系に転向することは、理系から文系への転向に比べてやりづらい。このことは、才能の一方的流出であって、理系としては困ったことだ。

① だから、今の受験体制の問題をどう解決するかが現在の理系教育の課題だ。
② だから、若者の理系ばなれをどうやってなくすかが現在の理系教育の課題だ。
③ だから、理系から文系への一方的な流出をどう進めるかが現在の理系教育の課題だ。
④ だから、文系から理系への転換をどうしたら進められるかが現在の理系教育の課題だ。

三、次の文章を読んで、後の問に答えなさい。

あれだけの、ほんの①二町ばかり走った後なのに、青年はすっかり虚脱したようになり、左右から腕をとられ、半ば抵抗する感じで腰を落として足を前のほうに突っ張りながら、本当はたたき抱えられて歩いてきた。彼はさっきと人が変わったように見えた。青ざめ、時々幼児のような力のない抵抗にみをくねらし、目だけは、自分がどうなるかを不安がるようにあてもなく周囲に迷わせ、「②」捕

えられたと言うことによって、非力な罪悪に汚れた自分を世間にさらされるのにまかせ、威厳をまったく持たない恥ずかしめられた一人の人間になっていた。もう彼には、③わなを破って林へ逃げ込む動物のような、突風のように映像を残さずに消え去っていく生命の奔騰はなくなっていた。周りの連中は、よく見れば仕着せを着た小僧や中僧たちで、泥棒を捕らえたことによって顔を輝かせ、英雄的な気分になり、④見てくれがしに獲物を引きずって、両側に立ち止った通行者の間を自分たちの店の方へ戻って行った。

⑤なぜ、これが異様なのか。私は今の光景が自分の中に起こした痛痛しい、心のやわらかいところを踏みつけられたような印象の周りをまさぐった。彼は私自分の姿のように思われた。私の中に彼の引きずられていった時と同じ人間がいて、あのようにされることをたまらないと思い、立ちすくんだのだった。

そして、⑥その印象が異様なのは、⑦周囲の人間が、みんな威厳、あるいは気取り、仮面のようなものを自分の外側に持って歩いているのではないか、と私が感じたためのようだった。

逃げていく彼は、低い穴の底のようなところにいて、屈辱を露出したことによって、⑧人間の原型のようにみじめだった。そして、街上の何百という正しい身なりをした人たちは、それを蔽い、つくろい、飾り立てながら、その仮の自分を自分だと思いこむことによって安心して生きている。わたしはそう思ったとき、町中が、社会そのものが異様に見えた。そのころの不安定な生活ゆえ、或いは気質のゆえに、或いは自他のこころの中をのぞいて見るような仕事の性質から、その青年と自分とが2人、むき出しの姿でその街上にいたように感じたのだと思ったわたしは、また同時、自分の将来をも、⑨かい間みたような気がした。私はやがて、汚れた浴衣をひっかけ、ならしなく髪をのばした青春期を去って、家庭を持ち、身繕いをして平然と人挨拶を交わすようになる。彼ら街上の人間たちと同じような殻を身につけて、その殻を、仮面を自分だと決めた上に、あらゆる考え方や生活を築いて行くあの⑩人形のような存在になるに違いない、と。

注：1. 仕着せ＝商家なとで、使用人に季節ごとに与えた服。
　　2. 子僧や中僧＝子僧は年少の男子の店員、中僧はそれよりやや成長になったもの。

1. ①二町の「町」の正しい意味を一つを選びなさい。
　① 街道の単位　　② 丁目の順番　　③ 距離の単位　　④ 面積の単位
2. 空欄②を埋めるのにもっとも適当なものを次から一つ選びなさい。
　① しかも　　② それで　　③ だから　　④ しかし

3. ③わなを破って林へ逃げ込む動物のような、突風のように映像を残さずに消え去っていく生命の奔騰とは、「彼」のどのようなときの姿なのか、次から一つ選びなさい。
①　一生懸命逃走するときの姿
②　人に捕まえられたときの姿
③　抱き抱えられたときの姿
④　通行者に見られたときの姿

4. ③わなを破って林へ逃げ込む動物のような、突風のように映像を残さずに消え去っていく生命の奔騰と同じ内容の句を次から一つ選びなさい。
①　約束を破って無責任な存在
②　約束を破って高く飛ぶ存在
③　新世界を獲得した楽な存在
④　旧世界を壊した気楽な存在

5. ④見てくれがしの意味としてもっとも適当なものを次から一つ選びなさい。
①　これをみてくれと声ほがらかに
②　これを見てくれと得意な様子で
③　これを見てくれと胸を張るように
④　これをみてくれといわんばかりに

6. ⑤なぜ、これが異様なのかと⑥その印象が異様とは主人公が自分の印象を通常感覚に比べて「異様」と受け止めているが、その通常の感覚とはどういったものか、次から一つ選びなさい。
①　泥棒は人に迷惑をかけずに、制裁されても仕方がないという感覚
②　泥棒は自分とは無関係の犯罪者で、制裁されて当然だという感覚
③　泥棒は自分とは無関係ではないが、制裁されてどうかという感覚
④　泥棒は憎むべきだが、制裁される程度のものではないという感覚

7. ⑦周囲の人間が、みんな威厳、あるいは気取り、仮面のようなものを自分の外側に持って歩いているのではないかとは作者の感想だが、それはどのような姿から抽象された感想なのか。もし文章の中からその姿が描かれている一文の初めの5文字を抜き出して記せば、次のどれになるか、一つ選びなさい。
①　あれだけの　　②　彼はさっき　③　もうかれには　　④　まわり連

8. ⑧人間の原型を分かりやすく具体的に言い換えたと見なしても良いような語句を次から一つ選びなさい。

① 仮面のようなもの　　　② むき出しの姿
③ 人形のような存在　　　④ 正しい身なり

9. ⑧人間の原型と反対の意味で使われている語を次から一つ選びなさい。
① 仮面のようなもの　　　② むき出しの姿
③ 人形のような存在　　　④ 正しい身なり

10. ⑨かい間みたの意味として最も適当なものを次から一つ選びなさい。
① 買い物の隙間を利用すること
② 隙間からからちらりとみること
③ 暇の時にちょっと見ること
④ 暇の時にそれらをすること

11. ⑩人形のような存在という比喩は、どのような意味で使われているのか、次からもっとも適当なものを一つ選びなさい。
① 独自の思想、感情などがなく、仮の自分を飾り立てている存在。
② 生活の安定のみを求め、「仮面」に何ら後ろめたさを抱かない存在。
③ 人間としての根元的存在を顧みず、ただ表面的な悦楽を求める存在。
④ 家庭を持ち、身繕いをして平然と人と挨拶を交わしながら生きる存在。

12. 次の中から、主人公の心境として妥当と思うものを一つ選びなさい。
① 主人公は、人間はその原型的な不安を克服して生きなければならないと考えている。
② 主人公は、自分のこの感情を三つ原因に由来するもので、一過性の、仮のものだと考えている。
③ 主人公は将来自分も世間の人と同じようになるだろうと予想し、そのことにやりきれない気持ちを抱いている。
④ 主人公は、やがて生活が安定すれば、自分も当然世間の人と同じような生き方をするようになると判断して、安堵している。

附录一　课文译文

第一课

（一）科学家和艺术家的共同追求

艺术家中并非没有理解和爱好科学之人。同时，科学家中也有许多人懂得鉴赏并享受艺术。但是，也可以看到一些艺术家对科学漠不关心，或者说在某些情况下甚至似乎还比较反感。而在众多的科学家中，也有人对艺术很冷淡甚至很讨厌。有些科学家觉得热爱艺术是一种堕落和耻辱。个别有"洁癖"的科学家甚至一提到"文艺"这个单词就会立刻联想到一些不道德的行为。

科学家的天地和艺术家的世界真就那么不相容吗？这是我近几年来一直感到困惑的问题。

我记得夏目漱石曾经在一次演讲中说过这样的话，意思是科学家或艺术家完全可以将其职业和爱好统一起来，实现共通。当然艺术家有时必须为生计而工作，科学家基于同样的目的，有时也必须竭尽全力去做那些与自己兴趣相反的工作。但即使是这样，似乎也常会有在工作当中恰好遇到自己天生的爱好、不知不觉进入一种忘我境界的情况。当衣食无忧又无工作压力的艺术家和科学家埋头于各自的制作和研究时，我们好像很难看出他们那特殊的心理状态之间有何区别。但如果仅仅就这一点的话，也许并不仅限于艺术家和科学家。秉性好猎的猎人在瞄准猎物时的瞬间所感受到的微妙的快感以及樵夫砍倒大树时所体验到的那种本能的满足感，都不能说与此没有类似之处。

可是，科学家和艺术家的生命力就在于创作。模仿他人的艺术决不是自己的艺术。同样，科学家的研究也不仅仅是重复他人的研究。当然，两者所从事的工作内容虽说存在着不可比较的差别，但也可以说有着相当大的共同点。科学家所研究的对象是自然现象，他们试图从其中找出一些未知的事实，并提出新的见解。艺术家的使命或许多种多样，但毋庸置疑，他们也是在更广泛的意义上寻求对自然现象的看法和表现手法。科学家在遇到新事物时，对其实用价值会全然不顾，而是对其深层的原委探究到底；同样，那些纯粹的艺术家在萌发出一个新的观察之创见时，也会对其实用价值无动于衷，而去尝试更为深刻的描写或表现手法。古往今来有很多

科学家都因此而成为被攻击的焦点，遭到迫害或嘲弄。同样，或许艺术家虽不至于因此而陷入悲惨的境地，但不少人却也因此而招来世人的反感。这样的科学家和艺术家如果有机会坦诚相见的话，他们势必会毫不犹豫地把手握在一起，以表相互理解。因为他们是从两个不同的侧面追求着同一个"真"。

（二）从说话者的角度来看

要想用语法规则来解释平时我们毫不经意说出的语言，并不像我们想象的那么简单。

譬如，早上要出门时，一看手表喊道："啊，已经到时间了"。这个"到时间了"的句子结构应该如何解释呢？

主语是什么？如果解释成"（现在）已经到时间"，把"现在"看成主语，"时间"看成谓语，是说不通的。可是，思来想去却找不到一个合适的可以充当主语的词。

一般来说，这里所说的"时间"并不是"时间与空间"或"时间经过"那种抽象的"流失的时间"，只不过是对说话人本身而言的"出发的时刻"而已。这与主持人对讲演者说"先生，到时间了"，以及讲演人在结束时说的"正好到时间"中的"时间"用法相同，可以说是指在特定的场合，对说话人具有特别意义的"时刻"。这一点就是"时间"和"时刻"的差别。但有趣的是，这些句子都是难以设想特定主语的"无主语句"。这大概是因为说话者将自己当时心里所感受到的具体情形就那么直截了当地说了出来："啊，到时间了"。

因此，所用的词语才会与谈话的情景相联动，有着极为具体的特定意思，而不是字典上死的、抽象的概念。我们所使用的日语特别是口语中，类似的说法非常多，都是从"面对外界的自我视角"出发，来表达说话人当时心里所想的、眼里所看到的事物。

"上着锁呢！""下雨后，天气凉爽了。""及格了，真高兴。"

上面三句话之所以能够具有如此身临其境的感觉，是因为说话者没有采用单纯解说事实和现象的态度，而是根据自己对事物的主观感受和把握来表达的缘故吧。

"上着锁呢！"是对客观现象的表述；"凉爽了"所用的"了"，表达了自己的真实体会；还有使用"真高兴"这样的感情形容词，率真地表明自己的心情，而没有从第三人称的角度使用动词以解说的口气说"高兴及格"。

通过上述例子，我们可以得知，日语一个非常突出的特点就是，说话者并不考虑事物周围的对象和场景，而是根据自己的临场感受，组成句子并限定语意。换言之，其思维方式是以"说话者的视角"为中心，而不受外部世界的影响。

因此，在考察日语的表达以及语法、词汇意思的特征时，有必要考虑到这一点，

不要认为语法归语法、语义归语义，而将两者割裂开来，始终都要将表达、语法、词汇、语义看作是相互关联的"同一棵树干派生出的枝"来同时进行观察。这是至关重要的。

第二课

（一）手机

每当我看到人们打手机时的样子，就会不由地可怜他们。虽然其中也不乏很没教养、旁若无人之辈，但多数人都像是在拼命地设法保持与这个世界的联系。手机正在改变我们的生存空间，我们习以为常的日常空间里正产生一些奇妙的空隙，一种完全不同的通话空间正悄悄地融入其中。这里交织着的是一个个通话者生活中所固有的非常纤细的私密领域。

按常识来说，一般或许会认为，手机的产生本来并不是为了扩展私密领域，而是为了拓宽公共领域，覆盖整个地球。出门办事的业务员已经不会再有机会在咖啡店里悠闲地喝一杯咖啡了，无论身在何处都会接到上司打来的电话。更有甚者，即使上厕所，也会有工作电话追过来。手机用户的急剧增加也反映社会的节奏变得更快、更高效了。若按这个常识，手机确实是促进了近代特有的均质化空间。它成了一个工具，将整个世界分割成一个个枯燥单调的空间。

但是细细想来，现代生活中，并不是所有的空间都被均质化了。公共的办公室与私人的寓所之间，还是有很严格的区分的。准确地说，现代思想认为空间的意义是由人赋予的。例如，以前被认为是冤屈幽灵徘徊的不祥之沼泽地带，而现代经过填埋之后，已新生为便利的办公街区或住宅区。也就是说，人类能够对曾经由超自然的神灵寄居的空间进行改造并赋予它新的含义，是进入现代社会后才有的。

问题是，究竟由谁来决定这空间的意义。迄今为止，在中央集权型的工业化社会里，政府和大资本家扮演了这一角色。城市规划等工作是平民百姓无法参与的，哪怕是在小公司里，划分娱乐室和工作场所这样的工作，也不是由一般员工，而是公司的经营者和管理者来决定的。

但是个人电脑和因特网的普及让人预感分权型的信息化社会即将来临。届时，谁都可以超越时间和空间的壁垒来高效地处理信息（当然为此需要解决的课题还很多）。总公司通讯网络密布的卫星式小型办公室、居家办公、家庭课堂等等都抓住了这个思路。也就是说，在不久将来的信息化社会里，每一个人都可以自主地处理信息，赋予时间和空间新的意义。

但是这种自由度的增大并非只有好的一面，使用手机和个人电脑通讯设备固然

可以随时随地和任何人联系、开展工作，但同时反过来看，原来由权力者自上而下为我们决定的空间划分就不再存在了。也就是说，在信息化社会里，每一个人都需要根据自身的创意每时每刻地不断努力，去编织自己的私人空间。

年轻人似乎已本能地感受到了这种变化。他们在电车里戴着耳机，完全陶醉在自己的世界里。这其实就是在本应属于大家的空间里完美地营造了属于自己的私人空间，而手机所形成的空间则是这个意义的延伸。

手机能够保证自己"随时随地和别人联系开展工作""随时随地和好朋友聊天""随时随地听到恋人的声音"。但也正因为如此，反过来看，弄不好自己也有可能在高速信息流的漩涡中不知不觉地被边缘化，从而深深陷入一种被孤立的恐惧当中。

在信息化社会里，公司、城市、街道、乡村、家族等以前的共同体组织将逐渐失去其清晰的轮廓。一种难以言状的孤独感将会深深刺痛每个人的心房。这时人们就会想方设法确保一块属于自己的私人空间，热切盼望听到熟悉的声音，以寻求一种精神依托。这种想法的产生毫不奇怪，而且伴随着这种强烈愿望，人们会像佩带护身符一样随时随地携带着手机。

手机的使用样态真是林林总总。有的业务员在家里也不断打手机，主动将公共领域的事物挤进了自己的全部生活当中。他们这样做，反倒是想构筑一种与公司相连的私人空间。年轻人深信只要随时随地带着手机，朋友就不会疏远。而在恋人们看来，手机是一个不可替代的爱情测量器，它能测出彼此晃动着的心理距离。

手机带来了一种喧闹，但是喧闹之中又常常暗含着一种寂寥之感。

（二）外出旅行的日子

我们常看到一些人外出旅行，还没有领略到自然风景的美妙就开始像背台词似地说"啊，跟明信片上的完全一样。"另外，眼下乘飞机旅行之风盛行，年轻的女孩子从飞机上俯视地面，感叹道："啊，跟地图一模一样啊。"细细想来，明信片和地图的出现要比旅行这一行为晚得多。事实上，明信片、地图等的普及，逆转了人们的思维方式。旅行自古有之，而地图、明信片则是进入本世纪后才普及的。人们只要意识不到这种错觉，就不会引发出与生俱来的那种质朴的感动。现在的旅行可以说是功过参半。重要的是我们必须首先意识到它的功与过。例如，飞机的发明尚不过百年，而速度惊人的喷气式飞机也早已问世，人们还在拼命地追求提速，而置增加乘客的疲劳和痛苦于不顾。以前，人们以船为交通工具，横渡印度洋，千里迢迢前往欧洲，那么现在怎样呢？一转眼工夫就到达了目的地。想来，人们的旅行已少有序曲部分。而这个前奏实际上也是旅行，但是，现在"旅行"却被认为仅仅就是到达目的地而已。所以，抱有这种认识的现代人真是太可怜了。交通工具虽然

更加快捷,为快速到达目的地而节约了时间,但并不能因此说旅行的情趣也随之得到了提升。

第三课

(一)源自艰辛的怨恨

当一个人辛苦而疲惫不堪时,有时会觉得大部分的人怎么都过得那么悠闲?他会感到,这个世上本应是谁都难免的苦难怎么偏偏降临到自己或像自己这样的少数人身上?这种感觉有时是对的,有时却是不对的。其实你从外表是看不到别人的苦恼的。也有人认为苦难是轮流光顾每个人的。

可是,自己是那么痛苦不堪,而外面的世界却是天空晴朗,阳光明媚。这让自己实在难以忍受。可这是无处讲理的事情!即便是咎由自取造成的苦恼,但若是过于痛苦,他也会恨这个世界,哪怕是一个豁达的人也不例外。更不用说假如又有怨恨的理由,他就会更加怨恨这个世界了。人类生来就像是一种容易产生怨恨的动物。

长此以往,怨恨比苦难本身更加损害人的身心健康。有的人疲倦之极,好不容易躺在床上要睡觉时,心中的愤恨却让他的大脑异常清醒,难以入眠。他心里想,总为此纠缠不清也无济于事,不如不想了吧。正当他调整情绪,平和心气之际,可不知为什么,突然又会冒出一股更猛烈的无名怒火。

想找人倾诉,以化解心中的郁闷,可如果对方不当一回事,轻描淡写地安慰一下,自己心中会更生气。因为确有这样的人,他们动辄就会脱口而出地给你讲一些诸如爱心、奉献之类的大道理。如果一个大大咧咧的人听到这些说教的话倒也无所谓,而那些很较真的人反而无所适从。他会觉得这些空洞说教的人并不真正了解自己的情况,却一味空谈无私奉献。人应该根据实际情况量力而行,可不少人连这点都不明白,真是可怕。

怨恨也源自人们内心的一种争强好胜的意识。如果抽掉了哪怕一点点这股争强好胜的意识,人也会在疲劳的重负下颓丧消沉、举步维艰,所以不能这么简单地剥夺这种好胜心。而当今社会,却多是用世俗价值观的语言来试图蒙骗和剥夺人的好胜心,它们无处不在,甚至渗透到了人的内心深处。虽然也有些人提倡幽默,但细细听来,他们只是口头上喊着要幽默,而他们的语言、声音以及内心都毫无幽默可言,尽是些强加于人的东西。

那些自以为光明正大、占尽天理的人是不会有幽默的,假如没有什么可怨恨的,他们就会对自己的所思所想徒生怨恨,以至不能自拔,心结难解。这才是最幽默的。

可是，心中的怨恨也是有限度的，无论是怨恨的力度、量度、时间等都是有界限的。例如，正在受苦的人，对事物和人也会有一些观察。说得复杂一些，就是洞察力。其认识能力虽不能说比过着安稳日子的人更强，但至少不亚于他们。这种洞察力会让身处逆境的他们感到苦有所值。至少对他们来说，这是一种安慰，一种补偿。

然而，问题就在这里。受苦使得他们看清了一些事物，同时，又因为他们深陷苦难之中，而看不清另一些事物。所以往往是，当他们对自己看问题的眼光表现出自信的时候，结果却发现自己将原本很简单的问题搞错了。别人可以安慰他说，这是难免的，你痛苦地发现了自己的错误，就证明你的眼力更高了。但就其本人而言，却对自己非常悔恨，甚至感到自己这么多的苦白吃了，毫无价值。这也是没道理可讲的，但到了这个地步，其心中的怨恨也就到了极限。

至此，就要看他能否苦笑一声，自我嘲解了。假如他还是固执己见地以为自己正确，那么他不久还会去向他人寻求意见，而得到的也还是那些爱心、奉献之类的大道理。就算是诚心求教，但如果过于钻牛角尖而看不清对方的立场，那还是于事无补的。

（二）文化造就人的资质

文化产生于人性，因此，其形态受生物学特性和自然法则两方面制约。但事实上文化还影响着人们各种生理活动，如呕吐、哭泣、昏厥、打喷嚏以及每天的吃饭、排泄等等。人吃东西是对内部"冲动"做出的反应。也就是说，伴随着血糖降低、胃囊收缩而产生空腹的感觉，所以才吃东西。但是，仅靠生理学的知识却无法预测出人究竟会对这种内部刺激作用做出何种反应。至于健康的成年人一天会有几次空腹感、空腹感间隔多久等，这就是文化的问题了。

食物的种类无疑会受到实际能否获得的制约，但同时也受到文化的制约。某种植物的果实有毒是一个生物学的事实，但一般美国人直到前几代还认为西红柿有毒而不吃。这便是文化现象。

对环境的选择与区分完全是文化的作用。从广义来讲，饮食受文化的制约。是为了活着而吃饭还是为了吃饭而活着，或者只是吃饭活着，这不是个人能够决定的问题，因为文化对此起着作用。

情绪是生理现象。在特定的情况下，无论什么文化背景的人都同样会陷入恐惧。但因文化引起的喜悦、愤怒以及性欲，不同社会的人，反应就未必一样了。

除新生儿和天生有明显残疾的人之外，人们通常认为的与生俱来的气质其实也是基于文化的力量而形成的。把在新墨西哥州的医院里出生的印地安祖尼族、那瓦霍族和白人婴儿，分为"好动""一般""安静"三组进行试验。"好动"组的白

人婴儿居多,但是无论哪个"人种"都可以分为三类。然而,两年后再观察出生时被分在"好动"组的不同种族的孩子,发现祖尼族的孩子在同年生的同族孩子中仍属于好动的孩子,但和参加试验的好动的白人孩子相比就算不上好动了。那瓦霍族参加试验的孩子同样比同族孩子好动,但也不及白人孩子,介于祖尼族孩子和白人孩子之间。

根据研究人员对战时日本人收容所做出的研究报告,生在美国长在美国的日本人,比起他们第一代移居美国的父母,行为方式上更像他们周围的白人。特别是在日本人居住地以外长大的日本孩子,这种倾向更明显。

(选自《文化人类学的世界》)

第四课

(一) 意识到梦就能够控制梦

我本以为绝对不会有可以让人梦到自己喜欢的梦的机器,但令人吃惊的是,这样的装置确实存在着,能够自由自在地控制自己梦境的装置。

一台名为"梦旅人"的装置是由美国斯坦福大学睡眠研究中心的科学家史蒂芬·拉伯格开发出来的。他持有"梦是可以意识到的。如果能意识到,那么控制也是可能的"这个观点,并把其商品化,即研制出了"梦旅人"。好像是一种在眼罩中放入了一块很薄的芯片的装置。我调查后发现这个装置直到七八年前在日本还有销售。这种装置如果真像宣传中说的那样,岂不是比任何娱乐都有魅力吗?至少人生中的三分之一的时间可以称心如意了。于是,我就迫不及待地来到了经营过这种产品的东京八王子的 MMsite 公司咨询了一下……

"这种产品虽然有很多人关注,但是销路并没有什么起色,虽说这样,总计还是售出了 200 台左右,价格在 3 万日元左右。虽然这种产品是个重大成果,但实际能够操控梦境的人似乎少之又少"。

这是预料之中的事情,那么,这个被称为"梦旅人"的装置究竟是通过怎样的机制闯入人类无意识的世界中的呢?这一点我非常感兴趣。但是结果揭晓,却是出乎意料的简单的一个装置。把我们引导到喜欢的梦境的始终还是人本身,装置自身只是向熟睡中的本人输送"喂,你在做梦哦"诸如此类的信号。就如同被噩梦纠缠痛苦时,晃动肩膀叫醒我们的妻子的作用。只是,这个装置的独到之处是为什么会知道我们是在做梦,这里充分运用了睡眠的科学。

众所周知,睡眠状态分为"快波睡眠"和"慢波睡眠"。快波睡眠是指身体虽

处于休息状态但是大脑还没有完全达到睡眠的状态。与此对应，慢波睡眠则是指身体和大脑的紧张完全消除的一种休息状态。做梦一般都发生在快波睡眠状态，成人一个晚上一般会有1~2个小时的时间处于快波睡眠状态。在这期间，眼皮下的眼球会有频繁转动的特征，"梦旅人"利用的就是这一点。

具体来说，安装在装置上的红外线传感器感应到眼球的转动后，眼罩内侧的红色发光二极管就忽亮忽灭。这样，因为快波睡眠中大脑处于恍惚的状态，视野中感受到红色闪烁光就会意识到"啊，我在做梦啊"。当然，据说在能觉察到自己是在做梦之前需要相当的训练。如果能意识到那就太好了，随后就可以把自己当作是电影的剧本作者或导演，让梦中的故事向着自己喜欢的方向发展了，这样就可以自己控制梦境了。

例如，即使梦到了被人追赶，被推下了悬崖峭壁，只要知道了这是在做梦就没有什么可怕的了，一边哼着小曲，一边倒立着向下俯冲吧。如果梦到的是一个无聊至极的梦，在中途把它随意地变成被美女猛烈追求的梦也是有可能的。

在世界上，也有即使不使用特殊装置也能随意地改变梦的人。我本人每年也会做几次自知梦（可以意识到的梦）。极其荒诞无稽的故事或是场景转换过快都会使我意识到"啊，我在做梦"。但是，从那一刻开始将梦继续组织下去却是极为困难的事情，基本上是在意识到自己在做梦的同时，就会从梦中醒来。

我想，如果有一天，可以自由地梦见自己想要梦见的事情的时代到来的话，一定会很有意思。在睡觉之前，把记录着做梦用的故事的芯片贴在太阳穴周围，梦的传感器一觉察到梦的开始，就把芯片所记录的故事以电信号的方式传递到大脑，引导其接下来的梦。如果这样的装置被开发出来的话，夜里一定会变得非常有趣。梦的软件除了可以用于娱乐之外，当然也会有医疗用途，如在缓解自卑情绪和消除精神紧张方面显示出效果。这就是所谓的连弗洛伊德都会为之惊讶的梦疗法。我想，如果大脑的研究进一步得到发展，这未必是梦话。

（二）会思考的机器

像人类一样是什么意思、为了像人类一样生活要怎么办这个问题，恐怕无疑是人类历史上最困扰人的问题了。但是，即使到了科学技术发达的现代，对于这个问题的回答依然几乎看不到进步。不，倒不如说在最先进的科学技术的成果面前，也许我们的内心反而越来越困惑。

在过去"铁臂阿童木"登场的时候，我们对于那样的"像人类一样的"机器人没有抱有任何的疑问。当时，机器能自己思考并说话这种事还几乎是像做梦一样。创造出现实中不存在的东西，寄托各种梦想是很愉快的事。例如说尽管能从脚底喷

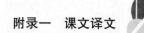

出十万马力,但阿童木确实像人类一样行动,向我们展示了像人类一样的心灵并让我们感动。在离开了现实生活的自由的想象世界中,"像人类一样"看起来甚至栩栩如生地自由翱翔。

但是如今由于计算机的进步,能自主思考的机器人正在慢慢变为现实。不仅是机器人,我们正在迎来各种"会思考的机器"出现并与日常生活息息相关的时代。这样的机器也许应当就是必须带给人们幸福的东西吧。绝对不能是妨碍"像人类一样"的生活方式的东西。因此,必须要重新审视"像人类一样"究竟是指什么。但是,这是以科学技术为对象,答案必须要准确明了。

我们屡屡在直面现实问题的时候,会知道"像人类一样"究竟是个多么让人不得要领的东西。面对着有疾病困扰的人、有残疾的人、卧床不起的老人时,谈论像人类一样的生活方式非常困难。尽管远远看起来很生动,但如果想靠近拿到手中却又稍纵即逝。面对着科学技术进步的现在,我们重新认识到在面对涉及人类心灵的这些基本问题时,并不能找到明确的答案。

对于这样的"像人类一样"的问题,认知科学尝试从"人类智慧"这一侧面来回答。的确,像人类一样不仅仅是在于"智慧"。正如所谓的"知情意",当然不能无视感情和意志。但是这些理应与"智慧"密切关联,人们期望这是通过知晓"智慧"而自见分晓的东西。这样的尝试成功与否,必须要看今后的发展,至少可以说这是现代科学的新挑战。

第五课

(一)春天的来访

没有像春天那样更令人期待的季节了,"冬天来了,春天还会远吗?"刚入冬,已对春天望眼欲穿。尤其在冬天漫长的雪国或深山里,春天的复苏更能激动人心。到了春天,人们心情也格外平和。"不如野外,人心温和,犹如桃花"(素十)。水温变暖,山河秀美,天地焕彩。然而日本的春天却不能加快她的步伐,总是姗姗来迟。立春徒有其名,那只是日历上的说法。人们的感觉依然停留在冬天。从春天临近到春寒料峭,反反复复,春姑娘脚步姗姗,叫人急不可待。正冈子规在前言中把母亲的话直接写成诗句"虽入春分乍暖还寒",春分虽到,却依然留有春寒。事实上东京的平均气温,在春分时节为8.5度,比秋分时节的21.1度低13度。中国诗人王维有诗曰"花之欲动春风寒",春姑娘确实撩人啊!

辛夷和白玉兰在时令阳光的照耀下,迫不及待地竞相怒放。然而一夜的寒霜往

往令它们惨不忍睹。还有那地下冬眠的蟾蜍被乍暖的春风所蒙骗,稀里糊涂爬出来,却又被突如其来的春寒冻死在路边。早春虽乍暖还寒,迂回反复,但如大潮来临一样,人间已满园春色。

走向春野,万物顶破大地探出他们的脑袋。它们以破土、顶动土块的力量抬起头,这正是春天赋予的生命力。虚子曾感慨道"发芽是多么宝贵啊",幼小的生命破土而出的姿态令人惊叹不已。它们头顶土块,低垂着脖子,犹如一个问号般急切地探视着地面的究竟。每颗嫩芽中都寄托着春神。峰斗叶的花茎比去年蔓延得更宽更广。摘一两朵浅绿色的花茎切碎,可以用来撒在酱汤或油豆腐上品尝早春的气息,那便是早春的第一道风味。树枝也冒出了新芽。昨天还是光秃秃的树枝,今天已经像点起一盏盏小青灯似的,树枝以及粗大的树干上已经铺上一层嫩芽。我把耳朵贴在树干上,自然听不到任何声息,植物沉默无语。既不像野兽会吼叫,也不像虫鸟会歌唱,它只是随风低吟。然而,新芽抽出之时,却让人感到生命之流汩汩涌动,以人耳听不到的频率喃喃私语,欢呼雀跃。

惊蛰时分地下的动物开始向外爬。首先是蚂蚁,它们在耀眼的春光中徘徊于洞口,然后蹒跚地爬出来,两三只蚂蚁打个照面窃窃私语,马上又像勤劳的职工似的走动起来,按勒纳尔式的说法,就是"3333333……",不一会儿便排成一条长长的蚂蚁道,来回爬动。

要说初春的蝴蝶,我想说可以在油菜田看到白纹蝶、黄纹蝶。可是,最近已经很难在油菜田或紫云英田看到它们了。倒是在城镇的人群中还能忽然发现初春的蝴蝶,但它马上又像幻影似的立刻从眼前消失……在花丛中穿梭的蝴蝶像一封封对折的情书,别有情趣。但这种情趣现在反而在公园的郁金香这种外来花丛中见得更多。更如村上鬼城所说"河底可是蝌蚪的王国",各种新生命在春天的大地上诞生。

有句话说"春雨是花朵的慈母"。情感丰富的春雨,沉静而又安详地滋润着大地,挑动了草木根基的生命力,促其萌芽,让含苞待放的花蕾竞相绽放。一场春雨一番新。以前在俳句中有"春泥"这一季语,然而如今城市里铺上了柏油路,再也没有那种泥泞的道路了。而且好不容易落下的雨水渗透不到地下,都市的大地上没有空气,没有水,也没有氧气,因此像蚯蚓和微生物都无法生存。且水泥地面不会散发春霭、雾气、水蒸气,地面和大气间的水气循环也中断了。大正至昭和初年,东京的户山原野时有浓雾遮蔽,能见度不足一米。战后的东京再也没有出现过那样的景象。

春天姗姗来迟的雪国山村里,樱花、桃花、梅花、梨花会同时开放。到那时梅、樱、梨、苹果树、辛夷、木莲、雪柳也会竞相争艳。在那里早春、晚春以及新绿的初夏都浑然一体,不同于满城烟雾的城市。由于空气清新,花色也显得格外妖艳、

夺目。冰雪融化，清凉的雪水势如破竹地往下冲，山脚下的田野边热气冉冉上升，产生大片雾气。可以看到大鸟们斜视着越过，小鸟们则啾啾低鸣。在山里借住一宿，享受春天的曙光，渡过春天的夜晚，不由得为即将流逝的每分每秒感到惋惜。我想起曾经住在湘南一处有庭院的房子里，有天早晨一个朋友隔着篱笆对我大声喊道："今天可是立春后的第八十八天了，上次给你的葫芦花种可以播种上了。"

（二）分别

我并不认为没有美好的分别。分别是一种美好、甜美之事。

可是，这些只是经过几年的岁月流逝，再次回想起时的一种感伤，而它跟实际的分别情形多少是有些差异的。

时光岁月可以将所有事情变得美好。

它就像一个魔法师一样，既巧妙又鲜明。

……

这的确可以用"深信不疑"来形容，岁月的风化将过去变得美好起来。然而，分别时的实际情景却并非那么美好。双方总是相互伤害、责骂、攻击对方的短处，将对方攻击得连一句话都说不出来，同时自己也受到伤害。

与相爱的人分手，非但不美好，甚至可以说是凄惨的。可是反过来看，若非如此也不能分手。两个人之间既爱又恨，甚至到了不被逼到那种地步就无法分手的程度。

至今，我也不能相信"因为我爱你才跟你分手的"这句台词。这种情况在女性中也许存在，可是在男性中却不可能存在，例如"为了你的幸福，我可以抽身而退"。此外，还有"我是一个配不上你的没出息的人，若是另有合适的人，你即使投入别人的怀抱，我也无话可说"。

我不相信这是一位热恋中的男子说的话。如果这个男子真心真意地爱自己女友的话，那么就会执着到最后也不放弃。当然，人和人不一样，表达上多少也会有差异，但都不会那么轻易地放弃。他们为了不让对方离开自己，哪怕是牺牲很大，也要将那位女友留住。

恋爱并非是那样干净利落、通情达理之事。非但不通情达理，反而可以说是自以为是的。既不伤害对方又不伤害到周围的人、连任何人都不伤害的爱情是不存在的。肯定会在某一方面有所伤害，那只是你没有意识到伤害了他人。

爱情这东西，归根到底还是自私的。当然，因此就可以伤害别人这样也是不成立的。必须尽量减少伤害他人的程度。然而，也没有为了对方而拱手相让的道理。

（一）生态学

近来，"环境保护"已成为人们广泛议论的热点社会问题。但是可以说，其中被人们所议论的自然环境，终究只是人类靠技术手段统治的对象而已。只不过是人们为了舒适地生活，综合权衡利弊而试图对已经恶化的自然状况进行某些矫正而已。人们想要保护树木和鱼类，说到底也并不是为了维护生物界的秩序，而是为了使居住其中的人类更加舒适。这一点是无庸赘言的。以前人类为了发展生产力破坏了自然环境，今天反过来又出于完全同样的动机，叫喊着要保护自然环境了。

然而，在最近谈论较多的所谓"生态学"的观点中，也冒出了一些思维转变的萌芽，其想法与原先的那些相反，认为凭人类的智慧恐怕很难谋划好自然界的生态平衡，与其人为地调整它的平衡，不如尽可能不去碰它。且不论这是不是一种严格意义上的科学态度，但至少可以肯定，如今现代人对自然界的生态学意义上的秩序要远比对其物理学意义上的秩序更加畏惧。首先，物理学意义上的秩序是由抽象的数字来维系的，正因为如此，对世界的物理性变化可以在某种程度上运用普遍原理预见。与此相对，生物界中到处都包含着不同个体的特殊性。这些未知的因素交织在一起形成了一个错综复杂的因果关系链。因此人类若在生物领域的某处人为地施加力量后，就很可能会在意想不到的地方遭到预想不到的大自然的报复。也许可以说，现在的环境污染就已经让人类真切地体会到了这一点，远古时代那种对自然世界的恐惧感又重新在人类的心中复苏了。

再进一步说，人类自身既属于物理的世界又属于生态的世界，而从归属意识的切实感受来说，更接近于生态意义上的世界。物质的物理性的变化当然也会引起各种连锁反应，而人类虽然目睹着这些情况，却很难感受到自己也卷入了其中。与此相反，当眼前出现因连锁反应而造成生物开始减少的情况时，本身也属生物的人类，就会不由自主地产生出那种生物所有的恐惧感。现代人即使看到挖山填海的壮举也会处变不惊，但当听说鲸已濒临灭绝时，却会有一种莫名其妙的危机感。这一方面是因为人们觉得鲸和自己一样，是有生命的；另一方面也是因为难以预想鲸与人类之间的因果关系会怎样变化而感到不安。借助生命这一能够感觉得到的最具共性的媒介，人类突然之间惊恐地意识到，外界的变化已悄然潜入到自身之中。

生态学意义上的世界对人类来说是不可知的，而且正蠢蠢欲动地侵蚀着人类的主体性地位。这一切实的感受可以说是相当现代性的观点。因为在文艺复兴以来的

附录一 课文译文

近代思想的潮流中，倒是与此正相反的观点曾经占据着上风。不用说，在这个切实感受的背后是有着基督教含义的"人类中心主义"在起作用。该主义认为：人类的存在本身是为了实现上苍的一个有意义的目的而出现的过程。人类生存于这个世上，繁衍后代，子孙遍布，其实这个过程本身就是符合一个最高意志的正义行为。历史就是追求这一目的的一个奇迹，文化也就自然被看作是实现这一目的的果实。若站在这个立场上，当然就会从技术论的角度把整个世界看成是改造的对象了。虽然占据主导地位的人类与所处环境的关系很难搞得清。但若考虑得再深一些，假定历史的本身也有其目的的话，那么这个关系立刻就能明快地理清了。也就是说，人与环境的关系并不像历史那样有其固有的目的性，而是人类参照历史的目的选择了自然环境。今日的所谓"先进"历史观也是这种观点的一个分支。可以说近代人就是站在这个立场上持续着二元论的观点，将历史与自然、文化与自然这两者看作是并立的关系。

然而结果是，现代生态学在默默之中开始对这种乐天派的历史观也投去了悲观的怀疑眼光。有的论者就怀疑地认为，人类也是一种生物，其过度的繁衍及其过强发展的生产力本身不是就破坏了自然界本来的平衡吗？从生物学上看，各种生物之间在量上都会有一种自然平衡，但是近代技术的发展导致人口膨胀，而破坏了这种平衡。现在连人类食用的植物和杂草之间也出现了严重失衡，人类不得不通过滥用农药来勉强维持这种平衡。现实主义者的观点分析了这种结果将会带来怎样的悲剧。我们从这些观点中也可以同时看到，在围绕着人类与环境的问题上出现了微妙的思想转变的征兆。当然这种想法的最初动机是源于对人类未来的一种危机感。从这个意义上说，毫无疑问它是人类中心主义的延伸。但是，这些征兆尽管未必与论者的主观意图有关，也还是悄然地暗示了一种彻底反省的态度，即：不能再用历史目的论的观点来看待人与自然的问题了。也就是说，自然界中还存在着一个与人类的历史秩序完全不同的秩序，换一个角度来看，人类其实也被编入了那个秩序当中。在这个秩序里，人类的存在和繁衍并不是无条件地符合天理正义。进而，如果不符合正义的话，那么（宗教意义上的）历史"目的"的说法，也就变得含糊暧昧了。而且如果历史的"目的"这个大前提发生动摇的话，那么以人为主、以环境为辅的这种原本看似明了的区别，也就再次陷入了混沌状态之中。

当然，在现代论坛上讨论得异常热烈的所谓"生态学"，之所以会被大家谈论，也不过是一种时髦而已。从其内容上看，还不能说已经深深地触及到对（宗教）历史观的反省，但至少那种过分强调的"人类中心主义"受到了一丝怀疑。那种在创造历史的问题上曾认为人是主体、环境只是素材的单纯的先入之见，现在有了裂痕，

我们似乎终于找到了探究什么是驱动历史前进的真正动力的切入口。

（二）日本的自然

环绕在我们周围的植物世界未必就是纯天然的自然环境。有一首诗这样写道："驻足武藏野，遥望前程尽头，在那与苍穹融为一体的草原上，倒映着美丽的月影"。它充满了季节感，同时也使我们的脑海里浮现出一幅广阔无垠的武藏野大草原的画面。然而，这片草原并不是武藏野的原始植被。由于野火以及烧荒等原因，这里的草原都是在人工干预下产生的。这样的情况不仅出现在武藏野草原，火山山麓的草原也是同样。而且不仅草原，我们透过列车车窗看到的林木也都是人工栽培的。

小学的时候曾背诵过：北海道的代表性林木是瑕夷松和椴松。但是，如今即便到北海道旅行，也只有到阿寒国立公园、石狩川的源头等山岳地带，才能接触到原始森林，而在平原地区，倘若不去有白天鹅造访的根室附近的风连湖周围，也是接触不到原始森林的。从旭川这边越过北见到石北山岗附近，所能看到的也只能说是类似于原始森林，而并非真正意义上的原始森林。这里的森林应是这样形成的：由山火造成草木被焚烧殆尽之后，最先是遍地生出细叶竹子，而后随着桦树等植物的侵入，开始向原始景观变迁，渐渐地，好不容易出现像瑕夷松、椴松这样的乔木。这样的森林以这种形式持续变迁，最终以瑕夷松、椴松这类适应当地气候的乔木为主，形成繁盛的森林景象。

现在的所谓原始状态的森林景象，都只不过是从保存下来的深山老林或者被守护的森林以及自然保护区等地的林木景象中复原过来的而已。因此，为了能完整地描绘出日本的生物面貌，首先应该了解自然植被的分布状况。

第七课

（一）服装

人类为什么要穿衣服呢？

以往的看法认为，这是为了防寒遮体。确实着装有这些功能，但那只不过是其功能的极小一部分。如果仅此而已的话，那我们就没必要关注服装的流行和款式的设计了。

另一方面，近来还有一种时髦的看法，认为着装只是由款式、色彩和素材等构成的一种"游戏表演"而已。这种看法过于强调个人的自由，而无视社会规范所具有的强制性。

但是着装这个问题的复杂性在于，表面上看这似乎是属于个人的自由，而实际

上并不是个人自己就能决定的。比如日常用语中就有"得体的服装"这种说法，还经常有这样的说法："出入公共场合，要着装体面，免得让人见笑"等等。这些都证明了着装的选择已具有了相当的社会性。

下面我们具体思考下究竟什么是着装选择的社会性。

有一个（法语）词汇叫 mimetisume，它是指某种动物为了保护自己，会随着环境变化而改变自己的外观。译成日语好像是"拟态"，但主要意思是"保护色"。Mimetisume 的另一层意思是指无意识地模仿他人。人的这种"无意识模仿"行为主要是通过着装来进行的。但又与动物不同，人的内心相当随意、任性，有时也会不甘心与他人雷同，而产生一种"反模仿"的冲动。

在文明社会里，着装是一种文化，是经济活动中的一个重要组成要素，或者说是维系社会秩序的一个不可或缺的要素。这是因为人同时具有"无意识模仿"和"反模仿"这两种倾向。但是，这两种倾向能够自由地表现出来，实际上距今并不久远。这是因为，想和别人穿得一样或不一样全由自己，谁也管不着，这种谁都可以按各自喜好任意穿衣的所谓"着装自由"，与原先的那种阶层分明的等级制社会的生活规范（礼仪）是不相容的。在欧洲，直到法国大革命的时候，着装自由才获得了官方的认可并被写进法律条文。

那么，在消灭身份等级制、确立着装的自由权之后，当时出现了怎样的情形呢？是不是人人都自由地穿上各自喜欢的衣服，而呈现出了多姿多彩的风景呢？其实完全不是那么回事。很多人的着装在一段时间后还是趋于雷同了，这是因为出现了一个名叫"流行"的新现象。而且这个新现象会促使人们最终买下那些自己本来感到并不需要的东西。这就是"流行性"所具有的对人的心理上的强制力在起作用。

流行现象在法国大革命之前并不是没有。据说在十八世纪初的法国巴黎，就有"衣服过时的速度比鲜花凋谢的还快""街上鳞次栉比的商店，都在（针对来自西西里的游客）卖一些华而不实的东西"等说法。但就算是休闲旅游，追求那些非必需品的行为也是太奢侈了。这只有少数上流社会的人才能做得到。直到十九世纪之后，流行现象才蔓延到整个社会，影响着包括人们着装在内的所有行为规范。

在日本，据说从江户时代就已经出现了流行现象。按理在等级制度森严的武士社会里，着装的自由是要受到限制的。然而在形式上，市井阶层的服装用料、颜色等虽然受到硬性限制，但实际上穿衣服还是相当自由的。据史料记载，当时演艺圈的名角儿和歌妓的打扮样式很受市井大众的欢迎和效仿。的确，虽有这样的情况，但江户时代这种流行现象的规模与明治以后相比还是小巫见大巫，与其说是"流行"，不如理解为是一股"热潮"似乎更恰当。在此不得不指出的是，只有将整个社会的

几乎所有成员都卷入其中的持续运行的社会现象才是名副其实的流行。因为本来作为流行现象得以成立的基本条件，就是要求至少要在理念上、制度上保障其在整个社会上的流动性。

然而，仅赋予了人们体面穿衣的自由并没能促进人们着装的丰富性以及流行现象的普及。个人主义的、文化上的氛围也是不可欠缺的（但当时还没有这些）。就是说，当时社会需要普及这样一个意识，即个人的身份特征应该通过其身体的外在装扮来具体地表现出来。而在那种靠地位、职业等社会性框架来确定个人身份的时代里，人们也觉得没有什么必要去刻意打扮。可即使在那个时代也并非没有个人之间的差异竞争，不过只限于极小的范围内。在那样的社会里，流行是不可能成为整个社会现象的。

如何才能明确自己的社会地位呢？要想服装的流行得以实现，还需要有这种关注自身社会定位的强烈欲望才行。

我想，在那种靠地位、职业等社会性框架来确定个人身份的时代里，人们在着装的心理上倒是更轻松一些。因为传统、习惯之类的规范已经约定俗成，而无须自己再为此劳心费神。这就等于说，不必为明天穿什么衣服发愁，只要有制服就行了。

（二）安全指导

埼玉县围绕高中生与摩托车问题所发生的事件，使听说的人都觉得不舒服。

埼玉县教育委员会从埼玉县警局那里要来最近一批取得摩托车执照的高中生名单，交给学生的班主任。班主任通过名单，就可以知道自己学校的哪个学生有了摩托车执照，然后进行处分。

埼玉县几乎所有的高中在校规中都禁止学生持有摩托车执照。对于违反者予以回家反省或学校扣押执照等处分。据县教委透露，这样的调查每周五在县政府内进行，至少已持续了五年以上。

县教委解释说，名单调查是"为了预防高中生骑车发生交通死亡事故，属于教育内容的一部分"。其背后的基本想法是不允许高中生持有摩托车执照，不允许他们骑摩托车。的确，实际情况是不杜绝骑摩托车就难免发生交通死亡事故。但毕竟法律是认可领取执照的。所以与其禁止，倒不如指导学生如何骑车更重要。

让学生彻底明白骑摩托车的危险，在路上要牢记保护他人和自己的安全，让他们学会对自己的行为负责。在交通事故频发的现代，培养市民的安全意识是极为重要的。

我知道相当多的人都抱有这样的态度，就是"别再迷糊不清了，干脆禁止了事"。但我还是认为应该解除摩托车的禁令，有计划地进行安全教育。那种让学生在校三

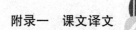

年中远离危险,在名单中搜索违反者进行处分,毕业后却随便怎样都行的所谓"安全指导",实在令人费解。

(一) 从诗人的话中所想到的

大约两百年前有一位叫诺瓦利斯的诗人,二十多岁时英年早逝。在他的遗著中有一类可称之为"章段"的内容,它以百科全书式的分类方式,罗列了大量的思索片段,涉及自然科学、哲学、魔术还有其他等方方面面。这当中的有些话令我很吃惊。

"由所见可见其所未见,由所闻可闻其所未闻,那么也应该由所思而思其所未思。"

这句话表明诗人凭直觉洞察到了非常深刻的东西。就是说,虽然我们所能想到的都是极为有限的、微不足道的,但是这些想到的东西与没有想到的东西是紧密相连的。换言之,有限的、微不足道的世界连接着的是无限的世界。这完全是诗人的直觉表达,但隐含着某种发散性的神秘感。

哲学家如果读懂了其中含义,也许就会以此为宝贵的契机而引发出更多的思辨性的冥想。画家如果从中获得灵感,说不定就会改变其原有的美术观,成为其美术生涯的重大转折。他会考虑如何将附着于有形物上的无形物描绘在画面上。而音乐家则会考虑怎样用音乐的形式将有声音乐背后的那些听不到的声音表现出来。这些都是难题,却是能激发人的创造性冲动的难题。而且重温之后我还发现,诺瓦利斯表达如此深邃的思想却只用了寥寥数语。言简意赅却意味深长。这令我惊叹不已。

由此我倒也想谈谈我们平时常用的一个单词"communication"。我是一个有点偏见的人,若不是迫不得已,并不想在文章中使用"communication"这个英文单词,平时说话时就更不用说了。

想来,用"communication"这个外来语是无法解释人与人之间的心灵碰撞的。若要用"communication"这个单词来谈论问题,需有一个大前提,就是人的主观意志最好是毫不保留地传达出去,而且是越快越广地传播越好。虽然这观点是出自善意的,但我觉得,人的心里总还有一些不愿启齿的难言之隐,应予尊重,所以其与"communication"这种光亮的词汇格格不入。

"communication"这个词汇翻译过来,就是"通讯""传播、交流"等意思。可是我们都有亲身体验,知道人的心情事实上并不能轻易地传达出去,这就说明了一个很重要的问题:最想传达给对方的某种心情却最难用语言表达出来,这是一种

微妙而复杂的心情，所以一般可以说，越是重要的事情就越难简单地说出来。再往深处讲，甚至也可以说，最好还是不要把自己的心情随便告诉别人。我觉得，这才是实实在在的处世方式，因为既然是人，就常常会有误解的可能，包括那些悲伤和愤怒也是由误解造成的。

　　从效率的角度来说，能简单地传达某种思想当然是再好不过的了。但人不是仅靠效率活着的。作为效率的奴隶而活着是不会幸福的。语言是沟通人和人之间关系的最重要的渠道，其中也产生了"communication"这样的词汇，但我的看法是，语言当中还有一些让人不甚了了的模糊的词汇反倒是一件幸事。

　　在语言这个用于交流的通道上，还是保留一些若明若暗之处为好。为什么这么说呢？因为我觉得人并不是那么单纯的动物。当然我也并不一概反对"communication"这个词汇所揭示的道理和意义及其广泛的应用，只是我们也不能不关注这样一个事实：有时人们拒绝"communication"式的交流，正是因为交流者是有着复杂思想的"人"，他出于种种考虑而留有余地。

（二）人生的选择

　　人生就是一个无休止的选择过程——这个定义恐怕是无可非议的。"我思故我在"在实际生活中似可替换成"我选择，故我在"。

　　虽说人生就是选择，但在现实生活中这只不过是夸张了的说法而已。对于我们而言，多数情况下的选择可以说只是在做"选择的游戏"。

　　例如，报考哪一所学校，去哪里就职。这本来就是在一个命中注定的人生轨道之内的选择，只要照单全收并认可就行了，无论结果如何都不会有太大的差错（我的意思是只要自己够顽固，坚信自己无论如何都不会迷失自我，就无所谓）。而游戏中的这种选择倒比想象的要严肃认真得多。另外，休息日去爬山还是去海边，要不要赌马，是买丰田还是买日产的汽车——我们每天都要面对诸如此类大小无数的选择，但归根到底，这些也都是怎么选择都无所谓的。最多也只是享受了选择的一点乐趣而已。现在，回首往事，脑子里之所以浮现不出"选择错了"的切实记忆，无外乎因为我自己也忘掉了作为一个"人"所应有的本质特征，如同羊群中的一员，虽然时不时也发发牢骚，但最终还是在这世上无忧无虑地苟活着。

　　如此说来，"人生是连续的选择"这一最初的定义就令人生疑了。或许应当改为"人生是不断地模仿选择游戏"？我还是不这样认为。哪怕是日常生活中的一个小选择，只要它关系人生目标的实现，我都会将其作为决定成败的关键而高度重视，至少在每天的生活中，我都会提醒自己在这件事上打起精神。虽说每一个选择都不能马虎，但日常的小选择正确与否，并不会立刻明朗，只有在日积月累之下，在其

收支决算期才会慢慢地显现出来。直到临终前，你才可以说"我活得满不错"或"看来我选择错了，"难道不是吗？所以也可以说，别整天为那些小事忧心忡忡的，姑且放开些吧。

（一）宽裕

闲暇时代即将到来，也有人说它已经到来了。人们可以不必再为生活疲于奔命，而是有了更多的自由时间来做自己喜欢的事情。应该说这真让人感到庆幸。夏目漱石作品《自那以后》中的主人公——代助，曾大声喊道："没有面包的痛苦日子也许是让人刻骨铭心，但再怎么说，那也是低等的感受呀。如果这辈子不能过上那种不愁面包、不愁水的奢侈日子，那才真是白活了一回！"这种口吻大概是幽默地模仿《圣经》中"人不能仅靠面包而活"那句名言而写出的吧。然而，正因为代助是一个没有正当职业而游手好闲的富家子弟，才会说出这样的话。而如今，就连普通民众也都已经远离了饥饿，难道我们不应该为此大大地庆贺吗？

可是，只是这么纵情欢呼就可以了吗？显然是不行的。虽然人们有了空暇时间，可以做自己喜欢做的事，但很多人并不知道自己到底喜欢干什么。就算有了喜好的事情，开始还能做一做，但时间一长，大体上都会厌倦的，结果变得什么都不想做，悠闲得无所事事，最终反而心里变得不踏实了。所谓"无聊""倦怠"指的就是这种状态下的心情。

在这样的情况下，干什么都打不起精神，却又会为了排遣而想去寻求点什么刺激。倒不如说正因为没有心情做事，有的人才会沉湎于酒、毒品以及赌博之中而不能自拔。还有另一种人，开始时什么都不想做，过后却又突然受到某种情绪的驱使，觉得自己必须做点什么，但又并不十分清楚自己要什么，所以内心充满焦虑和痛苦，就好像自己没有享受到人生本来应该享受的东西似的。

总之，有相当一部分人不懂得该如何打发自由时间。"周日神经症"和"圣诞节神经症"早已是众所周知的了，指的就是一些人平时忙碌惯了，每当休息日的时候，精神状态反而会变得不正常。据说有些人在早春树枝吐芽时容易患上心理疾病。这可能也是与严冬刚过心里喜不自禁地飘飘然有关。另外，战争时期神经症患者会急剧减少，到了和平时期又会增加，这些事例也可以看作是同样的心理机制在起作用。正因为有这些情况，在为闲暇的增多而高兴之前，必须清醒地认识到：它未必会给人们带来幸福，反而有可能导致危险的状况。问题在于我们应该如何打发这种空闲。

当然并没有一个具体而简单的处方来解决这个问题。在此只是想就"宽裕"的

几个方面逐一考察一下。"空闲"是指物理意义上的时间概念,而"宽裕"则意味着一种心态。而不能使心情松弛下来的"空闲"虽然也没空着,但我们可以认为,只有当空闲能够给人带来精神上的愉悦和轻松时,才具有价值。

那么"宽裕"究竟是什么呢?本文的开头曾提到过《圣经》里的一句话:"人不能仅靠面包而活"。我们同样还是通过《圣经》来探寻一下"宽裕"的含义吧。在基督所爱的人们当中有一对叫做玛鲁塔和玛丽亚的姐妹。一天基督来到她们家里。玛鲁塔为了招待好基督,忙前忙后地一直没闲着,而玛丽亚却因入神地聆听基督讲话,忘了去帮忙。过后不久,当玛鲁塔为此事向基督抱怨的时候,基督是这么说的:"你虽然为很多事情烦心,但却不知只有一件事是重要的。玛丽亚选择了这件最重要的事。所以你没有什么好抱怨的。"

后来在基督临死之前,这位玛丽亚提着一壶非常昂贵的香油来到饭桌旁的基督跟前,打破壶把油倒在了基督头上。同桌吃饭的弟子们都很惊讶,指责她不该把油倒掉,太浪费了。说如果把油卖了救济穷人该多好啊。而基督却为她辩护说:"什么时候都会有穷人的,而我却不再有了。她之所以这么做,是预感到我将死去,是在为我做吊丧的准备。"

以上两段有关玛丽亚的故事确实很精彩。它鲜明地显示出了精神宽裕者与贫乏者的区别。并且在如何才能做到真正的宽裕、真正地摆脱面包之烦恼的问题上,也给了我们诸多启示。

(二)余暇

余暇(leisure)这个词语在日本似乎让人感到一种紧张。不知何故,现在已完全不说原来固有的词汇"空闲",而故意用这个外国词语来代替"空闲"了,并且已无可挽回。余暇其实不同于空闲。它应当是被计算、被给予、然后被消费的东西。必须通过享受余暇,来使得再次工作的精力得以恢复——这总有点像是命令式的、被强制享受余暇的感觉。有这种感觉的恐怕不止我一个人。我认为空闲就是什么都不做的时间。这样说虽有些武断,但如果允许稍微极端一点的话,这样说也无妨。也就是说无论做什么,在这个时间里,一个人能够自由自在地做自己喜欢做的事情。其中甚至也包含什么都不做、在那发呆的时间。话虽如此,但若把空闲视为空虚的时间,就是误解了。倒不如说正因为有空闲,才可以比工作时更充实地生活——能够感觉到日常忙碌时所感觉不到的那种生命中的悄然躁动,感受到身心都充满活力的那种喜悦。至少我是这样认为的。一般而言,把人类生活的时间干脆地一切为二,分成工作时间和空闲时间,这对我而言是不可思议的。但我认为现代机械文明的显著发展已使人们不得不将工作和余暇区分开来,即:工作是无聊的、疲乏的,而余

暇是快乐的。余暇才是生活的价值所在。

第十课

（一）正中有负，正负相生

长短相形——老子

没有长就没有短，因为有短，所以才会有长。

这个意义不仅限于长短，对世间万物都是适用的，也适用于我们的人生，幸与不幸。

也就是说，没有不幸，幸福也就不会存在，因为有疾病才会有健康，因此可以说两者是相互依存的。而且不幸中也还有三六九等，从更为不幸的人来看，在某种程度上，不幸的人看起来也还是幸福的。在癌症晚期的人眼中，可能会很羡慕患心脏病的人。所有的价值概念都是像这样相对而言的。

不仅是老子，很多东洋思想、佛教教义中都反复提倡上述思想，最后归结为这样一个观点：我们的人生不会有绝对的东西。

然而，虽然理论上都能理解这个说法，可是一旦生存在这个世界，却每每都会被眼前的事物所摆布，很遗憾，眼前的事物都变成绝对的了。

苦于牙疼的夜晚，会感觉牙齿的疼痛似乎在无限地延续，感觉全世界就只有自己一个人在体会这种痛苦。被上司挖苦训斥的时候，心里充斥着不愉快和蔑视自己的感觉，会觉得自己在这个世界上是个特凄惨的人。

不知这是什么时候的事，有三四个人跟一个修禅者聊天，其中有个人尽说些与对方作对的话，结果很明显地看到那个修行者的脸上也血气上涌。可见连修行之人都会被愤怒的情绪所左右、所控制了。

如此看来，无论在什么样人的心里，好像都会有将小事绝对化的倾向和弊病。就算要认为，在道理上疾病不过是相对的，可是生病的时候，当事人还是会觉得痛苦、难受得不得了。这也是用道理和教义怎么也无法处理的情况。

因此作为凡人的我在痛苦之余决定采用这样的方法：

第一，无论是生病的时候还是不幸的时候，要考虑是否利用这个时机想办法获益。第二，考虑将生病和不幸幽默化的处理方式。

拖着病躯的我也狠狠利用了疾病。不是不服输，而是彻底利用了生病这时机。可以说我人生的三分之一都在利用自己的病，也获得了很多好处（所谓好处绝不仅仅是物质上的，也有精神上的）。而且从那以后，我就认为，人生中发生的事不论

什么都能利用。我自认为也多多少少掌握了人生废物利用的诀窍。

谁家都有明月清风

据说这句话出自《碧岩录》，不过自打我上了年纪之后，对这句话有了自己的见解，并渐渐产生了好感。

按照字面意思解读的话，就是说，无论是谁家都有明月高照、清风吹拂吧。更进一步来说，大概就是指佛祖的慈悲，对富人也好，对穷人也罢，并无区别吧。

《新约全书》里也有相同的说法。当我们思及神佛的爱与慈悲时，佛教和基督教中都有一个共通的思想，那就是：神佛的爱与慈悲是超越社会等级差别的，众生皆平等。

但是，我更想用自己的观点来解释这句话。

因为我年轻的时候，虽喜怒不形于色，但是对人际关系却十分挑剔。由于这种挑剔，我曾多次犯下愚蠢的错误：疏远那些对我丝毫不怀恶意的人，或者伤害到他们。

但是随着年纪的增长，渐渐累积了一些经验，我也逐渐对人生和人类有了些许理解。

也就是说，在我们的人生中，那些暂时看起来是负面的事物（挫折、生病、失败）也一定有转变到正面的可能性，只要找出并实现这种可能性，过去的负面因素总会转化为正面的。

你也许会笑我："什么呀，说的像那么回事啊。"可惭愧的是，直到50岁之后我才对此有切身感受。

负中有正，同时，正中也有负，这就是佛教"善恶如一"的道理。

现在我认为人际关系也是如此。常会遇到这样的事：表面上看起来感觉合不来的人，试着交往一段时间后，就能了解他的性格。更甚者，努力从对方的缺点中看到他的优点，然后评价其优点。以这种想法与人交往，往往不仅不会与人断绝交往，反而会和对方变得更加亲近。

不论谁家都有明月照进家门，不论什么样的人都有优点。我的朋友中有一个女性，只想要看别人的优点，我从她身上学习到了很多东西。

（二）山毛榉树林的四季

雪国的春天应该说是从山毛榉树林初绽新芽开始的。当然，如仔细看的话，在山毛榉泛绿之前，圆叶金缕花已经开放，柳叶木兰也已经开放。不过使人内心深刻地感受到春天的喜悦之情的，还是这山毛榉的新芽吧。当北风尚寒、林地中残雪犹存之际，山毛榉的新绿已悄悄披上了山脊。正是这似有似无的新绿，使长期忍受着严冬的雪国人的心中有一种按捺不住的喜悦。但是，由于还没有明显的春天来到的

附录一 课文译文

迹象，想要直率地表达这种喜悦恐怕还尚待时日，应该说是这样一种心情为好吧。正是在这个时候，对生活在雪国的人们来说，才是最幸福的时刻。用不了多久，谁都可以清楚地看到，新绿一边将山脊浸染，一边向上攀升，终于让满山都披上了绿装。这个时候林子里的残雪也几乎化尽，由映山红打头阵，低矮的灌木将林子的植被装点起来。虽说是永恒不变的春天到来，为什么植物们会按照永远不变的顺序，一批又一批地轮番出动呢？这样的变化，恰如生物本身的生长状态，从幼年到少年，再到青年渐渐成长起来那样，森林中的全体成员也与季节一起完成了这种变化。所谓天意如此，说的不正是这样的事情吗？

夏去秋来，是收获果实的时候。不过所谓收获是以人类为首的动物方面的事情，对于植物来说，最为生机勃勃的时期也许是夏天了。对林业来说，麻烦的是盛夏的除草工作，如果从杂草和低矮灌木方面的立场来看，是出乎意料的麻烦事。在这里有人们各自认可的自然。自然保护和振兴林业，从各自的立场来说并不都是好的。在我们的内心深处，对于人们站在各自的立场上接触自然这件事，我们对此加以认可并生存着。

任何事物都有凋零的时候，自然在这漫长岁月的迁移中，以一年的短暂期间向我们展示。没过多久，山毛榉的叶子有了归宿，林子里的全体成员都在为准备过冬的严重情况作改变。说是庄重的样子也好，说是经受风雪的坚强姿态也好，显示山毛榉扣人心弦的力量，则再也没有比冬季更好的季节了。也许有人会说这种样子很可怕，也许有人会评论说唯有这才是美的极致。不管如何评价，在漆黑的重新变得寂静的冬天的山毛榉林中，已经有某种东西开始萌动。而在循环而至的春天，再次覆盖山峦的山毛榉的叶子早就按照需要的叶片数在冬芽中做好准备了。在此我们还是要情不自禁地感叹自然的伟大。将自己置身于自然之中来观察，人类才能开始感触到自然之博大，同时作为大自然的一员，方才能够认识到包含在其中的自己吧？

只要略微看一下山毛榉林这个自然界的角落，看它变迁中的一个横断面，我们就可以知道自然是多么丰富多彩，博大精深。对其深奥的内涵能够切身感受，无非是因为它与人类息息相关。确实，日本人对自然抱着极强的爱恋，还对自然持有变得尖锐起来的感性认识，正如日本文化的各个领域所反映的那样。但是，说到底那也不过是抽象的、观念的自然而已，我们必须找回更加现实的与自然的一体感，不是将自然与人类世界分割开来观察，而是将自然作为朋友，接近自然的精神，这才是最重要的。

（一）关于文章

　　撰文虽苦，却也有乐。要写的主题在脑袋里等着尽快变成文字。在脑袋好使的时候，把它们说成是正拥挤不堪地等待着的状态，我觉得也并非言过其实。

　　但反过来一想，撰写文章又令人害怕。写作之事，应对其存畏惧之心，审慎之心。

　　人们将自己持有的想法写成文章，如果说此举有益于他人的话，是因为它可以给社会以刺激，还可以提出问题。但是，人们"所拥有的"东西毕竟有限，而"所不拥有的"东西则多得多。

　　知识、思想、表达力、人格的感化力——无论从哪方面看，每个人所拥有的东西都是有限的，不要一味摆出一副乐天派的架势，认为写作是有益于他人的，是提出问题的。写作也是将本人的不足之处展示给世人的行为，越是隐藏越要露馅。既有可以从字里行间读出的内心洋溢着的激情，又有可以让人看透的内心的不足，令读者有冷冰冰的感觉。人啊，因过于频繁地写作，将自己的贫乏无知暴露无遗。

　　还不仅是暴露自己的不足，要将思考的内容用恰如其分的语言表达出来是一件很不容易的事。重现事实关系要费功夫，哪里都会留下空档。将它写成文字，还会有漏洞。因词语不足而引起的无奈，自始至终会影响着你，使你的心情无法平静。

　　但又想到，也许这就是语言表达，就是人类生存着所背负的注定的命运。人类为了将自己的想法传达给他人，创造了所谓语言的符号。尽管语言是符号，但不是思想。经过选择的一行词语，只不过反映了思想而已。正如实际的风景与照相机所拍摄的风景相去甚远，实际的思想与通过言语所表达的东西之间，常常存在着微妙的偏差。

　　贤者沉默不语。他既不写作也不说话，一味地坚守沉默而受到世人的尊敬。总之，恪守沉默而面壁九年的达摩大师，可以称为一个良好的典范。保持沉默，就可以避免受辱。

　　如此想来，将这些思想写在这里从而埋下新的祸根的，就是人类，特别是凡夫俗子的所谓善恶行为。人类的行为就是一定要用语言来表达自己的想法。这是社会性动物人类的本能。

　　要这样做，就不得不适当地压抑犹豫和恐惧，而且还必须抛弃肤浅的想法。为了表达自己的想法，让对手理解自己的想法，就要努力坚持不懈。的确，在语言中存在着作为符号的不便之处，但是为了将自己的感想准确地传达给对方，语言是唯

一的手段，我们必须再次重新认识这个事实。

我以为，这是写文章这一行为的出发点。基于这一点，在实际写文章时，我所注意的有两点：

第一，要将自己持有的想法尽量准确地表达出来。因此，首先很重要的一点是自己的想法要经过深思熟虑。连自己都"不能很好地说清楚"的事，又怎能让别人理解呢？

将自己思考的事情转换成所谓语言这种符号时，考虑不成熟的东西开始形成清晰的想法。因为语言是符号，与思想之间或许存在偏差。正因为如此，必须尽量准确地选择语言。尽可能选择自己心中最恰当的词语，这是写作者的责任。正是为此目的而进行的搏斗，才是这项表达工作的中心。注意要将心灵与语言之间的距离无限地缩小。

第二，不要忘记是为了向别人传达，才有了所谓表达的意识。在热衷于自己的表达时，往往会不知不觉忘了对方的存在。可是，所谓表达，是传达给对方之后才告完结的。"向何种人"转达"何种事"，如此之类的意识，在写文章时是不可欠缺的条件。

这一点，如果在日常生活中不使用"意识到了对方"的说话方法，就不能很好地表达。可是年轻人对于这种说话方式与写作一样，感到很不擅长。

这样的说话方式，与令人费解的、自以为是的表达方式有关系，与跳跃的、不得要领的表达方式有关系。这样做的话，即使当事人打算表达自己的想法，却与自言自语没有任何区别。

就那些声称"不相信语言"的人而言，他们有一种倾向，就是依靠那些司空见惯的、毫无个性的表达方式，并就此而感到满足。尽管如此，他们还发牢骚说难以被他人所理解，这种想法真是浮浅。虽然有"弘法写字，笔无选择"的说法，但据说实际上，弘法大师还是根据字体的不同而选择不同的毛笔。表达也是如此，要根据不同的对象而选择不同的词语。为了做到这一点，从平时起就必须阅读品味各种各样的文章，培养关于语言的感觉。

（二）绚丽的色彩

当人们被问道，请你回忆一下春天，首先感觉到的是何种色彩呢？无论是谁都会突然语塞。严寒地区就不用说了，即使在温暖的地区，冬去春来，周围自然孕育起生机，诞生出春色来，但是说到完全适合的色彩，却一时想不出恰当的回答来。考虑片刻之后，会归结到淡红色或桃红色来。这也许是代表日本春天的樱花在人们的潜意识之中的缘故吧。桃儿和杏儿等同色系列之花确实把春天点缀得绚丽多彩，

但是最先报春的花却是以金缕梅、山茱萸、木付子等黄色的植物居多。可能想用一种色彩来概括一个季节，其本身就有点牵强吧。

在我国，自古以来"におう"这个词不只是用来表示嗅觉，也用来表示色彩。所谓的"におう"表示"绚丽朦胧"等意思。刀刃与刀面的连接处以及雾气蒙蒙的现象称作"におい"，染色时上面部分着浓重的色彩向下逐渐淡化的手法也称作"におい"。我们并不是把色彩单纯作为颜色来看，而是要去欣赏它，品味它，甚至偶尔还要去聆听它。

春天的色彩不管是桃红色还是粉红色，按刚才的想象，也许都能说成是"におう"之色彩。那是一种笼罩在冬天离去时的安宁与陶然的气氛中的、朦胧的、难以捕捉的空幻现象；是在阳光的幻觉中逐渐消失的瞬间情感。这便是从春天获取的真实感受。

第十二课

（一）大相扑的世界

相扑是只穿兜裆布的两个人赤手空拳进行的比赛，是日本传统的格斗技术。摔倒对方或是把对方推出赛场外，由此来决定胜负。诸神通过用相扑比试力量的神话和7世纪中叶用相扑招待外国使者的记载，都可以说明它是古代流传下来的运动。

另外，相扑有各种各样的神秘仪式，不仅赛场上的行为举止，甚至还包括力士们的日常生活。这是因为，相扑不仅仅是格斗技术，也是起到祈福神灵、听取神意的祭典。历经漫长岁月，作为民族性的竞技发展起来的相扑也是日本具有历史与传统的鲜活的"文化遗产"。

每年从1月份开始，每两个月举行一次相扑"比赛"（为期15天的大会）。举办地点是1、5、9月份在东京，3月份在大阪，7月份在名古屋，11月份在福冈。根据比赛成绩，力士们在等级一览表上被排出等级（从最高的横纲到序口）。现在，力士的总人数为728人（截止2004年9月），他们都以横纲为目标，认真地进行力量与力量的较量。

让我们来观战实际的"比赛"吧。观众席分为椅子席和池座。在分隔为四人一组的池座可以边吃饭边和同伴畅谈，边轻松自在地观看相扑比赛。

上午9点，相扑比赛伴随着鼓声开始。力士们是按由低到高的等级顺序登上赛场争夺胜负，但是在比赛前后，赛场上的举止行为有很多礼法和规矩。

力士登上赛场后，首先要撒盐。这是为了清除赛场上的邪恶之气，以祈祷神灵

保护不受伤。一天要准备45公斤盐，供所有力士使用。然后要慢慢地蹲下，开始一系列动作，拍两次手并搓擦，然后向左右用力地伸张双臂并翻转手掌。这源于过去在野外举行相扑比赛时拔杂草的习惯，用杂草上的露水净手，而大张双臂这是在向对方表明手里没有拿武器。

在相扑运动中，"水"扮演着重要的角色。例如，在赛场下备有装水的提桶，这被称为"力士水"，是用于漱口、洁身的。另外赛场上悬挂的紫色弹幕意味着还可以为力士们降温。在比赛时间拖长、双方势均力敌不分上下的情况下，则稍事休息后再继续比赛，这叫做"水入"。力士们是在"盐"和"水"的庇护下进行相扑比赛的。

力士进入赛场中央后，双腿交替高抬，用力踏地。这叫做"四股"，是相扑锻炼腿和腰的基本动作，原意为踏住地下的恶魔。

比赛就要开始了。两个力士相互凝视，碰撞身体，屏住呼吸，待机而发。呼出一口气，然后吸入八分，立即奋起。据说这是最有力气的瞬间。

比赛的招数有70种，其中身体贴近对方将其逼出场外的"寄切"以及抓住对手的兜裆布将其摔倒的"上手摔""下手摔"等是最常用的技法。

评判胜负的是身着和服、戴冠（黑漆帽）、站在赛场上的"行司"（裁判）。他们也有等级，用着装表示其地位。评判横纲比赛的是最高级的"立行司"。

行司发出的号子是"ハッキヨイ！"，其意思是振奋精神，全力参赛。比赛既有瞬间决出胜负的，也有两个人几乎同时出赛场的，裁定有时很难。难以裁定时，场下的评判委员们要到场上来，通过商议裁定。也有很多微妙的情况，这时要"重新比赛"。

比赛结束后，双方相互致礼。受关注的比赛要给胜出者颁发奖金，这时力士要将手刀一样向下挥3次，然后接受奖金。这是对司掌胜负的三位神致谢的意思。

下午6点左右，当天的比赛结束。最后举行持弓登场仪式，由一个力士持弓表演，这源于过去的相扑奖品曾经是弓。

相扑不是单纯的体育运动，而是仪式和竞技融合在一起的日本特有的国技。力士们不仅是为了比赛，还为了学习包括日常练习和生活在内的"相扑道"人生。最近，外国出身的力士（截止2004年有61人。现在的横纲是蒙古国出身的朝青龙）也层出不穷，说明这个传统正在超越国界而被继承。

（引自高桥秀实，平凡社《にっぽにあ》第31号，2004年12月）

（二）退休

丈夫终于到了规定退休年龄。与松了一口气的丈夫相反，一想到家里的贷款、

孩子的学费和嫁妆钱，我的心里就沉甸甸的。因为经济方面的原因，丈夫从事高收入的外交官一职已有数十年。必须在外奔波的工作着实很辛苦，而且，储蓄利率高的额定工作也使得丈夫不容松懈。不是夸他，丈夫对于人际交往并不擅长，但秉着正直和诚意，丈夫靠这份工作长年支持着家庭的生活。我从心里想对他说"长期以来辛苦你了"。

（一）文化的独特性

放着驾轻就熟的日语词汇不用，却偏要不分青红皂白地乱用外来语以显时髦，对此我是不敢苟同的。但也确实有些概念和事物是无论怎样冥思苦想都难以用日语来表达的。对我来说，identity（独特性）这个词汇就是其中之一。我平时谈话中用到这个词的时候，总觉得词不达意，写文章用到它时就更有这种感觉。像Butter（黄油）和coffee（咖啡）这类同样是外来语，而写起来却并没有什么心理抵抗，唯独identity（独特性）这个词每次写的时候都觉得心里不太踏实。说到底还是无法用日语准确地表达其含义。其原因仔细想来，还是要归咎于identity（独特性）这个词语所表示的人的某种心理特性在日本文化里面虽不能绝对地说没有，但也是极为罕见的。

无论哪个民族，在其文化、风俗、思维方式上都显示出其固有的特征，这是经过漫长而沧桑的历史磨砺留下的印痕。自己是这样的而非那样的，自己的语言、文化等有着如此这般的轮廓，与他人的完全不同等等，当这种自我意识很清晰地显现出来时，一个人就会对与自己具有同类型文化、语言的人们具有强烈的一体感，而对异文化群体抱有排斥感。

一滴石油落在水面上会无限扩散，不久变为一层薄膜，最终就不见其踪影了。但是像色拉油这种粘性很强的油即使落在水面上也不会扩散，而是聚在一起呈圆粒状。在我看来，欧亚大陆各个民族的存在方式就具有这种性质，它们就像粘性极强的油滴，即使滴落到水面也不会扩散消失。它们各自在文化上都有着明确的自我定义，凭借其语言上强大的自我凝聚力来无休止地强调自己与他民族明显的区别。可以说，这些大小和色泽完全不同的各种油滴彼此不会混和在一起，而是呈现出一种相互倾轧、挤压的分布状态。

在文化的独特性这一点上，日本民族也决不逊于欧亚大陆的民族，况且就其语言的独特性而言，更显出与众不同的民族性，几乎可以说它体现了日本人固有的特征。把这种具有鲜明民族特性的整个日本文化和其它众多的同样具有鲜明民族特性

的亚欧大陆文化放在一起进行比较，其间的基本差异具有鲜明的对比性。现在的日本文化所具有的固有特性之所以得以产生和保持下来，是大自然等诸多因素造成日本被隔离于其他诸国的结果。它不像其他民族的文化那样，后者是经历过与异文化的直接竞争、相互倾轧、优胜劣汰的过程而形成的文化。

这里再回到油的比喻。日本文化可以说是缺乏粘性的、自我凝聚力不强的石油。虽说一滴石油落在水面上马上就会四处扩散，慢慢消失，但若在水面上漂浮一个适当的框架，并使油滴落在框架内，那么油就会滞留在这个范围内并可以保持其独特的色泽。但是如果由于某种原因而拿走框架的话，其中的石油滴就会因缺少了自我凝聚性而一举扩散开去。

我国历来对异文化的吸取就近乎贪婪，在古代是从中国摄取，明治维新以后直到现在又是从西欧吸取。自古以来形成的文化要素和固有价值观被这些外来的东西不断地取代。而且这些外来的文化非但没有对我国文化造成破坏，反而使其取得了举世瞩目的巨大发展。那种以我为主的强烈意识和凝聚力常常排斥异文化，其结果往往是阻碍了自我进步。正因为日本人没有这种强大的自我意识，所以对引进外来文化很少有抵触感，而另一方面，由于自然条件的原因，从而避免了自我扩散的危险。这正是日本文化独特性得以保存的秘诀。

然而，从昭和三十年代后半期开始，随着日本经济地位的大幅提升以及世界信息和交通技术的飞速发展，完全打破了我们曾经享受了两千年之久的与外界隔离的自然条件。在区分彼此的框架不复存在的情况下，现在的日本人不得不在所有的层面上，与具有不同文化观、价值观和语言的各个民族进行直接的交往。

我们日本人已被拉到了一个残酷竞争的世界。在这个世界中，自己和他人身处同一个层面，在一个完全同等的竞技台上，只有通过巧妙攻击和有效防卫才能生存。今后是像水面的一滴石油那样无休止地扩散开去，还是像高粘度的有个性的油滴那样留存下来，我认为这取决于我们能在多大程度上形成一个具有强大的自我凝聚力的 identity（独特性）。

（二）读书

读书最重要的就是买书，只要买来就属于自己的了，总有一天会翻阅的。买来收藏，俗称藏书，也是一种读书方式。这里所讲的"买"，是指在书店，随手拿起一本书，只要觉得有点令人心动，现场就立刻买下。

须知，如果你想"再考虑考虑吧""明天买也行""回家时顺便在车站前的那个书店买吧"等等，只要稍微这么一犹豫，那就和这本书无缘了。

（中略）

没能当机立断买下的原因之一也许是担心失败吧。好不容易买来了，读了发现没意思怎么办？但失败也是读书中的一环。是否有趣，只有读过之后才知道。即使觉得无聊也不能认为是一种失败。能够判断出无聊，反而是值得骄傲的。因为只有这样的人才能体会到好书的乐趣。与其担心失败，更应该担心的是把无聊的、没趣的书看成有趣的书。

在众多书中，有些书很难马上显现出它的趣味性。有的书开始不觉得怎么样，越读越感到有趣。也有许多书暂时闲置在那里，偶尔拿起来翻阅，会突然觉得很有趣。有的书值得反复阅读，每读一遍都会有新的乐趣。例如夏目漱石的《我是猫》，自小学三年级以来，我已经几度捧在手里，二十岁读的时候有二十岁时的乐趣，花甲之年读时又有花甲之年的乐趣。

（田隆史《「考える力」をつきえる本》）三笠书房）

第十四课

（一）大学的现状与动向

大学全入时代

据测算，大学、短期大学的报考人数与入学总人数相同。尽管因为生育率低下而导致报考人数减少，但大学、短期大学的定额数却并没有随之减少，若不挑选，想升学的人则都能入学，因而被称为"全入时代"。据文部科学省2004年7月预测，2007年度将达到这种状态。1997年原文部省预测的是2009年度，看来"全入时代"将提前两年到来。

测算的根据是2003年度春季的入学考试实绩，报考者是85.4万人，而入学人数是71.8万人。预计报考者和入学者人数都将继续减少，2007年度达到一致，为69.9万人，之后将以相同数量推移。

显示情况是，报考者集中的学校和苦于不满定额的学校两极分化严重，"全入时代"的生存竞争愈演愈烈。

本来不怎么为招生感到困扰的国立、公立大学和名牌私立大学也加入了竞争。岐阜大学在全国性报纸上刊登整版广告，以获得全国范围内的知名度。福岛县立会津大学为尽早确保获得优秀的生源，决定在2006年春季的入学考试中导入以高中2年级学生为对象的"跳级入学模式"。另外，应庆大学和早稻田大学面向2005年春季的入学考试举办联合说明会。这既有名牌的相互影响作用，又有和"竞争学校"的对抗，一时成为热门话题。

附录一 课文译文

另外，在"入口"处减少入学考试科目等以获得生源的策略基础上，越来越多的私立大学还提出了援助就业活动这样的优厚待遇。在长期不景气的情况下，在"出口"上下功夫是生存的一大关键。

兵库县的大手前大学则在2005年4月新设的学科中开设"终生就业援助事业"一课，除了在校期间，还对中老年期的转职、再就业给予照顾。大学与就业援助公司合作，进行合适工作的寻求和企业介绍。大学负担毕业后几年内的全部费用，此后的费用也由大学负担一部分。此项计划最终的对象是全体毕业生。

在这期间，中央教育审议会的大学分科会认为，为生存所迫的大学、短期大学今后要按其功能分为"以研究为重点的学校"和"在普通教育上加大力度的学校"，走个性、特色化道路，并正在以2015~2020年为目标探讨"高等教育的未来构想"。

大学破产时代

因为生育率低下加上长期的经济不景气，私立大学、短期大学的经营举步维艰，停止招生的学校也在增加。大学进入了真正的筛选、淘汰的时代，"大学破产"也具有了现实性。据日本私立大学振兴共济事业团于2002年12月以经营4年制私立大学的全部461个法人为对象的调查表明，2001年度出现赤字的为109个法人，约占总体的四分之一，急速增加为2年前的3倍。短期大学更为严重，194个法人之中竟有接近一半的85个法人经营出现赤字。

至1999年度（37个法人，占8.9%）出现赤字的大学法人数字无大变化，但是2000年度较前一年度增至近2倍，为69个法人（15.9%），而2001年度又有了进一步增加。

私立大学法人的收入近6成依靠学生的学费。由于学生人数的减少，在5年间，平均每个法人的收入减少了8.45亿日元（7.0%）。学校法人与一般企业的会计构造不同，因此不能进行简单比较。但是如果收入与支出的比率超过了100%，这就意味着经营十分窘迫。近两三年，虽然18岁人口的减少有所减缓，但赤字法人却在激增，由此可以推测，明朗化的"胜组"和"败组"之间的两极分化骤然加剧了。

另外，据文部科学省调查，停止招生的大学在2000年度是1所，2001、2002年度分别是4所，2003年度是8所，每年都在增加。在这17所大学中，有2所已经停办，估计有13所大学将在学生毕业之时向文部科学省申请停办。

据上述事业团体的调查，2002年春，在506所私立大学中，升学人数没有达到定额人数的大学有143所，约占总体的30%，而连定额人数的一半都没达到的大学竟然有13所。2002年度报考私立短期大学的人数约19.7万人，降至10年前的四分之一以下。结果，48%的私立短期大学没有达到定额人数。近10年间，18岁人

口约从 205 万人减少到 150 万人，今后还会减少。"胜败"的分水岭不是传统或名牌，也不是偏差值等，而取决于能否实行以学生为主体的教育。

（引自《朝日关键词 2005》）

（二）"大检"、高中毕业认定考试

大学入学资格检定考试（大检）从 05 年开始就变更为高中毕业认定考试。大检虽然是面向因战后、经济等原因无法完成高中学业的劳动青年的制度，但是现在它的性质已经改变了，因为目前百分之六十左右的应试者是高中中途退学者。

新型考试有国语、地理历史、公民、数学、理科和英语 6 科，在大检当中不再设必修课程。对于只认可定时制和通信制（面向白天工作、不能上学的人的函授教育制）的在籍学生，也可以认定其为全日制学生，可以根据校长的判定将及格的科目转入毕业学分中，以便评价不在校学生的学习成果。另外，合格者就具有了大学入学资格，但是如果未满 18 岁的话，即使合格也不能取得入学资格。该考试每年 2 次，在全国 47 个考场进行。大检在实施方法、出题的难易程度和合格标准方面将不会改变。

第十五课

（一）全民平等主义

平等主义有"机会平等"和"结果平等"之分，后者之"结果平等"往往导致一种坏的平等主义，它阻碍人们在自我负责基础上的自由选择。而前者之"机会平等"看起来虽然与自由选择是并立的关系，但若要不单单停留在形式上，而是在实质上做到"机会平等"，那么就有必要采取这样或那样的措施来做到选择能力的平等，从而不断接近"结果平等"。不管怎么说，近代和现代的平等主义都明显倾向于"结果平等"。

那种认为追求"结果平等"的平等主义才是民主主义之根本的观点，可称之为"全民平等主义（democratism）"。"民主"（democracy）这个词在实际运用中本来具有多重含义，但现在已不能确切地反映这一点了，其现状是已陷入到狭隘的平等主义之中。民主主义已经倒退，蜕变成了一个"主义"，即"平等主义"，而用"全民平等主义（democratism）"这个词语来表示这种现状倒是更为方便一些。为平民大众所追求的民主主义就是"全民平等主义（democratism）"，其中最大限度地张扬了平等主义。

另外也不能忘记，日本的相互个人主义也是平等主义的近亲。它是带有日本式

文化特征的一个精神支柱。无论什么样的集体，为了稳定其内部人们之间的相互关系，都必须创造条件使每个成员都能积极参加集体活动。也就是说必须有公平的原则。虽然公平并不直接等同于平等，但不可否认它倾向于平等。特别是，若想用量化指标来体现公平性的话，那么最简便的方法就是将"结果平等"推到前面。在日式文化面前，真正的自由主义式的态度很难产生。之所以这么说，是因为真正的自由主义态度是要在做好精神准备、不惧周围环境孤立自己的前提之下才能培育出来。

正因为全民平等主义其自身就包含着巨大的悖论，所以反而有着走向极端的倾向。换句话说，当平等主义成为占统治地位的意识形态时，甚至那些以前认为理所当然而可以容忍的一些小小的不平等也会成为人们不满的导火索，让人感到极为不平等。这会导致人们以过激的方式去要求平等。而为了贯彻这样的要求，就必然会过激地强调"人人生而平等"这种观念。因此，所谓民众应该是相互均质的、标准的、平均的这类观点是不正确的。民众虽然事实上几乎是均质的，但相互之间哪怕一点点极微小的差异，也会使人变得极为敏感。从这个意义上看，恰恰是那些产生差异化现象的一个个所谓"小阶层"或"利益群"的存在，才更准确地反映了平民大众的实际状况。

毋庸赘言，平等主义所牺牲掉的就是自由。人们生来就承担着与生俱来的或原始性的不平等的宿命，毋宁说其中许多不平等都是难以躲过的。而真正的自由就是即使承受着这样的宿命，仍然想要努力去重组自己充满活力的人生。自由是与秩序相对的，秩序里包含着种种不平等。自由既受着秩序的制约，同时又与秩序进行抗争。这种两面性的过程正是自由的本质。大众化的自由因其缺乏秩序的约束，很容易流于放纵，而一旦出现那种难以想象的彻底放纵，民众的自由也就会悄然招来压制。无论从观念体制上还是从制度结构上来看，全民平等主义也恰恰是那些压制自由的机构得以产生的根源。

（二）小龙虾

"大哥，抓住27只啦，27只小龙虾！"

他把我手里的纸一把夺过去，就晃晃悠悠地返回到画室的角落，在地板上蹲了下来，鼻涕抽抽地开始画画了。他每画上一只小龙虾就舒一口气，放下画笔，向旁边的伙伴炫耀地吹起来：这只小龙虾和那条如何不同，如何将它从烂泥洞的深处揪出来，它又是如何翻跳挣扎的等等。"……总之，我胳膊伸进泥洞里都浸到肩膀这儿了"，他这么说着，还用铅笔尖挑出残留在指甲缝里的河泥给大伙看。三五个伙伴饶有兴趣地围聚在他身边，七嘴八舌地谈论起各自的经验和看法。画室的角落里孩子们越聚越多，哄闹声此起彼伏。这时，一直独自在一旁拨弄画笔的太郎忽然

站起了身子。只见他径直走向那帮伙伴,从人群后面伸长脖子往里面瞅了一眼小龙虾画。看了一会之后,他像是失去了兴趣,挪着那一贯拘谨的脚步,回到自己的位置。在经过我身旁时,不经意的嘟囔声飘进了我的耳朵:"用得着这么费事吗,拿鱿鱼干钓就行了,……"。我感觉找到了开锁的小钥匙,于是放下为孩子们调颜料的瓶子,走到太郎那里,和他一起盘腿坐在地板上。"喂,小龙虾可以用鱿鱼干来钓,是真的吗?"我直截了当地问。太郎被这突如其来的问话吓得一抖。而我呢,则点上一根烟,深深地吸了一口。

"我用红蚯蚓钓过,但用鱿鱼干能钓小龙虾,还是第一次听说呢。"

见我在笑着与他说话,太郎紧张的心情松弛下来,用水彩笔头轻轻地敲着画纸,沉思了一会儿,然后一扬脸,十分肯定地说:"当然鱿鱼干好。红蚯蚓也行,但一根鱿鱼干能钓好几条呢。""是吗?用不着一次换一个?""是呀。""真不可思议呀。"我把香烟从口中拿开,"可是你看,鱿鱼干是墨斗鱼吧?墨斗鱼是海里的鱼吧?这么说,是河里的鱼吃海里的鱼咯?……"这话一出口,我就想:坏了!这分明就是强词夺理嘛。看来贝壳的盖子又要紧闭了。只能重新再来了。当我这么想着,正要起身时,太郎先我一步说道:"这小龙虾吧……"他迫不及待地快速说:"这小龙虾特喜欢鱿鱼干的气味。怎么说呢,我老早以前在乡下就这么干过了。"在太郎那清澈的淡茶色瞳孔里,透露出十分明显的抗议神情。我就像是听到了钥匙插入锁孔而发出的清脆开锁声。

(一) 羞耻

我总是认为羞耻在人类的各种情感当中是发自心灵深处的一种最自然的情感,而且也是现代最为缺乏的一种情感。它微妙地反映了现代文化的危机。或许有人会说,人类心灵深处的情感当中,除此之外不是还有爱和同情吗。但是爱在相当程度上是以利己主义为前提的,而同情有一种道德上强加于人的意味,往往给同情者本人带来一种心理满足感,被同情者却未必高兴。

但是羞耻和道德情感无关。首先羞耻之中不存在意识这个媒介,并不是通过蓄意的企图或演技就能够感觉到或感觉不到羞耻。其次羞耻也并非一种孤独的情感,而是以某种共同意识为前提的,比如说四五个人聚在一起,其中某人的言行涉及低级下流的话,那么同席的所有人都会感到羞耻。若在座的都是男性的话,即使相当下流猥亵的话也可能无所谓,但如果其中哪怕只有一位女性,就算是一句很轻微的下流话也会让在座的男士们因意识到女士的存在而感到羞耻。可见羞耻也是和性领

域有密切关系的一种情感。

有这样一个例子：一位母亲在和朋友谈论孩子的情况时，她抱怨自己孩子学习成绩很不好，正在为孩子的升学和前途忧心忡忡。而她这位朋友也是一个母亲，其孩子学习成绩却很好。因此在那位学习成绩不好的孩子的母亲面前，这位母亲怎么也不好意思谈自己孩子的学习情况，只好低着头一言不发。这位母亲事后说"她真是可怜，我当时很尴尬，不知道该怎么办"。这是在有关教育问题的争论中颇具现代日本特色的事例之一。在这种场合，向对方表示同情会显得假惺惺，即使掩饰自己的优越感，总有一天对方也会知道，而保持沉默结果反而是对对方的一种伤害，所以她只能被迫陷入"很尴尬"的境地而没有别的办法。人就是这样，当其感到比对方优越或从他人的不幸中感受到自己幸福的时候，其内心反而会不知所措。另一方面心里又会为自己的这种难堪而感到害羞。这种心理未必是出自道德上的自我克制，而是源于一种本能的恐惧，即自己的本意并不想扮演一种羞辱对方的角色，但生怕对方会这样想。所以当自己被迫处于这样的情况下时，就会出现生理性的难以忍受的反应。

唯恐掩饰不好自己那份优越而感到的羞耻，表面上看和"谦逊"非常相似。但是两者最大的不同在于，谦逊的前提是承认他人优越和自己低劣这一关系，而羞耻则是以肯定自我价值为前提的。比方说在某人的婚礼上，他父亲致词时说话很不体面，他本人立刻就发觉父亲的讲话方式很糟糕。这一点说明他本人有着很清晰的自我价值的意识。这时向他袭来的不是谦逊之念，而是羞耻感。而且更加饶有兴味的是，在婚礼的出席者中，一些神经敏感的人也会有害羞的感觉，就好像把事情搞糟的不是别人而是他们自己一样。像这种引发连锁反应的现象正是羞耻的特征。就是说，羞耻心与出身背景、阶层以及乡土意识等一定范围的文化土壤有着很密切的联系。羞耻感并不能通过教育来培养，因为这种情感与知识、教养没有关系。

我之所以要写"羞耻"这个题目，是因为羞耻在现代社会中已经快要消失殆尽了。沽名钓誉、斤斤计较、自我卖弄、哗众取宠、溜须拍马、装腔作势等等横行于世。羞耻本来应该是内心自发的一种情感，可现代社会却充斥着故作羞耻的表演，即所谓媚态（摆造型）。有的年轻女人在男人面前会故意做出低眉顺目的表情。她在抬眼的瞬间会怀着期待的心情看看是否达到了效果，自己是否博得了对方的青睐。这种低眉顺目的样子就是一种造型而已。真正的羞耻，会使人有一种想要隐藏自己的冲动，会促使其自我抑制，而不会去盘算自己的行为对他人所产生的效果。可是现在这个社会，人们却把如何谋取对他人的效果、在交往中获胜的演技，当作了无价之宝。据说最近出现了一个滑稽可笑的现象，兴起了一股"淑女热潮"。从根本上看，没有比这种装腔作势的做法更不知羞耻、更低级的了。一些谋取效果的、媚俗的书

籍甚至在知识分子阶层也很热销。

然而，在丧失了羞耻感的当今时代，其最大的问题是真正的猥亵之感也无法形成了。或许很多人会认为现代社会就处于一个猥亵下流的时代，但是所谓猥亵，可以说是以摧毁包括自己在内所有人的羞耻感为最大目的，并引起全身震颤的那种令人厌烦的情感在短瞬间转化成一种快感，其恶魔般的心理效果到了细致入微的地步。而在赤裸裸的性活动如此日常频繁和直截了当的状况下，古往今来世界各地的色情文学赖以生存的那根纤细敏感的心理神经也已经不会再有了。

最近电视上经常出现有关艾滋病的新闻，日本年轻的女新闻解说员在谈到有关美国的问题时，会得意扬扬地借机展开露骨的性话题。每每听到这些我自己都不由地感到羞耻。

我再重复啰嗦一次，羞耻本是人类内心深处最有价值的一种情感。人有着唯恐伤及他人自尊的一种自控力。同时另一方面，也正因为有这种深藏着的自控力，那么一旦其遭到破坏，丧失了这种自控力，即羞辱对方，则会产生一种坏的极大快感。自控力是与这种坏的快感相邻并存的一种神秘东西。在缺乏羞耻之心的现代社会里，人类所具有的这种二重性也将岌岌可危。

（二）货币

在市场经济中，货币所发挥的作用是非常巨大的。在没有货币的经济交往中，采用的是直接的以物易物交易。但是，这种以物交换物的经济形式，倘若有一方不愿意将自己所生产及拥有的物品与他人所生产及拥有的物品交换，则交易就不能成立。也就是说，就算你想要别人的东西，但只要该人不想交换你所拥有的东西，那么你就只能是单相思，交易不能成立。在以物交换物的情况下，交易双方当事人的欲求必须达到一致（欲求的双重一致）。就是说，以物交换物的经济形式，其交易受到限制，从而使以交易或贸易为中心的商品经济的发展受到限制。

在这样的以物易物的交易过程当中，人类发现了货币这种东西。即随着以物易物的范围和频率的增加，出现了大家都想交易的共同商品，而随着与该商品的频繁交易，交易当事人一旦将自己的产品与该商品交易，接下来就可以得到其他众多的商品。谁都想交易的商品，在某种意义上可以是任意一种东西，从历史的沿革看就是稀缺性的贵金属，也就是金、银等商品。人类在提高了农业生产力，摆脱了自给自足的经济状态之后，金银就成为了以物易物的交易媒介，就是说其本身即是商品，同时也承担起了交易手段的作用，进而最终转化为纯粹的交易手段。产品一旦与货币交换（销售），接着就可以用该货币与所有的商品、产品进行交换（购买），从而可以减少在以物易物（必须达到欲求的双重一致）时所投入的成本，使得以物易物的交易量以及估价、市场交易等急剧扩大。

附录二 语言文化广场译文

第一课

节　分

节分如字面所示，是"季节的分界"的意思，在旧历中这一天是冬天的结束，立春的前一天。在现行历法中是2月3日或4日。和年三十、1月6日、1月14日一起被认为是过年的日子，也会同这些相混淆，但是现在的节分的活动包括全国都有的撒豆驱鬼以及在门口挂沙丁鱼头串的习惯。

驱鬼是指驱赶饿鬼去除疾病根源、迎接新年的仪式，是宫廷的年中定例活动之一。年三十的大驱邪之后举行的大傩，也被称为遣鬼。这是在文武天皇的时期从中国传入日本的。年三十的夜晚，由大舍人寮的舍人扮演恶鬼的角色，群臣拿着桃木弓、芦苇箭、桃木枝来驱逐恶鬼。曾作为宫廷活动在中世衰落，但到了近世，各地的神社都会开始在节分这一天举行驱鬼祭。

在寺院神社或民间撒豆子时的唱词因地域不同会稍有差别，"鬼出去，福进来"这句话最为普遍，通常认为这是来自宫廷活动的遣鬼。撒豆是依仗于豆子的咒力，也有用豆子拂过身体后再丢弃那颗豆子的风俗，这也可以说是驱除了灾祸。还有习惯是为了祈祷这一年的健康而吃下与自己年龄相同的豆子。撒豆感觉就是和孩子一起的嬉戏，在城市的家庭中也经常举行，但是在狭窄的室内各种电器或家具不断增加的今天，由于事后的打扫太过麻烦，也逐渐不再流行了。目的为防御邪灵。

沙丁鱼串是将烤沙丁鱼头等有着强烈臭味的东西用有尖锐叶子的柊树的树枝串起然后挂在门口，也叫做戳鬼眼、鬼见愁等。

节分的驱鬼的意味很浓，人们认为在节分的夜晚幽灵会来造访，沙丁鱼头串就是因此而进行斋戒的证据，也有说法认为豆子是给神灵的供品。

第二课

落语·漫才

"落语"的名称是由于将谈话的最后的语言或是结尾称作"落语"而来的。起

源于京都上方的落语中心后来转移到了大阪，与江户落语之间产生了不同的风格。现在最大的区别在于是否有被称为"真打"的压轴者。继承了江户落语的东京落语届中有前座、二目、真打这三个等级，逐渐升级。但是在上方落语中是没有升级制度的。

落语家通过表情、语气、动作等来表演数个角色或情景，但所使用的道具只有小汗巾和扇子这两样。用一把扇子来表现筷子、烟管、刀、酒壶、钉锤，用一块小汗巾来表现烟袋、钱包、荷包、书信、账本等。

与落语并列为两大曲艺艺术之一的漫才的历史与落语相比要新的多。与一个人表演的落语不同，漫才是由两个表演者通过滑稽的动作、滑稽的交谈来逗乐观众。在昭和7年，大阪的吉本兴业的宣传负责人从漫谈得到灵感而取名为"漫才"。

在大阪，随着漫才的人气不断聚集，落语逐渐式微，但发掘了古典上方落语的名家桂米朝出场，实现了落语的复活。漫才界出现了 daimuru·raketto、yasushi、kiyoshi 等著名搭档，大阪成为了漫才的中心地。但是最近转行做电视艺人的人很多，以口才为武器作为综艺节目的主持人活跃在东京电视台，现在对漫才来说已经不复昭和30～40年代全盛期的活力了。

第三课

七 五 三

"七五三"是为了庆祝3岁、5岁、7岁的孩子的成长，祈祷今后的平安而去神社参加的活动，但这并不是自古以来就有的，而是始于江户时代。在中国有尊奇数为阳数的思想，基于此，受到元服时期影响。将男女3岁称为"发置"，男孩5岁称为"袴着"，女孩7岁称为"带解"。这一庆祝的习惯在江户时代得到普及，成为了现在"七五三"活动的原型。

也许是因为这是以武家为中心进行的活动，所以在京都几乎见不到。在京都，主流是到了13岁的男孩女孩在阴历3月13日参拜虚空藏菩萨，祈求驱邪、开运、授予智慧，这一活动叫做"十三参拜"。传始于说安永2年（1773年），日本最早供奉虚空藏菩萨的岚山法轮寺曾繁盛一时。

放眼全国，"七五三"具有多种多样的地方特色，有地方只庆祝3岁和7岁，也有地方只庆祝7岁。有很多地方有"7岁以内是神的孩子"的说法，没到7岁就夭折的孩子不举行正式的葬礼。也就是说人们认为养育到7岁对于人类来说非常重要，不论男女，7岁都被看作是从幼儿期进入到少年期的转换期。孩子通过7岁的

参拜正式成为家族成员，无论是神灵还是地区共同体都将其看作能独当一面的个人来看待，也就是说被接纳为社会的一员，受到儿童组等组织的欢迎。

关于"七五三"的参拜被固定在11月15日进行的原因，有着很多说法，有人认为是因为德川第5代将军德松岩井，也就是纲吉之子，是在这一天举进行留发仪式的，也有人认为是因为阴阳道中冬去春来、11月的吉日——鬼宿日就是这一天，还有人认为是因为自古以来霜月（11月）的15日是祭祀与家家户户的生计息息相关的各路神灵的日子，等等。

第四课

地　藏

许多人都对地藏抱有亲切感。地藏是地藏菩萨的略称，因为都是以小和尚或是小孩的形象出现，所以更容易让人们感到亲近，和观音信仰一起成为民间信仰的中心存在。

观音大慈大悲，据说只要念她的名字就会有33种变身来救我们脱离各种日常的痛苦和灾难，于是受到民众的拥戴。观音信仰早已存在于印度，随着佛教的传入同时进入日本，随《法华经》的普及一起传播。现存的飞鸟时代的佛像中，最多的就是观音像，根据观音三十三身之说有了西国三十三处的观音朝圣，后来观音圣地巡游在全国都得到了普及。直到现在年长的女性中依然保留着这样的习惯。

地藏则是拯救坠入地狱的死者的菩萨。它和从平安时代中期到末期兴起的末法思想、净土信仰相结合，在贵族之间得到传播。它被认为在六道的任何一道中都会出现，因此诞生了六地藏信仰。在民间信仰中孩子也被认为是守护神，诉诸于日本人的心情。人们认为他会在现世与彼世的交界拯救去往冥土之人的苦难，因此又与守护道路安全的道祖神信仰相结合。在道路旁或村边经常会立地藏像就是这个原因。他和五谷神喜爱的狐仙一样，都是人们身边的信仰。

因为人们相信他会守护那些死后被葬在河滩的孩子，因此在各地都会见到在地藏像前堆着小石子供奉着孩子的遗物或生前喜爱的东西这一风俗。另外在以京都为中心的京阪地区，"地藏盆"已经成为了让孩子们欢乐的活动，这也是因地藏的性格而起。地藏和观音一样，平等地护佑众生，正是由于这一点受到庶民的爱戴。

第五课

和

在七世纪初,相传由圣德太子所著的十七条宪法中的第一条中写到"以和为贵",这一点广为人知。

经常有人将"和"解释为日本人自古以来就有的集团原理。例如在运动队或企业为了达成目的、追求组织内集团内的统一,这是很重要的事,可以说这是组织的和、集团的和。企业里的工作就和以成败论英雄的运动队一样,每一项工作虽然是由各人所承担,但是作为最终目标的更大的事业需要全体成员来完成。帮助或弥补其他人的工作任务是理所应当的。像这样团结一致来进行被赋予的任务,就可以称之为日本式集团主义,从企业管理上的观点出发,也经常称之为"日本式经营手段"。

这种做法的根源就是和的精神,可以说正是和的效果带来了战后日本经济的飞跃和发展。但是现在,当直面日本经济的低迷时,日本式经营和日本式集团主义的效果又遭到了疑问。

但是,不能仅仅从经济和经营面的有效性来评价和。和的意思有"温和""和睦""调和""配合他人""数字相加之和"等。作为用例,除了调和、和平、综合之外,还有柔和、和睦、和声、和音等等,总之"和"指美好的、令人喜悦的事。

第六课

声 优

声优(配音演员)是指在影像作品或音像作品中,以声音出演的演员。

声优的具体工作主要有动画、OVA、广播剧、游戏、电影、外文电视剧的配音等。

动画

以接受试镜然后获取角色的形式为主。只要本人的声音和演技能符合作品的世界观以及相关出场人物的形象,就能予以采用。无论新人还是业界老手,都能参与试镜。

通常有两种形式,一是一边看着画面一边进行配音,另一种是事先收录台词并据此制作动画。但日本业界主要采用前者。随着近年动画制作的数字化发展,也常常在录音之后再进行修改。

游戏

一般通过试镜来分配角色,有时也会由游戏制作公司直接指定出演者。

附录二 语言文化广场译文

电影配音
与动画配音不同的是，电影配音很少进行试镜，通常由制作人或导演直接指定。但是，迪斯尼、斯皮尔伯格、乔治卢卡斯的作品常常并不直接指名，而是像动画选角一样采取试镜的形式。

旁白
与电影配音一样，很少进行试镜，一般直接指定人选。

舞台剧
虽然舞台剧演出并不是声优的本职工作，但也有许多声优会兼任舞台剧演员。

歌手活动
作为歌手发行CD，开演唱会，开展各项活动。相反，也有转为声优的偶像歌手。

第七课

NHK 红白歌会

NHK 红白歌会，是 NHK 自 1951 年开始放送的男女对抗形式的大型音乐节目。节目为直播形式，且公开播放，通称"红白"。是一种支持互动数字功能的节目，也是日本最为长寿的节目之一。对大多数日本国民而言，这是除夕夜的一项常规活动。

节目内容
红组成员为本年度具有代表性的女性艺人，白组成员则是男性艺人，两组成员以对抗的形式进行歌曲和演奏。因为从节目初期开始，就是按照"红组＝女性，白组＝男性"的形式严格区分，所以当男女混合的组合参加的时候，女性歌手进红组参赛，男性歌手则在兼任女性歌手的声部配乐的同时，单独进白组参赛。

虽然名为"歌会"，但是乐器演奏者和组合也可参赛，还会记录参赛者的出场次数，并且每次的播放主题、舞台布景也不尽相同。

红白歌会的出场歌手组数在 20～30 之间变化，此外，有时会出现红组和白组的出场歌手人数不同的情况。

参赛的曲子原则上选择各位歌手本年度的大热歌曲或代表性歌曲（过去的热门歌曲等）。有时也会根据本次歌会的主题而选择歌曲。

歌会的胜负是由评审员和在场的观众以及地面数字电视播放的双向互动系统或者使用手机的观众来投票决定。每次的评审及结果的公布方式也不尽相同。一旦确认了优胜组，电视画面上便会显示出"某组优胜"的字幕，同时演播厅的上空也会飘下大量的彩色纸屑。但是，从 2000 年开始，决胜时便不再飘落彩色纸屑，而是

改在结尾出现"萤之光"的场景时进行。此外,优胜组的主持人也会被授予优胜旗帜,旗帜上还装饰着代表历届优胜组颜色的缎带。

第八课

本格派推理

本格派推理小说又称本格悬疑小说、本格侦探小说,是推理小说的流派之一。相较于其他流派,更注重描写精彩绝伦的揭秘、耐人寻味的诡计和大展身手的名侦探。

本格派推理小说一般认为由埃德加·爱伦·坡的《摩尔哥街杀人事件》确立原型,历经阿瑟·柯南·道尔以及吉尔伯特·基思·切斯特顿的短篇创作时代。20世纪20年代,在一系列由阿加莎·克里斯蒂、埃勒里·奎因、狄克森·卡尔创作的长篇小说的引领下,本格派推理进入了黄金时代。

而就在英国的本格推理步入黄金时代时,日本也由江户川乱步掀起了创作热潮。战后进入推理小说的复兴时期,横沟正史的长篇推理作品点燃了本格推理发展的导火索。然而,在那之后伴随着与文学派悬疑小说家的论争及社会派推理小说的兴起,对于古典悬疑的注意力有所减退。此外又受到缺乏现实精神的批判,一时之间,本格推理的热潮稍稍有所衰退。

但是,伴随着角川书店的大力宣传支持,20世纪70年代到80年代之间的"横沟热潮"使得本格推理达到了新的高度。并且,书籍研究者岛崎博创办侦探小说专门杂志《幻影城》,试图再掀古典悬疑的热潮。而老牌作家横沟正史、鲇川哲也、都筑道夫、土屋隆夫以及中坚力量泡坂妻夫、岛田庄司、连城三纪彦等作家也在该领域进行持续不懈的创作。

20世纪80年代后期至90年代间,随着绫辻行人的出道,引发了"新本格运动(第三次本格推理热潮)"。

1994年前后,京极夏彦、西泽保彦、森博嗣等新人作家登场,他们被称为"新本格第二代"。

附录二 语言文化广场译文

第九课

卡拉 OK 的功能——打分功能

近年来，卡拉 OK 的打分功能已经不像过去那样只是唱完歌曲后打出分数。最近的打分功能里增加了许多迎合个人喜好的功能，比如一些娱乐性的游戏或者更加严格的打分功能等。下面就简单介绍几个和朋友们一起时能够活跃气氛并非常有意思的功能。

大叔危机

听名字就知道非常独特，其实就是一个"大叔"将卡拉 OK 的画面切割成一块一块的一种游戏功能。当然，画面被切割后就不容易看清歌词，所以，如果不把歌词全背下来，就很难把整首歌曲唱完。也就是说，这个游戏的特点就在于看你能否在"大叔"切割画面的过程中不唱错歌词将整首歌曲唱下来。

YOUR STORY（你的故事你来定）

这是一种随着自己唱的歌曲内容，画面中主人公的故事也随之发生变化的功能。如果唱得好，故事会顺利发展，如果唱得不好，故事内容也会朝着不好的方向发展。

卡拉 OK 红白歌会大战

与日本家喻户晓的电视节目"红白歌会大战"里的程序一样，把唱歌的人分成红白两组，一首一首相互交替演唱，很适合团体的客人。每次双方各唱一曲后，屏幕上都会显示出分数，最后看哪个组的总分高，哪个组就获胜。

读了这篇文章后大家就会知道，现在的卡拉 OK 功能里设置了很多活跃朋友之间气氛的功能。这种打分功能将唱歌和游戏融合在一起，可以让我们忘却时间的流逝，得到无限的乐趣。

第十课

干 物 女

干物女是指放弃恋爱、做很多事情都嫌麻烦，觉得事情差不多解决就行的女性。

干物女这个词作为ひうらさとる的漫画《萤之光》中的用语出现，用以描述女主人公雨宫萤的生活状况。这位名叫萤的女生，平时的生活状态就是：每天从公司下班后就一个人边看漫画边喝酒，双休日的时候就卷着被子懒散度过，在家里穿得很随意，也不谈恋爱，过着自己觉得幸福的生活。与像鱼一样充满活力、被恋爱包

围的日子渐行渐远，就变成了"像干货一样枯萎""只有在嚼鱼干的时候才会回味自己还是一条鱼的时候"的状态。在还是一条鱼的时候，也就是说前提是"以前有过恋爱经验"。随着这个词的流行，其定义演变成"放弃恋爱的十多岁到三十多岁的（未婚）女性"。女主萤也不是完全放弃恋爱，只是单纯地觉得麻烦而逃避它。

干物女的特征有：

（1）回短信的速度很慢，内容很短。
（2）如果吃一些的简单的食物会在厨房站着吃。
（3）如果出门忘了什么东西，就会不脱鞋子而用膝盖"走"到屋内取东西。
（4）不上班的时候不化妆不穿内衣。
（5）将近半年时间都不去美容院。
（6）会一个人去居酒屋。
（7）最近没有让自己脸红心跳的事等等。

无 赖 派

无赖派是对在第二次世界大战后，以对近代既有文学的全面批判为基础，并在文风中体现这一思想的日本作家的总称。

由坂口安吾率先提出的"新戏作派"这一定义为无赖派划定了范围，开启了围绕江户时期通俗娱乐类作品的讨论。在随笔《戏作者文学论》（1947年1月），织田作之助追悼文《大阪的反逆——织田作之助之死》（《改造》昭和22年4月刊）等作品当中，坂口安吾强调了文学范畴内的戏作性的重要。而其中心思想就在于违抗汉文学、和歌等正统文学，复活迎合俗世百态、以滑稽诙谐为基调的江户时期的戏作精神。

于是，林房雄将江户时期的戏作文学命名为"新戏作派"。而"戏作复古"思想不仅在坂口安吾的论文《关于FARCE》、太宰治的《御伽草纸》等滑稽模仿作品以及《如是我闻》中对志贺直哉的强烈批判中有所体现，也体现在《晚年》《Good Bye》等太宰治的作品中的道化精神，在织田作之助的《可能性文学》等作品中也可见一斑。

因此，显现出了对以往的私小说的现实主义以及对既有文学的全面批判。"无赖派"一词，由"戏作复古主义"经由"对旧体制文学的反抗"，最终受到了风靡一时的坂口安吾《堕落论》《颓废文学论》的巨大影响。

第十二课

"国民之酒"——烧酒

盂兰盆节过后在鹿儿岛等南九州地区,随着一种叫金色千眼的红薯的收获季节的到来,以此为原料酿造红薯烧酒的活也就多起来了。在酒类消费萧条的情况下,以红薯烧酒为主的烧酒热正在蔓延着。

今年红薯烧酒的上市量超过日本清酒,仅次于啤酒,跃居于第二位。这是它自1983年打败威士忌而重获第三名的20年以来的又一次快举。大有"大众之酒"问鼎"国民之酒"宝座之势。

烧酒受到人们青睐的原因在于它价格低且有益健康。它不会使人第二天还醉意朦胧,因为热量低也不用担心发胖,甚至有报告表明它能使血液循环变得通畅。它在重新审视世界关注的各地传统的饮食素材并细细咀嚼其妙味的提倡低热量食品的人群当中也很受欢迎。他们甚至乐此不疲地以寻找默默无闻的传统小商家所珍藏的名酒为趣。

烧酒的魅力就是无论是茶水还是果汁,只要兑在一起怎么都好喝。它具有一种既强调了独自的韵味儿,又能与谁都合得来的柔性,这种性格很像现在的年轻人的生活方式。在正宗烧酒产地的九州地区,这个季节的加冰威士忌或白兰地占主流。残暑未尽,但酒还是在下班之后喝吧。

第十三课

御宅族用语

日本的宅文化已被世界熟知。下面让我们一起来看看御宅族使用的专业用语吧。

缺少爱

所谓"缺少爱"就是对自己喜欢的动漫、漫画、游戏的出场人物和角色缺乏热情。

痛车

所谓的"痛车"就是装饰看起来让人感觉头疼的车。具体来说就是那些车身画有动漫、漫画、游戏中美少女角色的车。

讨厌的拍照人

所谓的"ウザカメ(讨厌的拍照人)"是"ウザいカメラ小僧"的略语。"カメラ小僧"指那些喜欢照相的人。但是,不懂礼数、态度恶劣、为所欲为的"カメ

ラ小僧"就会被叫做"ウザカメ（讨厌的拍照人）"。

幻想狂

"エア充（幻想狂）"是指那些满足于幻想世界和虚拟世界的意思。这里的"エア"指幻想、虚拟世界中的朋友和恋人。当然也满足于与幻想世界中的美少女游戏、与动漫里的人物谈恋爱。

大朋友

这里所说的"大朋友"就是御宅族。游乐园里举行的特技摄影秀、动漫展、动漫电影首映式、电视动漫配音演员出席的影迷答谢会等以青少年为对象的活动中也常有成年人的身影，这些去参加的成年人就被叫做"大朋友"。

PU-PI 点击

"ポチる（PU-PI 点击）"就是指网上购物。在交易网站上，点击"装进购物车"或者"购物"图表的动作都被称为"PU-PI 点击"。

伪娘

读作"OTOKO NO KO"，外表看上去就是一个美少女，但其实是男扮女装的美少年。她们一般是男人喜欢的对象。

"御宅族"世界中还有很多我们不知道的专业用语。但值得注意的是，这些词现实生活中很少使用，所以希望大家只从新语言的角度来"品味"其含义即可。

第十四课

拉　面

在中国，拉面作为中华传统美食受到欢迎，而在日本的受欢迎程度远高于中国，还被称为"全民美食"。

拉面口碑信息排行网登记的店铺约为 40000 多家，覆盖全国各地的特色拉面，例如北海道的酱味札幌拉面、关东的酱油风味的东京拉面和横滨拉面、九州的猪骨风味拉面等都很有名。

此外，汤里加牛奶的牛奶拉面、加草莓的草莓拉面、受女性欢迎的西红柿拉面等变种拉面也陆续登场。还有很多介绍美味拉面的杂志、电视节目也极受欢迎。现在还有拉面评论家这种职业。拉面评论家的主要工作就是去那些口碑很好的拉面店品尝拉面，据说他们每天最少要吃两碗拉面，迄今为止，有的评论家已经吃了 20000 多碗。

在神奈川县横滨市有一家"新横滨拉面博物馆"。博物馆内按照古风昭和时代

的街道建造，人情味十足。在此可以吃到平时吃不到的、即不到当地就不能吃到的拉面。

北起北海道，南至熊本县，有名的拉面店从全国各地汇聚至此。"新横滨拉面博物馆"的特点之一是按照碗的大小分为普通碗和小碗两种。其中小碗拉面的好处就是可以品尝到全国各地风味的拉面。因为土特产非常丰富，所以也顺便销售一些名店的盖饭及与拉面相关的点心。另外，拉面博物馆里还陈列有一些反映拉面历史的展示品。总之，来到这里的感觉是"吃着好吃，看着好看"。

此外，在大阪还有一家方便面纪念馆。在那里不但可以了解方便面的历史，还可以看到最新的航天拉面。进入"杯面"体验室，不仅可以了解杯面的制作过程，还可以在自己设计的杯子中放入喜欢的汤汁和材料，做出全世界独一无二的"杯面"。

如上所述，拉面作为一种日本文化已经根深蒂固。

日本传统饮食

五味五色五法的日本菜

日本菜不仅包括家常便菜，还有传统仪式菜和宴席大菜，而这些依然流传于当代日本的生活之中。寿司、天妇罗、日式牛肉火锅等作为典型的日本菜驰名国外，但从日本菜的特点来讲，当然首推具有浓厚民族特色的传统仪式菜和宴席大菜。

自古以来，日本菜素有"五味五色五法菜肴"之称，概括了其特点。"五味"即甜、酸、辣、苦、咸；"五色"为白、黄、红、青、黑；"五法"乃生、煮、烤、炸、蒸。总之，日本菜是精工细作。一方面不失材料的原味，一方面讲究色香味，重视春夏秋冬的季节感，注重材料的时令性。另外，盛菜时根据菜肴或季节选用颜色、形状、质地相宜的器皿。

传统的日本菜

传统的日本菜有以下几种：

（1）本膳菜（日本宴席的主菜）：是室町时代和武士礼法一起规定的款待客人的菜肴。现在，仅在红白喜事等礼仪宴席上还有所保留，但仍是其他传统日本菜的形式和做法的基础。

（2）茶怀石：这是茶道中献茶时供给的简单菜。所谓茶怀石，如同将加热的石头抱在怀里暖腹一样，意为充饥，亦称"怀石料理"。

（3）宴席菜：跟本膳菜相比不拘形式，是较为随意的宴席菜，可以说是日本

的宴会菜，现在日本饭店供应的宴席菜多属此类。

（4）素菜：不用鱼贝类和肉类，只用豆制品和蔬菜、海藻等植物性食品做成的菜肴。有佛教禅宗所传素菜和黄檗山万福寺所传中国式素菜。

（5）年节菜：这是新年的喜庆菜，在五层涂漆的方木盒中放各种菜肴。从前系指特殊的场合如举行传统仪式时的供神菜。

第十六课

化　妆

日本女性非常注重自己的外表，化妆已经成为一种礼节与习惯。无论是在商务场合还是在日常生活中，几乎看不到不化妆、蓬头垢面就外出的日本女性。所以，如果我们去日本留学或工作时，也最好注意自己的化妆方式，特别是在日本工作的女性更要注意。在这里我向大家介绍一下日本女性基本的化妆事宜和化妆常见的失败案例。

基本的化妆事宜

防晒霜、隔离霜

暴晒会形成脸部斑点和雀斑，为了防止出现斑点和雀斑，每天都要使用防晒霜和隔离霜。

遮瑕膏

主要用于遮盖脸部已经出现的斑点、雀斑和粉刺印。

粉底

选择适合自己肤色的颜色。肌肤光滑者不需要。主要有固体和液体两种。

腮红

腮红的效果就是让女性看上去更有女人味，打造健康、紧致的脸部肌肤。

口红、润唇膏

口红让嘴唇看上去更迷人。使用润唇膏可以让嘴唇看上去更滋润。

刚开始化妆时都会对化妆的效果表示担心，但只要你掌握化妆的技巧就可以做得很好。

常见的失败案例

粉底涂抹过厚，看上去显老；

腮红太浓，脸颊过红，看上去像小孩子一般；

涂大红色的唇膏，会让嘴部突出，给人张扬的感觉；

过度涂润唇膏，唇部发亮，让人联想到油渍没有完全擦干净。

化妆品的价格有便宜的也有贵的。虽说贵的品质好，但也没有必要勉强自己去买。比起化妆品的质量，还是应该注意化妆的方法，养成良好化妆习惯。对与人交往、工作面试、商务场合等都有帮助，在日本还有教新手化妆的教室。

附录三　练习参考答案

 第一课

一、

かんしょう	きょうらく	るいじ
れいたん	だらく	ちじょく
けんき	けっぺき	しこう
ほうちゃく	むが	りょうし
たいじ	ちんりん	りんじょうかん

二、

1. 機微　　2. 本能
3. 発見　　4. 躊躇
5. 深刻　　6. 肝胆
7. 快心　　8. 悲惨
9. 世間　　10. 純真

三、略

四、

問一	問二	問三
④	②	④

五、

問一	問二	問三
③	③	③

 第二课

一、

けいたい	れんちゅう	おんりょう
へいぼん	きみょう	すきま
いしゅ	せんさい	りょういき

| きっさてん | いっぷく | じょうし |
| げかい | きょうい | さっかく |

二、

1. 領域　　　　2. 傍若無人
3. 沼沢地　　　4. 中央
5. 在宅　　　　6. 情報化
7. 渦巻く　　　8. 切望
9. 寂寥感　　　10. 横断

三、略

四、

問一	問二	問三	問四	問五	問六	問七
③	①	③	①	④	③	②

五、

問一	問二	問三	問四	問五
③	①	④	①	②

 第三课

一、

くろう	おおかた	なんぎ
しょうすう	がまん	ぜひ
ふんまん	ほっさ	けんしん
あんちょく	ぎせい	せっきょう
とくしつ	はいせつ	きょうふ

二、

1. 我慢　　　　2. 始末
3. 恨む　　　　4. 心身
5. 好い加減　　6. 公明正大
7. 理不尽　　　8. 焼く
9. 安穏　　　　10. 違い

三、略

四、

問一	問二	問三	問四
②	①	④	①

五、

問一	問二	問三
④	④	①

 第四课

一、

なやます　　　だんがいぜっぺき　　じろん
ふるまう　　　たくす　　　　　　こうとうむけい
わざ　　　　　さまたげる　　　　こころみ
うたいもんく

二、

1. 津々　　　　2. 人間
3. 混迷　　　　4. 宙返り
5. 鼻唄　　　　6. 障害
7. 馬力　　　　8. 等しい
9. 無視　　　　10. 最先端

三、略

四、

問一	問二	問三	問四	問五	問六
②	④	③	①	③	④

五、

問一	問二	問三	問四	問五	問六	問七	問八	問九	問十	問十一	問十二
①	①	②	③	④	②	②	④	②	④	①	④

 第五课

一、

しゅんかん　　やますそ　　　ぬかるみ
かきね　　　　つちくれ　　　はるとなり
ゆげ　　　　　じょうちょ　　むくろ
こぶし

二、

1. 余寒　　　　2. 大潮
3. 混然　　　　4. 山里

5. 雪解け　　　　6. 啓蟄
7. 風味　　　　　8. 独善的
9. 慈母　　　　　10. 息吹

三、略

四、略

五、略

**第六课**

一、
ぎろん　　　　どうき　　　　きょうせい
きょうふ　　　はっそう　　　てんかん
ちつじょ　　　ろんだん　　　あんもく
のび　　　　　すその　　　　せんい
きょうぼく　　ちんじゅ　　　きょくもりそう

二、
1. 保護　　　　2. 快適
3. 因果　　　　4. 如実
5. 復讐　　　　6. 連鎖
7. 悲劇　　　　8. 意図
9. 反省　　　　10. 今時

三、略

四、

問一	問二	問三	問四
③	②	②	③

五、

問一	問二	問三	問四
②	①③	②	②

第七课

一、
にくたい　　　かだい　　　　きはん

ぎたい　　　　　むし　　　　　　きょうせいりょく
まね　　　　　　しょうどう　　　ほごしょく
あとあじ　　　　きんしん　　　　じっち

二、

1. 要素　　　　　2. 身分
3. 規制　　　　　4. 流行
5. 上流　　　　　6. 町人
7. 遊女　　　　　8. 人気
9. 以降　　　　　10. 異

三、略

四、

問一	問二	問三	問四
③	②	②	①

五、

問一	問二	問三	問四	問五
①	④	③	③	③

 第八课

一、

ようせつ　　　　だんしょう　　　ぶんるい
しさく　　　　　だんぺん　　　　どうさつ
きちょう　　　　めいそう　　　　なんもん
あんがい　　　　きょうこ　　　　せつじつ

二、

1. 無限　　　　　2. 直感
3. 偏見的な　　　4. 善意
5. 忠実な　　　　6. 通路
7. 広範な　　　　8. 頭
9. 寄せる　　　　10. 百科

三、略

四、

問一	問二	問三	問四

| ③ | ④ | ① | ② |

五、

問一	問二	問三	問四	問五
②	④	③	①	②

 期中测验

阅读模拟考试（一）

1. ③ 2. ① 3. ① 4. ② 5. ② 6. ③ 7. ③ 8. ④ 9. ④ 10. ①

1. ② 2. ①

1. ② 2. ④ 3. ③ 4. ④ 5. ③ 6. ② 7. ② 8. ① 9. ④ 10. ④ 11. ③

 第九课

一、

れっとう	けいが	たいくつ
けんたい	しげき	やくぶつ
かいこん	しんけいしょう	きょくたん
さっき	くうきょ	じゅうじつ

二、

1. 追われる　　　　2. 贅沢
3. 恵まれる　　　　4. 遊民
5. 非難する　　　　6. 注ぐ
7. 価値　　　　　　8. 食卓
9. 落ち着く　　　　10. 処方

三、

問一	問二	問三	問四
②	③	①	②

四、

問一	問二	問三
④	④	④

 第十课

一、

ちょうたん	せっぽう	したがり
まっき	ぼんじん	りょうせん
りくつ	わるぎ	めぶき
がんぜん	ぐげん	はくりょく
うわやく	ばんしょう	ぜんあくふに

二、
1. 適用　　　　2. 両者
3. 交際　　　　4. 軽蔑
5. 廃物　　　　6. 過ち
7. 転ずる　　　8. 摂理
9. 健気　　　　10. 凋落

三、略

四、
1. どんな人間の心にも、小さなことを絶対化してしまう傾向や癖があるから。
2. ①の「方法」は病気や不幸を利用してなんとか得することはあるまいかと考えること、②の「方法」は病気や不幸をユーモアにしてしまうやり方を考えること。
3. 筆者は『碧巌録』に出てくる言葉を、人生で一時的にはマイナスに見えるもの（挫折、病気、失敗）にも必ずプラスとなる可能性があり、その可能性を見つけて具現化さえすれば過去のマイナスもいつかはプラスに転ずるというように「自己流」に解釈している。その言葉の本来の意味と筆者の「自己流」の解釈との共通点は、富めるものと貧しきもの、プラスとマイナスといった価値概念は相対的で、絶対的なものではないというところにある。
4. 第一の部分の結論は病気や不幸などのマイナスのものをユーモアにしたり、利用したりして、トクをすることができるということである。第二の部分の結論は、人生で一時的にはマイナスに見えるものにもプラスとなる可能性があり、その可能性を見つけて具現化さえすれば過去のマイナスもいつかはプラスに転ずるということである。

五、
1. 略
2. 略

 **第十一课**

一、

ひるがえる	しゅくめい	さしずめ
つつしむ	きごう	みえすく
しげき	けんじゃ	じんかくてき
ぎょうかん	めんぺき	らくてんてき
さむざむ	きゅうかく	しゅっぱつてん

二、

1. 格闘　　2. 脳中
3. 隠す　　4. 露呈
5. 過不足　6. 微妙
7. 沈黙　　8. 認識
9. 色彩　　10. 抽象的

三、略

四、

問一	問二	問三	問四	問五	問六	問七	問八
②	③	④	①	③	①	④	略

五、略

 第十二课

一、

すで	どひょう	ますせき
ておけ	つかさどる	なごり
ていねん	たいしょく	うらはら
ちょちく	ようしゃ	せじ

二、

1. 褌　　2. 所作
3. 番付　4. 枡席
5. 稽古　6. 勝敗
7. 審判　8. 正直

9. 誠実　　　　　10. 対人関係

三、

問一	問二	問三	問四	問五	問六	問七
③	①	②	①	①	①	③

四、

問一
④

第十三课

一、

がいねん　　　　じぶつ　　　　　ぎょうしゅく
かこく　　　　　こくいん　　　　りんかく
きっこう　　　　かくさん　　　　ねんせい
つんどく　　　　かんれき　　　　そくざ

二、

1. 希薄　　　　　　2. 使い慣れた
3. 粒　　　　　　　4. 瞬間
5. 固有　　　　　　6. 淘汰
7. 相互　　　　　　8. 摂取
9. 排斥　　　　　　10. 隔離

三、

問一	問二	問三	問四	問五	問六
②	②	②	①	①	③

四、

問一	問二	問三	問四
②	①	③	③

第十四课

一、

しさん　　　　　よりごのみ　　　まえだおし
ながびく　　　　てあつさ　　　　のうふきん
いっき　　　　　せんべつ　　　　ころもがえ
つうしん　　　　なんいど　　　　みまん

二、

1. 見積もる　　　　2. 納付金

3. 相乗効果　　　　4. 窮迫

5. 掲載　　　　　　6. 教養

7. 偏差値　　　　　8. 通信

9. 難易度　　　　　10. 未満

三、

問一	問二	問三	問四	問五	問六	問七
④	③	③	①	③	③	③

四、

問一	問二
②	②

 第十五课

一、

こうしゃ　　　　しせい　　　　　そがい

かんべん　　　　せんたく　　　　こんかん

しゅうだん　　　せいび　　　　　ゆうべん

くちょう　　　　りくつ　　　　　たんとうちょくにゅう

二、

1. 狭隘　　　　　2. 過激

3. 平等　　　　　4. 微小

5. 宿命　　　　　6. 秩序

7. 本質　　　　　8. 神経

9. 自由　　　　　10. 的確

三、

問一	問二	問三	問四	問五
③	③	③	④	③

四、

問一	問二	問三	問四
①	①	③	③

第十六课

一、

しゅうち	さくげん	したごころ
ひんぱん	でんぱ	わいせつ
びたい	きしょうせい	そうぜん
ゆうえつ	ちんもく	あんど

二、

1. 奥深い　　2. 前途
3. 頻度　　　4. 孤独
5. 連鎖　　　6. 欲求
7. 抑止　　　8. 恥辱
9. 迎合　　　10. 母体

三、

問一	問二	問三	問四	問五
①	④	②	①	④

四、

問一	問二	問三
②	②	②

 期末测验

阅读模拟考试（二）

一、

1. ②　2. ②　3. ③　4. ④　5. ③　6. ①　7. ①　8. ③　9. ④　10. ①

二、

1. ③　2. ④

三、

1. ③　2. ①　3. ①　4. ②　5. ②　6. ②　7. ④　8. ②　9. ①　10. ②　11. ①
12. ③